『도파민 가족』을 읽는 동안 픽사의 애니메이션 영화 〈월-E〉 속 인류의 모습을 떠올렸다. 둥둥 떠다니는 소파에 눕다시피 앉아서 눈앞의 화면에만 푹 빠져 있는 미래의 인간들. 그들은 운동을 하지 않아 모두 고도비만 상태이며, 사실 운동뿐 아니라 어떤 의미 있는 일도 하지 않는다. 그들은 사람들 속에 있지만 철저하게 고립되어 있다. 옆 사람과 대화를 나눌 때에도 상대가 바로 옆에 있다는 사실조차 모른 채 화면을 통해 한다. 그 화면에는 늘 여러 개의 창이 동시에 떠 있다. 그들은 "뭘 하고 싶으냐"는 질문에 "모르겠다"고 답하면서 끝없이 화면을 보고 화면에 반응한다.

『도파민 가족』은 우리가 〈월-E〉의 단계에 이르렀음을 말하는, 정신이 번쩍 드는 보고서이자 슬픈 반성문이다. 소리 없이 바뀌는 바람에 눈치 채지 못했던 수많은 변화를 놓치지 않은 작가의 섬세하면서도 날카로운 관찰력에 깊이 감사드린다. 작은 변화들이 겹겹이 쌓여 생긴 거대한 산의 봉우리와 등줄기를 작가가 짚어낼 때 그 규모에 먼저 아찔해졌다. '디지털 세계의 즉각적인 보상'이라는 키워드로 그 산의 지도를 그려내는 작가의 분석과 논리에 감탄했다. 아니, 그 변화의 총합을 산으로 비유하는 건 잘못인지도 모르겠다. 우리가 원래 갖고 있던 정신적·정서적 자산을 오염시키고 해체하는 역병이 남긴 거대한 상처와 구멍에 비유하는 게 옳겠다.

우리 가족과 사회의 일그러진 자화상을 참담한 기분으로 살피다가도, 종종 작가의 통찰에 죄책감 섞인 쾌감을 느꼈음을 고백한다. 과거에 비해 부부 싸움 뒤 화해가 쉬워진 이유라든가, 회복 탄력성 개념에 대한 생각지 못했던 비판에 '맞다, 맞아' 하면서 고개를 끄덕였다. 식탁이 해왔던 역할, "하고 싶은 게 없어요"라고 말하는 아이들이 많아진 이유, 감정을 마음대로 표현할 수 있는 시대에 정작 감정과 마음을 표현하는 언어는 점점 더 빈곤해지는 현상을 짚어낼 때도 그랬다. 아이가 있는 가족에게는 당연히 추천하고, 1인 가구에도 추천한다. 저자가 제시하는 회복의 길을 나부터 따라 걸을 예정이다.

— 장강명, 『먼저 온 미래』 저자

도파민은 신경과 신경 사이를 이어주는 중요한 전달자다. 특히 보상과 동기 부여에 깊이 관여해, 더 강한 자극을 끊임없이 추구하도록 만든다. 문제는 이 도파민이 지나치게 강한 자극에만 반응하도록 길들여질 때다. 『도파민 가족』은 같은 집에 살면서도 서로 다른 자극에 사로잡혀 점점 멀어져 가는 현대 가족의 단면을 날카롭게 보여준다. 한 지붕 아래 함께 있지만, 시선은 각자의 스마트폰을 향하고, 마음은 조금씩 서로에게서 멀어지고 있다.

부모와 자녀 사이에 오가던 작은 대화 속 따뜻한 정은 사라지고, 알고리즘이 끊임없이 자극하는 디지털 세계 속에서 우리는 무뎌져 간다. 소소한 일상은 더 이상 도파민 회로를 자극하지 못하고, 끝없는 비교와 과시는 오히려 피로와 공허함만을 남긴다. 이 책은 이런 현실 앞에서 우리에게 묻는다. '작고 사소한 것에도 함께 웃고, 공감하며, 다시 가족으로 돌아갈 수는 없을까?'

가족끼리 나누는 소곤거림, 함께하는 저녁 식사, 여행, 산책의 순간에도 도파민은 충분히 행복하게 작동할 수 있다. 『도파민 가족』은 우리가 잊고 있던 여유와 따뜻함을 되찾도록 이끌며, 기술과 자극에 휘둘리는 시대에 진정한 관계의 회복이 어디에서 시작되는지를 알려준다. 이 책은 단순한 경고가 아니라, 다시 연결될 수 있다는 희망의 메시지다.

— 전홍진, 성균관의대 삼성서울병원 정신건강의학과 교수,
『매우 예민한 사람들을 위한 책』 저자

올해 우리 가족은 디지털 디톡스 여행을 다녀왔다. 당시에는 대수롭지 않게 여겼지만 돌이켜보니 올해 중 가장 기억에 남는 순간이었다. 그 여행에서 우리는 스마트폰과 태블릿을 단순히 '자제'하는 수준을 넘어, 아예 '차단'해 보기로 했다. 디지털 디톡스 전용 케이스에 스마트폰을 넣어 잠그니, 의외로 쉽게 기기에서 벗어날 수 있었다. 단지 스마트폰이 내 손을 벗어났을 뿐인데 효과는 놀라웠다. 아이와 나누는 대화가 눈에 띄게 늘어난 것이다.

사실 나는 이 여행이 아이보다 나 자신에게 더 큰 변화를 줄 거라 생각했다. 그런데 예상과 달리 아이의 변화가 훨씬 두드러졌다. 모바일 게임을 하게 해달라거나 영상을 보여 달라고 조르지 않았다. 대신 아이는 여행 책자를 펼쳐보며 스스로 길을 찾았고, 현장에서 궁금한 것이 있을 때면 고개를 들어 내 눈을 바라보며 물었다. 처음 만나는 낯선 세상을 그냥 흘려보내지 않고, 자신만의 경험으로 차곡차곡 쌓아가는 모습이 놀라웠다.

만약 평소처럼 스마트폰을 들고 있었다면, 우리 부부는 지역의 맛집을 검색하느라 더 바쁘게 움직였을 것이다. 그러나 스마트폰이 손에서 사라지자 여행의 풍경이 달라졌다. 정확히는 '여유'였고, 그 여유는 곧 '자유'이자 '온전함'이었다. 이 특별한 시간을 통해서야 나는 비로소 '퀄리티 타임(quality time)'의 의미를 알게 되었다. 단순히 함께 있는 시간이 아니라, 서로를 향해 집중하는 시간이야말로 진짜 퀄리티 타임이었다.

『도파민 가족』은 디지털 시대에 잃어버린 '진짜 퀄리티 타임'을 되찾는 길을 보여준다. 도파민이 가족을 단절시키는 요인이 될 수도 있지만, 방향을 바꾸면 관계를 회복시키는 나침반이 될 수도 있음을 설득력 있게 전한다. 스마트폰에서 벗어나 여백과 대화를 회복했을 때 아이가 어떻게 달라지는지를 교육 전문가의 관점에서 설득력 있게 풀어낸다. 바쁜 일상 속에서 자녀교육의 올바른 방향성을 고민하고 있는 모든 부모에게 이 책을 추천한다.

— 이승재, 유튜브 교육 채널 '가든패밀리' 브루스 PD

도파민 가족

도파민 가족

THE DOPAMINE FAMILY

각자의 알고리즘에 갇힌 가족을 다시 연결하는 법

이은경 지음

흐름출판

도파민 과잉의 시대에 불어닥친 관계의 결핍

올해 초, 강원도 양양으로 가족여행을 다녀왔다. 학교, 학원, 독서실만 오가던 두 아이와 그 곁에서 긴장하며 버텨온 아빠와 엄마까지. 고등학생에게 여행은 사치임을 알기에 그 시간이 더 애틋했다. 그런데 아이들이 여행 가방에 챙긴 건 속옷도 양말도 아닌 태블릿과 충전기였다.

며칠을 고민해 고른 '정원이 예쁜 통나무집 숙소'에 도착하고 나서야 깨달았다. 숙소를 그리 고민할 필요가 없었음을. 강원도의 산세와 단정한 정원은 눈길 한번 제대로 받지 못했다. 각자의 기기에 와이파이 비밀번호를 입력하느라 바빴다. 고기를 구워 먹고 밤이 내리자, 기다렸다는 듯 각자 태블릿을 안고 침대로 향했다. 충전기와 가까운 자리를 두고 벌어진 작은 실랑이는 더 이상 특별한 장면이 아니었다.

다음 날, '양양까지 왔으니 바다는 보고 가야지'라는 생각으로 찾아간 곳은 바다가 내려다보이는 20층 카페였다. 탁 트인 천장, 수평선을 끌어안은 유리창까지. 그런데 입구에 들어서자 터진 감탄은 몇 초 만에 휘발되었다. 너 나 할 것 없이 스마트폰을 들었다. 바다 사진을 찍고, 커피 사진을 찍고, 인스타그램 피드를 꾸미느라 정신이 없었다. 바다를 보러 온 곳에 바다를 보는 사람이 없었다.

카페 안에는 스무 개가 넘는 테이블이 있었지만, 어디에도 대화가 흐르지 않았다. 연령이나 성별에 관계 없이 시선은 각자의 화면에 꽂혀 있었다. 익숙하면서도 기묘한 풍경. 같은 자리에 있지만, 가족은 함께 있지 않았다. 그 순간 나는 실감했다. 가족이 같은 공간에 있는 것이 반드시 '함께 있음'을 보장하지는 않는다는 것을. 어디서부터 달라진 걸까. 가족은 왜 이렇게까지 변해버린 걸까. 이 책은 바로 그날의 카페에서 시작되었다.

나는 뇌과학자도, 정신분석학 전문의도 아니다. 하지만 도파민으로 인한 변화가 거실을 바꾸는 중이라는 사실을 정확히 인지하고 수많은 사례를 보고 수집한 사람이다. 관련 도서와 연구를 찾아보고, 부모·교사·아이들의 이야기를 듣고, 무엇보다 우리 가족의 무너지는 일상을 관찰하면서 깨달았다. 도파민은 거창한 의학 용어가 아니었다. 우리 집 식탁 위에, 거실의 티브이와 스마트폰 속에, 아이의 책상과 침대에, 가족의 여행과 쇼핑에 스며든 일상의 언어였다.

나는 이 책을 관찰자가 아니라 당사자의 언어로 썼다. 점점 더 무표정해지는 가족의 얼굴, 같이 시간을 보내면서도 스마트폰 사용을 멈추지 못하는 손가락, 자연스러워진 남과의 비교까지. 이 모든 것은 남의 이야기가 아니라 나의 기록이고, 우리 모두의 거울이다. 나 역시 적당히 감추고 싶었지만, 자기 고백 없이는 핵심에 접근할 수 없을 것이다.

지난 6년 동안 전국의 강연장에서 부모들을 만났고, 그 과정에서 끊임없이 비슷한 질문을 받았다. '똑똑한 줄 알았던 아이가 왜 자꾸 못나고 초라해 보일까요?' '아이와의 대화는 왜 점점 위태로워질까요?' '스마트폰에 빠진 아이를 어떻게 해야 하나요?' '가족의 문제를 의논해야 할 남편과 저는 왜 대화를 피하고 있을까요?' '왜 열심히 사는 것 같은데도 늘 쫓기듯 허덕일까요?' 그리고 끝내 이런 질문에 다다랐다.

"제가 이 치열한 삶을 '제대로' 살아내고 있는 걸까요?"

이제는 확실히 안다. 불어나던 질문들의 뿌리에 도파민이 숨어 있다는 사실을. 서로를 지지하기보다 무심해지고, 끝없이 비교하며, 자책과 재촉 속에서 살아가는 풍경. 평범한 듯 보이는 비정상성의 한가운데 도파민이 자리하고 있었다. 나는 그 막막함에 대해 말하려 한다. 가족이라는 가장 가까운 자리에서 일어난 균열과 그 균열을 조용히 키워온 초대받지 않은 손님, 도파민에 대해.

이 책은 다섯 개의 키워드로 여정을 나누었다. 단절, 자극, 중독, 가속, 불안으로. 단절은 가족이 함께 있어도 함께하지 못하는 오늘의 풍경을 보여준다. 자극은 끊임없이 우리 뇌를 간지럽히며 가족의 일상을 잠식한 도파민의 얼굴이다. 중독은 자극이 반복되며 누구도 빠져나오기 힘든 상태를 드러낸다. 가속은 더 빠르고 더 많이를 요구하는 사회적 압박 속에서 가족이 어떻게 소진되는지 보여준다. 불안은 결국 모든 과정이 남기는 가장 보편적인 감정이다. 단절, 자극, 중독, 가속, 불안, 이 다섯 단어는 단순한 주제가 아니라 현대 가족이 무너지는 과정을 따라가는 흐름이다. 단절에서 시작해 자극과 중독을 거치고, 가속에 내몰린 끝에 도달하는 불안까지. 가족이 무너지는 경로를 따라가며 우리는 비로소 각자의 거실을 돌아볼 수 있다.

'도파민 중독의 10가지 증거'라는 숏폼 영상이 유행하던 즈음, 시어머니가 파킨슨병 진단을 받았다. 갑작스럽게 닥친 불행한 소식에 우리는 적잖이 충격을 받았다. 또 하나 더 나를 놀라게 했던 사실은 파킨슨병의 원인이 도파민 부족이라는 점이었다. 도파민이 너무 많이 분비되어 문제가 되는 시대에, 누군가는 도파민이 모자라 몸이 굳어가는 아이러니. 과잉과 결핍, 두 극단 사이에서 나는 물을 수밖에 없었다. 없으면 안 되지만, 넘쳐나서도 안 되는 도파민은 우리의 삶을 어떻게 조종하고 있는지.

우리에겐 건강한 도파민이 필요하다. 가족은 서로에게 건강한 도파민이 되어줄 수 있다. 가족은 서로에게 동기를 부여하고 성취감을 느끼게 돕는 몇 안 되는 존재다. 가족 간의 관계, 일상,

습관에서 얻는 건강한 도파민은 현관을 열고 나가는 순간 마주할 외력을 버티게 하는 단단한 내력이 된다.

가족은 행복을 원한다. 그것도 무척 간절히. 빠르고 화려하게 뇌를 자극하고 언제 그랬냐는 듯 꺼지는 불꽃놀이 같은 행복을 추구할 것인가, 힘들고 지루한 노력 끝에 서서히 찾아오는 행복을 기다릴 것인가. 하는 순간에 행복한 일을 할 것인가, 하고 난 후에 행복해지는 일을 할 것인가. 이 책이 정답을 줄 수는 없다. 다만 같은 질문을 마주볼 수는 있다.

왜 우리는 도파민에 휘둘리는 삶을 당연시하게 되었을까?

가족은 그 안에서 어떻게 변해왔을까?

무엇을 지키고, 무엇을 새롭게 세워야 할까?

나는 여전히 답을 찾는 중이다. 하지만 하나 확실한 건 질문을 붙잡고 있는 한 우리는 어떤 가능성도 잃지 않는다. 혼자 하는 노력이 부질없어 보일 때가 있다. 그러나 누군가가 처음으로 던진 돌은 파장을 일으킨다. 어쩌면 옆에서 지켜보고 있었던 사람에 의해 조금 더 멀리 던져질 수도 있다. 이 책은 변해버린 가족을 회복하기 위한 첫 번째 돌이다. 멀리 가지 못할지라도 다른 누군가가 이어 던질 수 있다면 그것으로 충분하다. 나는 이 돌을 우리 가족을 위해 던지기로 했지만 한편으로는 우리 사회에도 내 노력이 가닿기를 바란다. 이 돌을 이어 던져줄 독자를 기다릴 생각이다.

이제, 당신과 함께 흥미로운 도파민의 여정을 시작하려 한다.

차례
contents

3장. 중독 - 가족이 끌려가는 곳
: 스스로 선택했다는 착각

4장. 가속 - 느긋함의 멸종
: 방향 잃은 속도의 역설

5장. 불안 - 비교의 시대
: 가족의 일상은 왜 불안해졌을까

1장
단절

디지털 가족
: 도파민이 거실을 점령한 순간

한때 거실은 가족의 심장이었다.
리모컨을 두고 실랑이를 벌이고, 같은 장면에 다 같이 웃고,
광고가 나올 때면 귤을 까며 대화를 이어가던 공간.
하지만 지금 그 거실엔 고요한 정적만 흐른다.

1장에서는 도파민의 원리를 들여다보며
초대한 적 없는 손님이 가족의 중심에 들어선 과정을 따라간다.
같은 소파, 다른 화면의 아이러니, 알고리즘과 함께 크는 아이,
이모지로만 대화하는 가족, 그리고
같이 있어도 외로운 사람들의 초상까지.

그 모든 장면을 지나며 우리는 결국 이 질문에 다다른다.
이 조용한 거실, 정말 평화로운 걸까?

도파민 가족

도파민이라는 초대한 적 없는 손님의 등장. 거실마다 조용한 전쟁이 일어나고 있다. 손님은 잘못이 없다. 그를 갈구하는 무수한 자극들이 모여 평범했던 가족을 침몰시키는 중일 뿐. 무언가 조금 이상하다고 느꼈으면서도 누구도 선뜻 꺼내지 않았던 거실 속 이야기를 조심스레 펼치려 한다.

도파민 가족, 신인류의 탄생

도파민, 식상하고 피로한 키워드 아니냐고? 그렇다. 나도 지겹다. 그래서 미리 당부하고 싶다. 나는 지금껏 들어왔던 진부한 이야기를 반복하려는 것이 아니다. 그것이 나를 믿고 책장을 펼친 독자들에 대한 예의다. 이 책의 주인공은 가족이다. 하지만 가족에 관한 본격적인 이야기를 시작하기 전에 도파민이라는 물질을 잠시 짚어보자. 먼저, 도파민에 관한 오해부터 풀고 싶다. 자칫하면 이 물질을 중독이나 무기력의 원인으로 취급할 수 있기 때문이다. 도파민은 기대와 보상을 담당하는 뇌 시스템이다. 무언가를 성취하거나 기대하던 무언가가 등장했을 때 분비되는 물질로, 단순한 즐거움이 아니라 '더 원하게 만드는 감각'을 설계한다. 덕분에 우리는 목표를 세우고, 도전하고, 끝내 도달하기도 한다. 나쁘지 않다. 이쯤 되면 삶 전반의 제법 근사한 조력자로 보아도 무리가 없다.

이 작은 신경전달물질은 사실 인간관계의 열쇠이기도 하다. 뇌는 함께 웃는 순간을 보상으로 기억하고 같은 곳을 바라보는 시간을 관계로 학습한다. 부모와 아이가 함께 웃을 때, 서로의 말에 반응할 때, 같은 놀이에 집중할 때 도파민은 가족의 관계를 끈끈하게 엮어준다. 부모와 자녀가 함께하는 놀이가 놀이 이상의 의미를 가지는 이유다.

역할 놀이를 하며 감정을 주고받고, 블록을 쌓으며 같은 목표를 향해 협력할 때 뇌는 도파민을 분비한다. 특히 공동 집중joint attention 상태, 예컨대 아이가 손가락으로 가리킨 물건을 부모가 함께 바라볼 때는 뇌의 보상 회로가 가장 활발히 반응한다. 관계 안에서의 반응을 예측하고 기대가 실제로 충족되었을 때 도파민이 터지는 전형적인 구조. '엄마가 나를 봤다'라는 경험이 뇌에 보상으로 각인된다. 아이의 뇌는 그 경험을 통해 '함께하는 게 즐겁다'라는 신호를 배운다.

애착 형성에도 도파민은 조용히 제 역할을 한다. 안정 애착을 형성한 유아일수록 낯선 상황에서 도파민 반응이 일정하고 감정 조절이 유연하다. 반면 불안정 애착을 가진 아이는 도파민 시스템의 '보상 예측 오류reward prediction error'가 크고, 타인의 반응에 과도하게 기대하거나 아예 무반응으로 회피하는 경향이 있다. 애착 경험은 정서의 문제가 아니라 뇌의 보상 시스템을 설계하는 초기 설계도 같은 것이다. 부모의 따뜻한 반응, 예측 가능한 감정 피드백, 반복되는 긍정적 상호작용 등이 도파민 회로가 사람 중심으로 작동하게 만든다.

아이와 부모 사이에만 해당하는 이야기가 아니다. 부부 관계, 형제 관계에서도 도파민은 작동한다. 함께 요리하고, 산책하고, 대화 나누는 평범한 순간에도 뇌는 도파민을 분비한다. 특히 스킨십, 포옹, 칭찬처럼 몸과 마음이 더불어 반응하는 상황에서는 도파민과 옥시토신이 동시에 분비되어 유대감을 강화한다. 형제가 한 편이 되는 게임, 부모와의 대화 속 눈 맞춤 같은 작은 상호작용들이 결국 '함께하는 관계'를 도파민 시스템 안에 새겨 넣는 셈이다.

'같이 웃는 뇌는 연결된다'는 말은 단순한 비유가 아니다. 실제로 함께 웃는 경험이 뇌 안에서 감정, 기억, 보상 회로를 동시에 활성화하며 관계의 회로를 강화한다. 문제는 도파민이 긍정적이고 생산적이기만 한 것이 아니라는 데 있다. '도파민 가족'이라는 신인류가 탄생하게 된 배경이다.

도파민 가족이 어때서요

도파민 가족의 거실을 들여다보자. 아늑한 소파에 나란히 기대어 앉아 각자의 화면을 들여다본다. 무언가를 함께 본다는 건 이미 과거형이 되었다. 서로를 바라보는 건 물론 더욱 아니고.

"엄마, 이것 봐!"

익숙한 말이지만 상황이 의미하는 바가 달라졌다. 아이가 보라며 내민 건 스마트폰의 화면으로, 재미있는 걸 발견한 듯 들뜬 표정이다. 이 상황이 낯설지도 이상하지도 않다면 당신은 요즘 가족이 맞다. 그럼 뭐, 이게 뭐, 이 장면에서 대체 뭐가 낯서냐고? 뭐가 이상하냐고? 눈치채지 못했다면 불과 몇 해 전의 거실로 거슬러 올라가 보자.

불과 몇 년 전만 해도 "엄마, 이것 좀 봐"라는 외침은 울퉁불퉁한 그림을 완성했을 때, 덜컥거리는 블록으로 간신히 탑 쌓기에 성공했을 때, 엎드린 채 넘겨보던 그림책 속에서 엉뚱한 장면을 발견했을 때 터져 나오던 문장이었다. 젖은 손으로 저녁 식사를 준비하던 엄마도, 찬바람을 몰고 퇴근한 아빠도 아이의 한마디에 기꺼이 몸을 돌렸다. 거실에서 마주한 아이의 작은 성공은 그럴 만한 가치가 충분했다.

그랬던 가족이, 그랬던 거실에서 이제는 서로에게 자극적인 콘텐츠를 부지런히 퍼 나르고 있다. 이것 좀 보라는 말은 밈 영상, 짧은 클립 등 알고리즘이 건넨 단편들을 함께 소비하자는 제안이 되었다. 대화를 시작하자는 뜻은 아니니 함부로 긴 문장을 시도하지 않기를 바란다. 영상을 보며 느낀 감정을 나누자는 의미도 아니니, 그저 웃고 흘려보내는 게 미덕이다. 보라는 건 말 그대로 보기만 하라는 뜻이다.

아쉽게도 알고리즘이 녹아든 거실에서의 도파민은 사람을 향하지 않는다. 뇌는 순간적인 즐거움만 기억할 뿐, 누가 그 자극을 건넸는지는 관심 없다. 게다가 도파민은 참을성이 없다. 관계는 반복과 기다림의 예술인데 부모의 말은 느리고 형제의 감정은 복잡하다. 그 느리고 복잡한 틈으로 알고리즘이 들어섰다. 월등히 빠르고, 놀라울 만큼 정확하고, 무엇보다 지루하지 않다. 사람에게 반응하던 뇌가 피드와 영상에 열렬히 반응하는 뇌로 변해가는 건 당연한 수순이다.

도파민은 가족을 파괴하지 않는다. 천천히 헐거워질 뿐이다. 서로가 서로에게 도파민의 대상이 아님을 확인한 순간마다 손 안에서 빠져나가는 모래처럼 빠르게 느슨해질 뿐이다. 아쉽게도 이 흐름은 멈출 생각이 없어 보인다. 기울어지고 느슨해진 거실에서는 쉬는 것도, 먹는 것도, 자는 것도 조금씩 불편하고 힘겨워진다.

가족의 진짜 역할, 옥시토신

이 책을 통해 내가 말하려는 주제는 개인의 콘텐츠 소비 습관이 아닌 '가족'이다. 도파민이 사람 간의 유대보다 자극에 더 빠르게 반응하면 뇌 속 중요한 균형이 무너진다. 이때, 도파민과 더불어 균형의 또 다른 축을 담당하는 물질인 옥시토신에 주목하자. 옥시토신은 정서적 유대감과 신뢰, 소속감을 관장하는 호르몬으로, 도파민보다는 낯선 용어지만 결코 덜 중요하지는 않다.

옥시토신은 반복적인 상호작용과 기다림을 통해 분비된다. 눈을 마주치고 이야기를 들으며 감정을 주고받을 때 서서히 옥시토신이 작동한다.[1] 가족이라는 공간 안에서 매일같이 반복되는 평범한 순간들로 분비되는 관계의 호르몬. '사랑의 호르몬'이라는 표현으로는 부족하다. 가족끼리 서로의 감정에 반응해 주는 단순한 상호작용만으로 옥시토신 수치는 유의미하게 증가한다.[2] 이 호르몬은 신체 접촉이 아니더라도 정서적 공감, 주의 깊은 경청으로 작동할 수 있기 때문에 가족은 옥시토신이 안정적으로 분비되는 거의 유일한 공간이다. 하루에도 몇 번씩 서로를 스치며 오가는 눈빛과 목소리, 느리고 평범한 일상의 리듬이야말로 옥시토신을 분비하는 최적의 환경이다.

가족이 아니면 안 되냐고? 솔직해지자. 우리는 알고 있다. 현관을 열고 나가는 순간, 내가 지금 처한 감정과 상황을 진심으로 경청해 줄 사람이 거의 없다는 것을. 가족에게도 기대하기 어려워진 옥시토신을 타인에게서 채우려는 건 사막에서 자판기 찾기와 같다. 간신히라도 가족에게 기대할 수 있음을 다행으로 여겨야한다.

사랑하는 사람과 함께 머물 때, 도파민과 옥시토신은 동시에 작동한다. 하나는 기대를, 다른 하나는 안정을 빚어낸다. 도파민은 그 사람과의 다음 만남을 기다리게 만들고 옥시토신은 그 사람 곁에서 편안함을 느끼게 한다. 두 시스템이 함께 춤을 추는 결과가 정서적 유대로, 거실은 두 리듬이 부딪히며 조화를 이루던 가장 오래된 무대였다.

최근의 빠르고 반복적인 디지털 환경은 이 리듬을 무너뜨린다. 옥시토신을 건너뛰고, 도파민만 끊임없이 두드린다. 거실에 도파민이 쏟아지는 동안 옥시토신은 오랜 가뭄으로 서서히 메마른다. 가족이라는 이름으로 모여 있지만 저마다 도파민에 끌려다니기 바쁘다. 가장 느려야 할 공간마저 속도에 감염되면 뇌는 선택지를 잃는다. 감정을 공유하는 중심지 역할을 했던 거실은 이제 각자의 화면이 빛나는 작은 격자 칸으로 나뉘어졌다. 눈빛 대신 스크롤을, 기다림 대신 알림을 주고받는 곳으로 변했다.

도파민 가족의 문제는 도파민 자체가 아닌 불균형이다. 비대해진 도파민이 가족 고유의 기능인 옥시토신을 밀어내고 있다는 더 근본적인 신호에 주목해야 한다. 도파민을 개인의 중독 문제로만 보았겠지만, 도파민 추구는 마지막까지 남아 있던 가장 견고한 연결망인 가족을 재배열한다. 함께 보내는 반복적인 시간과 느린 기다림 속에서 분비되던 옥시토신은 즉각적인 자극이 넘쳐나는 시대에 자리를 잃었다. 결국 뇌의 시스템은 기울어졌고, 거실의 풍경을 바꾸었다.

도파민은 혼자 움직이는 물질이 아니다. 누구와 함께, 어떤 순간을 통해 분비되느냐에 따라 사랑이 되기도 하고 중독이 되기도 한다. 이 책은 그 갈림길에 선 가족의 이야기다. 뇌 속 작은 분자가 만든 거대한 변화, 도파민이라는 렌즈로 들여다본 가족의 일상을 지금부터 하나씩 살펴보려 한다. 각자의 화면 속으로 숨어버린 우리, 과연 같은 장면에서 다시 웃을 수 있을까.

도파민 가족, 기울어진 거실

혼자 웃는 경험에 익숙해질수록 뇌는 상대의 표정을 기억하지 못한다. 감정을 맞추는 연습이 줄어들고 반응의 타이밍을 공유하는 능력도 약화된다. 같이 웃어본 적이 없으면 뇌는 상대방을 '연결된 존재'로 인식하지 않는다.

도파민은 정교하다. 예측 가능한 보상보다 즉각적이고, 새로운 자극에 훨씬 민감하며, 보상에 온 에너지를 집중한다. 기대가 만들어지고, 기대가 반복을 부른다. 어쩔 수 없이 우리는 '좋아서'가 아니라 '기대되니까' 행동을 반복한다. 무엇이 나를 계속 클릭하게 만들고 다시 앱을 열게 할까? 답은 이미 손바닥 위에 있다. 1.5배속 영상, 짧고 빠른 숏폼, 정교한 알고리즘이 골라주는 피드는 뇌가 기다리는 '다음 자극'을 한 치의 오차도 없이 배달한다. 잠시 스마트폰을 뒤적이며 쉬는 것처럼 보일 때도 도파민을 요구

하는 실험용 쥐처럼 끊임없이 레버를 누르고 있다.[3]

그 결과, 뇌가 바뀌었고 일상이 바뀌었다. 달라진 개인의 일상들로 가족의 풍경이 달라졌다. 가족의 상징인 거실의 변화는 이제 집 안 곳곳, 나아가 사회 전체의 공기를 구석구석 바꾸고 흔들고 있다. 도파민은 원래 생존을 돕는 중요한 기능이었지만 디지털 환경 속에서 과도하게 자극받으며 기다림보다 반응을 우선시하는 회로로 재편되었다. 각자가 자기만의 기기에서 자기만의 콘텐츠를 즐기는 개별 소비형 가족이 되었고, 갈등이 줄어든 만큼 감정도 줄었다. 말보다 반응이, 공감보다 취향이 우선되는 풍경이 더는 낯설지 않다.

뇌는 도파민 자극에 더 빠르게 반응하도록 진화했고, 가족 구성원은 각자 자기만의 쾌감 루틴을 갖게 되었다. 도파민 가족은 같은 공간에서 각자의 세계에 머무르는 데 익숙해졌다. 한 화면을 보며 웃고 울던 시간은 줄었고, 감정을 함께 견디는 대신 각각의 알고리즘이 가족의 정서를 대신 조율하게 되었다. 기다림은 불편해졌고, 지루함은 견디지 못할 감각이 되었으며, '함께'는 불필요한 에너지로 간주되기 시작했다.

도파민 이전의 가족이 리모컨을 중심으로 회의를 벌였다면 요즘 가족은 자유로운 기기 사용 여부를 두고 협상을 벌인다. 한때 생존을 위해 좋은 걸 또 하게 만들던 도파민이, 이제는 가족을 각자의 방에 머물게 만드는 지배자가 되었다. 과거의 가족이 함께 이겨내는 법을 배웠다면, 도파민 가족은 함께 방치되는 법에 익숙해진다. 드라마 한 편을 끝까지 보는 대신, 15초짜리 숏폼을 연속으로 넘기며 같은 공간에서도 전혀 다른 인생을 산다. 서로가 서로의 최신 밈과 콘텐츠를 공유하면서, 나만의 알고리즘이 곧 나의 가족이 되는 시대. 이제 가족은 '간섭하지 않음'으로 유지된다.

이제는 물어야 한다. 우리 집 거실, 이대로 괜찮은가. 남들 이야기라며 비켜섰고, 내 일이 될 리 없다며 지나쳤다. 천천히, 조용히, 너무 당연하게 스며든 변화라 눈여겨보지 않았다. 하지만 우리는 알고 있다. 열면 피곤해질 화두, 그래서 아무도 열지 않던 상자 '도파민 가족'. 나는 그 상자를 열어야겠다. 어떻게 지켜온 가족인데, 얼마나 소중히 가꾸어 왔는데, 우리 가족을 위해 지금껏 감내한 시간과 희생이 얼마인데, 도파민 따위가 우리를 분열시키고 있다고? 그깟 뇌 속 화학물질 하나가 가족을 바꾸고 우리 사회를 흔든다고? 믿기 어렵다면 환영한다. 말이 되는 억지인지 어디 한번 찬찬히 따져보자.

도파민으로부터의 습격. 당신의 가족은 괜찮은가? 나와 우리 가족은 솔직히 전혀 괜찮지 않다.

디지털 가족의 탄생

같은 소파, 다른 화면

가족이 같은 소파에 나란히 앉아 각자의 화면을 응시한다. 각자의 도파민을 기대하는 평범한 가족이 저마다의 화면에 빠져드는 모습은 새롭지도 낯설지도 않다. 가족이 모여 무언가를 함께 보는 행위는 과거형이 되었다. 가족의 상징이자 심장인 거실에서 각자의 화면을 즐기는 새로운 풍경. 디지털 가족이라는 전에 없던 형태의 가족이 탄생했다.

같은 소파, 다른 화면. 평화의 시대

금요일 밤 10시의 우리 집 거실, 네 식구가 모여 있다. 나는 쿠팡을 뒤적여 새벽 배송을 위한 장바구니를 채우고, 남편은 태블릿으로 유럽 축구 리그의 하이라이트 장면을 돌려본다. 큰아들은 NBA 게임, 작은아들은 유튜브 채널의 게임 방송에 빠져 있다. 평화와 여유의 상징인 찹쌀 약과와 감귤은 소파 앞 테이블 위에 가지런히 놓여 있다.

자세는 닮았고 손가락 움직임도 비슷하지만 각자에게 펼쳐지는 세계는 전혀 다르다. 공유된 공기, 야무지게 잡은 와이파이 신호 속에서도 쓸만한 대화는 오가지 않는다. 놀랍도록 익숙하고 편안할 만큼 고요하다. 진정한 평화의 시대. 거실의 정적은 생각보다 많은 의미를 함유한다. 어떤 평화는 사실상 포기 위에 세워진다.

우리 가족은 최근 티브이를 없앴다. 이보다 더 예전, 아이들이 어릴 때 과감하게 티브이를 없애고 그 자리를 책으로 채워 북카페 흉내를 냈던 적이 있다. 당시에는 그것이 트렌드였다. 하지만 대형 스마트 티브이가 흔해진 시점에서 어째서 우리 가족은 다시 티브이를 없애는 선택을 하게 된 것일까. 과거의 결정은 영상 시청의 중단과 제한을 의미했지만, 지금의 결정은 의미가 완전히 달라졌다. 우리는 티브이를 없앰으로써 디지털 가족의 탄생을 인정하기로 했다.

그 시작은 '거실 한 면을 우뚝 차지하는 티브이가 군이 필요한가'라는 의문이었다. 가족 중 최소 한둘 이상이 모여 시원스러운 화면으로 너도 좋고, 나도 좋아할 만한 채널을 시청하는 시간이 거실에 자리한 티브이의 미덕이자 목적이다. 가장 보고 싶은 채널을 포기하고, 2, 3순위를 흔쾌히 수락하고 양보해 같은 콘텐츠를 즐기겠다는 무언의 합의.

하지만 요즘엔 누구도 그 시간을 기다리거나 환영하지 않는다. 이 쓸쓸한 사실을 깨달으면서 우리가 사랑한 티브이는 중고거래 앱인 당근마켓의 매물로 올라갔다. 영상 시청의 중단과 제한이 아닌 영상 시청의 개별화를 의미하는 결정이었기에 합의 과정은 간결했고, 타격감은 없었다. 유일한 아쉬움이라면 월드컵이나올림픽을 거실 컴퓨터 앞에 옹기종기 모여 보아야 하는 날 정도였다. 함께 즐기던 큰 화면이 사라졌을 뿐 각자의 화면은 사라지지 않았고, 화면은 작아졌지만 가짓수가 늘어나 영상 시청이 가능한전자기기는 10여 대에 이르렀다. 물론 기기는 계속해 늘어날 가능성이 높다. 이러한 변화의 이유로 코로나 팬데믹을 꼽는 이들도 있지만, 코로나는 속도를 앞당겼을 뿐 결국 시간 문제였다.

디지털 가족에게 거실은 새로운 공간이 되었다. 아이도 부모도 개인화된 콘텐츠를 소유하고 있다. 내 스마트폰의 OTT에는시간 날 때 보기 위한 영국 영화들이 따로 저장되어 있다. 남편과 아이들은 관심 없을 콘텐츠지만 난 이 보관함을 꺼내는 순간을 기다린다.

디지털 가족에겐 각자의 화면과 알고리즘이 주어졌다. 성실하고 부지런한 알고리즘은 매 순간 기가 막히게 개인의 취향에 적합한 콘텐츠를 추천해 주고 나를 대신해 최선의 결정을 내린다. 거실 속에서 개개인의 취향은 견고하고 날카로워지고 서로의 취향을 맞춰가던 인내심은 둔해졌다. 우리 부부는 최근 취향을 양보해야 했던 극장 나들이를 중단했다. 영화를 보고 나올 때면 꼭 어느 한쪽은 돈 아깝다고 투덜거리기 때문이다. 각자의 기기로 각자가 원하는 걸 골라보면 되는데 취향도 아닌 영화를 돈 내고 볼 필요가 없다는 점에 서로 합의했다.

요즘 아이들에게 "혹시 티브이 보다가 동생이나 아빠와 싸운 적 있어?"라고 물어보자. 흥미로운 반응이 돌아온다. "왜 싸워요? 각자 보면 되는데요?" 맞는 말이다. 싸움이 필요 없는 평화의 시대가 도래했다. 갈등과 다툼이 증발했고, 그와 동시에 함께 웃고 탄식할 시간이 사라졌다. 같은 것을 보며 공감하던 순간은 희미해졌고, 각자의 기기로 더 깊숙이 들어가고 있다. 리모컨을 두고 벌이던 실랑이는 사라졌지만 자리를 대신한 것은 양보나 배려가 아니다. 침묵과 무관심이다.

소리 없는 단절, 디지털이 점령한 거실

거실이 조용해지고 있다. 툭하면 방으로 들어가 버리는 사춘기 아이는 그렇다 쳐도 이건 너무 조용한 거 아닌가. 우리의 어린 시절을 떠올려보자. 내 어린 시절, 거실은 늘 시끄러웠다. 국 끓는 소리, 티브이 뉴스, 형제들의 고함, 엄마의 잔소리, 아빠가 끌고 다니는 청소기 소리까지. 소리 속에서 삶은 흐르고 있었다. 일상이 만드는 소리가 질서 없이 뒤엉킨 소란함은 가족이 한 공간에 머문다는 사실을 또렷이 알려주었다. 불편하지만 편안했고 복잡하지만 따뜻했다.

그에 비하면 디지털 가족의 거실은 무척 '평화롭다'. 거실에 나와 각자 스마트폰을 들고 이어폰을 낀 채 화면에 몰두한다. 문을 꽉 닫고 방으로 들어가지 않았으니 다행으로 여겨야 한다. 모두 한 공간에 있지만 시선은 흩어져 있다. 이 평화, 괜찮은 걸까.

문제는 기기 사용 시간의 증가에 있지 않다. 가족은 디지털 기기로 쉬는 법에 익숙해졌다. 집 밖에서 지친 몸과 마음을 가족과의 대화 혹은 함께 보내는 시간으로 회복하지 않고 각자의 화면을 파고든다. 가족끼리의 따뜻한 한마디보다 추천 알고리즘의 빠른 반응이 더 큰 쉼으로 느껴진다. 그렇게 디지털 가족에게 휴식은 내 기기를 마음껏 사용해도 괜찮은 허용적인 시간을 의미하게 되었다.

메사추세츠 공과대학교의 셰리 터클 교수는 이 상태를 '함께 있지만 혼자인 상태alone together'로 이름 붙였다. 기술은 사람을 연결하는 듯 보이지만 진짜 연결을 회피하게 만든다. 언뜻 평화로워 보이지만 정서적 방치의 부드러운 버전으로 해석해도 무방하다. 침묵이 더 편한 사이를 선뜻 가족이라 부르기 망설여진다. 가족이 단순히 하루 한 끼를 같이 먹는 사이가 아니라는 것쯤은 우리도 안다.

어색한 안부를 억지로 나누어야 하는 외부 관계에 지친 탓일 수 있다. 인사 한마디도 힘겨울 만큼 고된 날도 분명 존재한다. 문제는 그렇지 않은 대부분의 평범한 날의 저녁에도 개별적인 휴식이 자연스러워지고 있다는 점이다. 더 자주, 더 길게, 더 자연스럽고 익숙하게 개인화된다.

관계는 본래 물처럼 흘러야 하는데 디지털 가족의 물길이 막혔다. 아이의 표정, 배우자의 하루, 부모의 안색보다 오늘의 추천 콘텐츠를 자주 들여다본다. 알고리즘은 신기할 정도로 취향을 저격하지만 알고리즘의 정교함이 아이러니하게도 가족을 서로 덜 궁금해하고, 덜 노력하게 만든다. 가족의 마음을 애써 읽어내기 위한 노력보다 적당히 좋아할 만한 것을 검색하고 추천받는 일이 훨씬 쉽고 편해졌다. 서로를 향한 관심이 흐려지고 있다. 가족의 물길이 각자에게서 고이는 중이다.

도파민식 연결의 아이러니다. 함께 있고, 함께 먹고, 함께 자고 있지만 서로를 모르는 사람으로 만드는 것. 끊임없이 연결되어 있지만 정작 아무에게도 진심이 닿지 않은 상태. 어딘가 익숙하지 않은가. 그렇다. 이런 식의 관계는 그간 우리가 집 밖의 친구, 동료, 지인과 가져왔던 느슨한 관계이다. 그 관계가 도파민이 점령한 거실 한복판에서 가족의 탈을 쓰고 있다.

각자의 화면 각자의 쾌락, 인내의 실종

넷플릭스 다큐멘터리 〈소셜 딜레마〉는 개인화된 추천 알고리즘이 어떻게 사용자의 행동을 예측하고 중독으로 전환하는지 보여준다. 우리가 무심코 '취향을 알아주는 기술'이라며 감탄하는 시스템은 나보다 나를 더 잘 아는 방식으로 움직인다. 나의 클릭, 정지, 검색, 재생 속도까지 모든 데이터를 학습한 알고리즘은 전속 도파민 비서처럼 내 뇌가 좋아할 만한 자극을 정확히 골라준다. 정교함이 고도화될수록 우리는 점점 더 알고리즘에서 빠져나오지 못한다.

〈소셜 딜레마〉에서 인상적인 장면 중 하나는 가상의 소년을 조종하는 알고리즘 캐릭터들이 등장하는 장면이다. 현실 속 한 소년이 스마트폰을 집어 들 때마다 스크린 너머에서 세 명의 AI 캐릭터가 긴급회의에 돌입한다. "3초 이상 멈췄다. 관심 있어. 비슷한 영상 밀어줘." "지금 기분이 다운된 상태야. 자극 강한 콘텐츠로 끌어올려!" 사용자의 감정 변화까지 읽어가며 클릭 하나하나를 유도하는 작전을 짠다. 기술이 수동적 도구가 아닌 적극적 개입자로 작동하고 있는 것이다. 단순한 다음 행동 추천이 아닌 뇌의 도파민 회로를 계산하고 조종하는 정밀한 감정 공략. 즉각적이고 정확하며 감정 표현 없이도 내 취향을 알아차린다. 그 무대가 바로, 우리가 매일 들여다보는 조그만 화면이다.

가족은 느리고, 애매하며, 귀찮기까지 하다. 아이는 대답 대신 어깨만 으쓱이고, 엄마는 양말을 뒤집어놓지 말라며 재촉하고, 아빠는 퇴근 후 소파와 한 몸이 된다. 서로의 꼴을 쳐다보다 속에 천불이 난 우리는 불편하고 애매한 기다림 대신 반응이 보장된 화면을 선택한다. 피곤함으로 예민해진 서로에게 한마디를 꺼내기 위해 눈치 봐야 하는 대화보다, 영상 하나만 선택해 놓으면 자동으로 맞춤 콘텐츠가 재생되는 스크롤이 훨씬 매력적이다. 거실에 흐르던 시답잖은 농담은 문자 그대로 시답잖아졌고, 언성을 높여서라도 대화를 나누며 해결해야 하는 가족의 사안이 적당한 선에서 타협되고 만다. 그렇게 아낀 시간에 다시 각자의 화면에 빠진다.

도파민은 사람보다 화면을 선호하도록 우리를 훈련하는 중이다. 시킨 이가 없지만 모두가 자발적으로 훈련받고, 훈련에 성실히 임한 후에는 달라진 자신과 가족을 발견한다. 도파민 훈련생들은 말과 감정, 기다림과 공감을 무의미하게 느낀다. 서로의 눈빛 대신 화면의 알림을 더 빠르게 캐치하고, 대화의 맥락 대신 짧은 반응만 남기는 데 익숙해진다.

가족은 언제나처럼 옆에 있지만 우리는 점점 더 예측 가능한 대상에게 마음을 내어주길 희망한다. 예측 불가한 대상을 위해 쓸 인내심이 바닥났고, 시간을 내어 기다리기엔 봐야 할 영상이 너무 많고, 올려야 할 게임 레벨이 시급하다. 그 익숙한 속도에 길들여진 가족은 아이러니하게도 점점 더 서로를 헐겁게 느낀다.

거실은 원래 가족의 심장이었다. 모두가 한 화면을 바라보며 같은 장면에서 동시에 입을 틀어막고, 박수를 치거나 뒤로 넘어가 듯 웃고, 리모컨을 누가 쥐느냐를 두고 은근한 신경전을 벌이던 곳. 말이 없어도 표정으로 대화했고, 광고가 나올 땐 자연스럽게 화장실에 다녀오거나 냉큼 일어나 귤을 가져오기도 했다. 서로의 기분을 읽는 일, 지루한 순간을 견디는 일, 감정을 맞추는 일도 '함께'의 일부였다. 한 번에 한 가지만 하는 것이 기본 값이자 예의였고, 지루한 순간도 함께 견뎌야 다음 장면의 재미가 깊어졌다.

그 시절에는 틀어놓은 화면에서 다소 지루한 장면이 나오더라도 건너뛸 방법이 없었고, 끝날 때까지 자리를 지키는 것이 당연했다. '함께 버티기', 조금 더 아름답게 표현하자면 '함께하는 시간 공유하기'에서 우러나오는 미묘한 지루함은 가족이라는 관계만의 내력이고 매력인데, 디지털 가족은 그 경험과 시간에 '굳이'라는 감정을 품기 시작했다.

거실이라는 공간에 가족이 모이긴 하지만 양상이 달라졌다. 가끔 보드게임이라도 하자며 모여 앉지만 게임 중에도 각자의 스마트폰 알림에 반응하느라 시선은 거듭 게임판을 벗어난다. "내 차례야?"라는 말이 무한 반복되고, 이미 집중이 흐트러졌으니 대화는 어차피 어렵다. 쉴 새 없이 알림창을 확인하고, 채팅방을 들여다본다. 눈앞의 상대에 온전히 몰입하는 순간은 드물어지고 대화 중간에 끼어드는 "잠깐만"은 일상이 되었다.

사회심리학자 진 트웬지는 디지털 시대의 아이들을 관찰하고 이렇게 말했다. "같은 공간에 있어도 서로 다른 화면을 보는 아이들은 그 공간을 '공유된 경험의 장'으로 인식하지 않는다." 거실에 함께 있다는 이유만으로 가족의 시간을 보낸다고 믿는 건 부모만의 착각이다. 화면 속에서 이어폰으로 각자의 세상을 듣고 있는 거실은 '함께'라는 감정을 나누는 장소가 아니라 와이파이가 잘 터지는 공용 좌석에 가까워진다.

저마다 원하는 걸 볼 자유가 생긴 대신 누군가와 끝까지 함께 보는 경험이 사라지고 있다. 공유, 공감, 인내라는 미덕이 필수라면 따로 시간과 돈을 들여 사교육을 시도할 생각은 있을지언정, 가족끼리 이 미덕을 나눌 마음은 없어 보인다. 가족이 모인 시간을 왜 인내심 테스트의 장으로 쓰지 못해 안달이냐고 묻는다면, 계속 이어가 보겠다.

가족을 조종하는 보이지 않는 손

알고리즘은 기술일 뿐이라고 말하는 의견도 분명히 존재한다. 나는 그들에게 알고리즘 기술이 가족의 말투를 바꾸고, 표정을 바꾸고, 관계의 순서를 바꾸고 있음을 인지하고 있느냐고 묻고 싶다. 아이에게 반응해 주는 역할을 부모가 아닌 화면이 대신하고 있다. 서로의 감정에 가장 먼저 반응하는 존재가 사람이 아니라 기술이 되면 가족은 중심을 잃는다.

대단히 거창한 방식은 아니다. 알고리즘은 티 나게 명령하지 않는 대신 조용히 속도를 바꾼다. 우리가 반응하는 속도, 감정을 표현하는 타이밍, 대화가 오가는 리듬. 이 보이지 않는 손은 성격이 급하고, 감정이 자신만의 속도로 형성되는 과정을 견디지 못하게 한다. 아이의 울음은 기다려야 하는 대상이 아니라 차단의 대상이 되고, 말이 느린 어른의 표현은 답답함으로 처리된다. 말을 배우는 아이의 서툰 언어와 특정 단어가 생각나지 않아 버퍼링 걸린 부모. 서로가 서로를 답답해한다. 그때마다 우리는 원래 그렇게 빠르지 않다는 걸 떠올려야 한다.

가족은 불편한 감정을 생략하고 편리한 반응만 남기는 구조로 재편되었다. 알고리즘이 사람을 조종하는 방식과 유사하다. 무언가를 명령해서가 아니라 관계의 리듬을 조금씩 서서히 바꾸는 것. 빠르고, 가볍고, 반복 가능한 것만이 살아남는 환경 속에서 가족은 서로를 반응하기 쉬운 존재로 소비하거나 무관심해지는 선택지를 받았다.

디지털 가족 안에서 감정은 어느 쪽으로 반응하는가. 아이는 부모의 말보다 영상의 움직임에 더 빨리 반응하고 어른은 아이의 표정보다 스마트폰 알림에 고개를 든다. 모두가 무언가에 반응하고 있지만 서로를 향한 회로는 닫혀 있다. 대화는 오가지만 맥락은 사라지고 시선은 닿지 않는다. 가족은 여전히 한 공간에 머물지만 각자의 맥락 속에서 감정은 흩어진다. 연결되어 있다고 말할 수는 있지만 연결 안에 서로의 감정이 공유되었는지는 확신하기 어렵다.

그러는 사이 가족은 점점 더 많은 것을 놓친다. 아이가 엄마와 아빠를 불러주길 기다리는 순간, 말이 엉키면서도 무언가를 전하려 애쓰는 눈빛, 울다 웃고 다시 울음을 터뜨리는 감정의 파도. 완벽하지 않아도 괜찮았던 순간들이야말로 관계를 깊게 만들고, 가족이라는 이름에 온기를 불어넣는다. 하지만 그 장면들 역시 화면 속 하이라이트에 밀려난다. 기록되지 않고, 업로드되지 않고, 알고리즘에 태그되지 않는 순간들은 무가치한 것처럼 잊힌다. 가족의 힘은 곁에 앉아 끝까지 기다려줌으로써 시작된다는 사실을 기억하는 이가 점점 줄어든다.

기기 한 대만 건네주면 온순하고 행복해지는 아이. 연년생 두 아들을 키우는 내가 그 달콤함을 모를 리 없다. 부모는 아이가 조용하다는 이유로, 울지 않는다는 이유로, 말이 없다는 이유로 안심하지만, 조용함이 평온의 증거가 아닐 수도 있다는 생각을 하지 못한다. 하지 않는 것일 수도 있고. 우리가 놓아버린 건 대화가 아니라 대화로 이어지기 전의 기다림이었는지도 모른다. 감정이 언어가 되기까지 누구에게나 시간이 필요하다. 울음과 머뭇거림, 엉킨 말의 몫만큼 지나야 비로소 서로의 마음에 닿을 수 있다. 그러나 알고리즘은 과정을 삭제한다. 대신 가장 빠른 위로와 확실한 자극을 내밀며, 우리를 점점 더 느린 감정에서 멀어지게 만든다. 가족만은 예측 불가능한 시간을 견뎌줄 마지막 존재여야 하는데, 요즘 가족은 그 일을 하지 않는다.

감정 없는 응답, 침묵의 기술

"공부했어?" "밥 먹었니?" "숙제 끝났어?" 평일 저녁, 가족의 대화는 할 일 목록에 가까워졌다. 이런 식의 질문 외에 가족이 나눈 대화가 무엇이었는지 돌아보자. 나부터 반성해야 한다. 나 역시 정신을 차리고 보면 또 이러고 있다. 대화라고 보기에 애매한 질문들이 매일 저녁 식탁을 채운다. 22년 차 초등교사인 친구의 푸념이 떠오른다.

"요즘 부모들은 '애가 집에 와서 말을 안 해요'라고 상담하는데, 정작 부모도 아이랑 대화를 안 하는 것 같아."

말을 잃은 건 아이가 아니라 가족이다. 2024년 우리나라 스마트폰 이용자 중 22.9%는 스마트폰 과의존 위험군으로 나타났다. 특히 청소년의 경우 과의존군이 매년 급증하는 추세였다.[4] 중고생 자녀가 있는 가정의 10가구 중 7가구는 같은 공간에 있어도 각자 디지털 기기에 집중하는 시간이 더 많았다. 부모는 아이가 속내를 보이지 않는다고 문제 삼지만 실상은 부모도 말하지 않는다. 가족은 모두 각자의 하루를 보내고 집으로 돌아오지만 서로가 어떤 하루를 보냈는지는 모른다. 이것이 의미하는 바는 명료하다. 우리는 '조용한 단절'이라는 새로운 가족 형태에 익숙해지고 있다.

유아기에 충분한 대화와 감정 교류를 겪지 못한 아이는 말이 느릴 수밖에 없다. 언어는 단어의 수보다 감정의 깊이에서 자란다.

부모가 "응, 그렇구나"라고 대꾸만 하고 스마트폰을 보거나 "조용히 좀 해봐"라고 침묵을 종용할수록 아이는 '내 말은 중요하지 않다'라고 인식한다. 감정 교류가 끊기는 경험이 반복되면 아이는 말을 줄이고, 질문을 포기하고, 영상을 보며 반응하는 혼잣말을 늘린다. 그런 아이에게 말은 소통을 위한 수단이 아니라 소통하지 못할 것을 전제한 독백이 되어간다. 영상에 노출된 덕분에 어휘는 늘었을지 모르나 그 어휘를 사용할 맥락은 찾지 못한다.

말을 주고받는 일은 단순한 내용 전달이 아닌 상호작용이다. 사회성은 상호작용 위에서 자라난다. 한 사람이 말을 건네고 다른 사람이 반응하는 흐름 안에서 우리는 타인의 감정을 짐작하고 자신의 감정을 조율하는 법을 배운다. 그런데 상호작용이 끊기면 그 능력은 천천히 퇴화한다. 열심히 쌓아 올린 사회성도 사용하지 않으면 사라진다.

디지털 가족의 대화는 힘을 잃어간다. 누구보다 가까워야 할 사이에서조차 사회적 기술을 익혀갈 만한 대화가 오가지 않으면 집 밖에서 만나는 타인과의 거리 감각을 기르기 어렵다. 단어는 주고받았지만 마음은 오가지 않은 시간, 질문은 있었지만 귀 기울임은 사라진 자리. 그래서 아이는 '말을 했는데 아무도 듣지 않았다'라는 경험을 가장 가까운 사람에게서 먼저 배운다.

정서 연결의 핵심은 말의 양이 아니라 질이다. 말의 질을 높이기 위해서는 말할 수 있는 분위기가 중요하다. 눈치를 보며 말 꺼내기가 망설여지는 집, 반응 없는 대답에 익숙해진 집에서 아이들은 수차례 시도했다. "엄마, 오늘 말이야…" 했다가 "잠깐만, 엄마 지금 바빠"라는 말에 멈추었고 "아빠, 나 있잖아…" 하다가 화면에 몰두하는 아빠의 모습에 입을 닫았다. 그 몇 번의 경험은 '지금은 말할 때가 아니구나'라는 결론을 내린다. 슬프게도 말이 줄어든 빈자리를 도파민 자극이 채운다. 화면은 묻지도 따지지도 않고 끊임없이 반응해 주기 때문이다. 내가 누른 '좋아요'에 따라 실시간으로 추천 탭이 바뀌고, 내가 본 영상은 알아서 다음 것을 이어준다. 거절당할 일이 없다.

반면 가족의 대화는 불확실해지고 있다. 상대가 어떤 표정을 지을지, 어떤 반응을 보일지 알 수 없다. 그래서 아이는 예측 불가능한 대화 대신에 언제나 즉각적인 보상을 보장하는 화면을 선택한다. 처음엔 별로 문제될 게 없는 습관처럼 보이지만 반복될수록 아이의 뇌는 '말보다 스크롤이 안전하다'는 학습을 강화한다. 결국 아이는 말을 잃어버린다.

드라마 속 중년 부부가 티격태격하는 장면에는 어김없이 이런 대사가 등장한다. "말을 말자, 말을 말아." 디지털 가족의 고요한 거실에서 대화 상대를 찾지 못한 아이가 중얼거리고 싶은 말이 바로 그 말이다. 말을 해도 아무도 듣지 않는 거실, 말을 말자, 말을 말아.

조부모 세대의 알고리즘

조급하고 불안해진 도파민의 시대, 느린 리듬의 상징이 바로 조부모 세대다. 화면 속 자극에 반응하지 않고 말보다 표정을 오래 바라보며 누군가가 말을 마칠 때까지 기다릴 줄 아는 사람들. 도파민의 자극이 아닌 기억의 반복과 신체적 습관 속에서 관계를 만든 세대다. 이들에게 사랑은 실시간 반응보다 일관된 존재감으로 전해진다. 그래서 조부모의 말은 때로 뭘 모르고 하는 것처럼 느껴지고, 그들의 감정 표현은 느리고 둔해 보인다. 하지만 가족 중 누구보다 관계의 끈을 천천히 오래 붙잡고 있다. 조부모 세대의 느림은 관계를 가볍게 소비하지 않겠다는 신호로 해석할 수 있다. 이는 상대를 즉각적으로 해석하거나 평가하려는 도파민식 태도와 다르다. 가족이 디지털 속도에 지칠수록 더욱 이 같은 자세가 절실해진다. 빠르게 반응하지 않아도 괜찮은 관계, 천천히 마음을 열어도 끝까지 들어주는 사람이 존재한다는 안도감이야말로 가족이라는 공간이 줄 수 있는 깊고도 유일한 안정감이다.

조부모와의 유대는 정서적 회복력을 높이고 안정 애착 형성에 긍정적인 영향을 미친다. 그들은 가족을 빠르게 판단하지 않고 오래 지켜볼 줄 알며 어쩔 줄 모르는 감정 앞에서도 말 대신 묵묵한 시간으로 반응한다. 아이들에게는 물론이고 어른에게도 느림은 감정의 속도를 되돌릴 기회를 준다. 빠르게 오가는 반응이 아니라 차곡차곡 쌓이는 시간으로 존재하는 사람. 그런 존재가 가족 안에 있다는 것은 생각보다 더 큰 정서적 자산이다.

앞서 설명했듯 도파민은 빠른 보상과 자극에 반응하지만 옥시토신은 느리고 지속적인 관계에서 분비된다. 조부모는 가족 안에서 옥시토신의 흐름을 지킨다. 눈에 띄지는 않지만 가족이 성급한 감정과 피로한 기대 속에서 무너지지 않도록 중심을 잡아준다. 세대 차이 역시 서로 다른 감정 시스템을 마주할 기회가 된다. 그 다름을 감당해 주는 사람이 있다는 사실이 가족이라는 구조를 여전히 작동하게 만드는 보이지 않는 힘일 것이다.

그랬던 조부모 세대조차 각자의 알고리즘에 빠져들고 있다. 누군가는 설교 말씀을 듣고, 누군가는 건강 정보, 다른 누군가는 재테크와 명상에 빠져 있다. 악의는 없지만 그들이 가졌던 느린 온기 역시 화면 속에서 희미해진다. 이 변화는 세대 간의 갈등 구조를 바꾸었다. 예전에는 기술에 익숙하지 않은 조부모 세대가 가족 단절을 막아섰다면 지금은 모두가 확실하게 단절되고 있다.

이효리가 엄마와 여행을 떠나는 프로그램을 본 적이 있다. 함께 떠난 여행, 오랜만에 나란히 누워 잠을 청했던 다음 날 아침, 이효리의 엄마는 눈을 뜨자마자 스마트폰을 켰다. 평소 구독하는 유튜브 채널의 영상을 익숙하게 재생했다. 그 모습을 가만히 보던 이효리는 보고 싶었던 딸이 옆에 있는데 지금 뭘 보는 거냐고 눈을 흘겼다. 불과 며칠 전에 나 역시 같은 경험을 했다. 친구들과 선생님에 관해 종알거리는 손주를 옆에 두고 우리 엄마는 '이런 사람과는 인연을 끊으세요'라는 제목의 영상을 재생했다. 나도 엄마에게 눈을 흘기고 말았다.

조부모마저 각자의 화면에 빠지는 동안 눈 맞춤은 사라지고 대화의 타이밍은 어긋난다. 가족의 옥시토신을 지켜주던 조부모마저 알고리즘에 조정 당하면서 가족의 모습에도 또 다른 변화가 일어났다. 조부모(1세대)와 부모(2세대) 간에는 정보와 가치관의 충돌이, 조부모와 손주(3세대) 간에는 관심 분야와 속도 차이가 분명해졌다.

"요즘 애들 문제야" 하고 입을 모으지만 회복이 필요한 대상은 아이들만이 아니다. 세대를 막론하고 모두가 느리고 불편한 시간을 함께 견디는 법을 회복해야 한다. 그것이야말로 가족의 단절을 이어 붙일 유일한 접착제일지 모른다. 그 접착제, 분명 거실에 둔 것 같은데 요즘 툭하면 어디로 갔는지 안 보인다.

도파민 키즈,
알고리즘 가족

감정 문해력의 실종

누가 아이를 키우고 있는가. 바쁜 부모가 교육 정보, 학원 정보를 찾아 스마트폰의 망망대해를 떠도는 동안, 아이는 알고리즘과 함께 자란다. 부모는 그럴싸한 자녀교육 가이드를 찾고 있지만 화면 속 영상은 이미 방향을 정해놓았다. 1.5배속과 스킵 사이에서 아이가 익히는 건 감정 표현보다 반응. 지금 이 모습은 우리가 선택한 것일까, 선택했다고 믿는 것일까.

주말 외식의 보모, 태블릿

주말의 스타필드. 가족들의 놀이공원, 천국이라는 별명답게 어지간한 식당의 테이블마다 아이가 왕이다. 더 정확히 표현하자면 아이와 아이 앞에 놓인 '화면'이 최고 대접을 받는다. 자칫하면 엉망이 될 수 있는 가족의 외식을 위해, 더 정확히는 식사의 승패를 좌우할 아이를 위해 조심스레 태블릿을 배치한다. 부모는 익숙한 순서와 몸짓으로 테이블의 왕이 된 태블릿을 가운데에 두고, 주위로 테트리스하듯 수저와 물컵, 접시를 놓는다.

본격적인 식사가 시작된다. 이보다 평화로울 수 있을까. 아빠와 엄마는 연애 시절과 크게 다르지 않은 표정으로 여유롭게 대화를 나누며 주말을 즐긴다. 정돈된 식탁, 얌전한 아이, 우아한 부모, 식당의 평화로 소중한 주말이 지켜지고 있다. 모두가 행복해 보인다. 그런데 어딘가 이상하지 않은가? 혹시 나만 이 상황이 이상해 보이는가?

가족의 식사는 이런 게 아니었다. 하지만 인제부터인가 외식의 목표가 아이를 조용하게 묶어두는 것, 연애 감정이 식어가는 부부에게 데이트 기회를 마련해 주는 것이 되었다. 잠자코 있어준 대가로 아이는 궁금한 것에 관해 물어볼 기회를 잃었고, 가족은 시끌벅적 이야기 나눌 분위기, 눈을 맞추며 기다려주는 식사의 리듬, 함께 먹는다는 감각에서 멀어졌다. 태블릿 덕분에 부모는 평화와 자유를 얻었지만 아이는 화면 속으로 사라지는 중이다. 아이의 시선은 영상을 향해 있고, 불쑥 밀고 들어오는 숟가락에 때마다 입을 벌리며 배를 채운다. 가족 외식에서 아이가 사라졌다. 아니, 가족이 사라졌다.

"저희 평소에는 안 그래요."

"어쩌다 밖에서 먹을 때만 틀어주는 거예요."

"애가 시끄러운 곳에서는 도통 밥을 안 먹어서요."

좋다. 믿겠다. 그렇다면 스마트폰이 없던 시절의 외식 문화는 어떻게 이루어졌는지 떠올려보자. 전자기기 없이도 가족은 식사를 했다. 돌아다니려는 아이, 시끄럽게 구는 아이, 끊임없이 질문하는 아이를 챙기느라 부모는 교대로 엉덩이를 들썩거렸고, 밥 한 숟가락 뜨기도 버거웠다. 그래도 불가능한 일은 아니었다. 오히려 부산스러움 속에서 아이의 성향과 성격을 발견했고, 가족끼리의 역할을 나누었으며, 끝내 한 끼를 잘 마무리했다는 안도감을 맛보았다. 그 시절의 외식은 완벽하진 않았지만, 태블릿 화면이라는 보모다는 훨씬 더 생생한, 살아가는 풍경이었다.

식당에서의 평화로운 한 끼는 부모라면 누구에게나 달콤하다. 태블릿 덕분에 아이가 얌전히 버티는 시간, 부모는 눈치 보지 않고 식사를 마친다. 문제는 그 예외의 경험이 너무 강렬하다는 것이다. 식당에서의 한 번이 쌓여 아이의 기준이 된다. 태블릿과 함께한 외식은 집에서도 반복을 요구한다. "왜 집에서는 안 돼?" "그럼 안 먹을래." 화면 없는 식탁이 지루하게 느껴지는 순간, 그날의 외식은 특별한 경험이 아닌 가족의 식사를 흔드는 균열이 된다.

알고리즘이 키운 도파민 키즈

우리 아이들의 일상은 이미 화면 속에 깊이 잠겼다. 세계보건기구WHO는 만 2~4세 아동의 미디어 사용 시간을 하루 1시간 이내로 제한하라고 권고한다. 하지만 한국의 만 3~4세 아동은 하루 평균 184.4분, 권고 기준의 세 배 가까운 시간을 티브이·스마트폰·태블릿 앞에서 보낸다. 더 충격적인 건 시작 시점이다. 절반이 넘는 57.7%의 아이가 생후 24개월 이전에 티브이를 접했고, 29.9%는 돌도 채 지나기 전에 스마트폰을 쥐기 시작했다.[5] WHO가 금지한 '2세 이전 화면 노출'을 이미 일상으로 받아들이고 있는 셈이다. 그중 절반 이상이 유튜브 키즈 등 알고리즘 기반 플랫폼이다. 화면은 화려하고 빠른데 다음 영상은 친절하게도 자동 재생된다. 묻지도 기다리지도 않는다. 보겠다고 말하기도 전에 보게 한다. 끊김 없이 이어지는 화면에 익숙해진 아이는 현실의 느린 흐름과 잦은 멈춤이 짜증스럽다. 세상은 터치 한 번으로 획획 바뀌는데, 왜 엄마의 말은 그렇게 길고 아빠의 대답은 그렇게 늦을까.

　　육아 커뮤니티에 잊을 만하면 한 번씩 올라오는 게시글은 요즘 아이들의 감각을 단적으로 보여준다.

　　"책을 읽어줄 때 페이지가 다 끝나지도 않았는데, 아이가 획획 넘기며 읽고 싶어 해요. 내용을 이해하고 있는지 모르겠어요. 이렇게 읽어도 괜찮은 건가요?"

괜찮을 리 없다. 이야기의 흐름보다 장면 전환에 익숙해진 아이는 줄거리가 아닌 장면을 기억한다. 장면은 따라갈지언정 서사와 맥락은 놓친다. 책이 영상처럼 소비되면서 독서는 생각하는 시간이 아니라 스킵 가능한 콘텐츠가 된다. 문제는 속도가 아니라 속도에 길들여진 감각이다. 부모가 책을 읽어주는 시간은 지식을 정확히 전달하기 위한 수업이 아니다. 이야기의 흐름에 따라 함께 웃고, 놀라고, 질문하고, 느끼는 시간이다. 그 속에서 아이는 감정의 어휘, 일상의 어휘, 표현의 어휘를 익히고 부모의 말투와 표정을 안전한 감정으로 기억한다. 책은 매개일 뿐, 진짜 핵심은 책을 사이에 두고 쌓아가는 관계다. 알고리즘에 익숙해진 아이는 부모의 반응이나 부모와의 소통보다 '다음 장면'을 원한다. 같은 장면을 오래 들여다보는 대신 더 빠른 장면 전환을 요구한다. 아이에겐 책마저 홀로 소비하는 콘텐츠가 되었다는 의미인데, 이것이 어떻게 괜찮을 수 있겠는가.

문제는 아이가 아니라 부모의 인식이다. 유튜브 화면을 건네면서 '이것도 교육'이라는 착각 말이다. 보건복지부와 시청자미디어재단이 실시한 2023년 설문조사에 따르면 무려 64.2%의 부모가 '유튜브 콘텐츠가 아이의 언어 발달에 긍정적이다'라고 응답했다. 부모 10명 중 6명 이상이 화면이 아이에게 말을 가르친다고 믿는 셈이다. 믿기 힘든 수치다. 아이에게 말을 걸기보다 화면을 건네는 편이 더 효율적이라 여겨지는 시대. 전문가들은 우려가 아닌 공포를 표한다.

태블릿 없는 육아가 불가능해지고 있다. 유튜브, 넷플릭스, 키즈 콘텐츠, 오디오북, 비디오북, 스마트폰 게임, 학습용 앱, AI 프로그램 등 그 가짓수가 매년 빠르게 증가하는 이유가 아이의 바른 성장을 응원하기 때문이라는 착각을 하지 않길 바란다. 아이의 학습과 발달을 위한 것일지라도 사용 시간, 체류 시간을 치밀하게 계산하는 비즈니스의 산물이라는 점을 인지해야 한다.

태블릿이 부모보다 낫다 싶은 순간은 점점 더 자주 찾아온다. 태블릿은 짜증이나 귀찮음 없이 한결같이 다정한 목소리로 아이에게 말을 건넨다. 아이는 이들과 보낸 시간만큼 덜 요구하고, 덜 표현하고, 결국 가족과 덜 연결된다. 부모는 점점 덜 말하고, 덜 안고, 덜 반응한다. 그럼에도 무럭무럭 잘도 자란다. 그런 것처럼 보인다. 부모는 아이를 잘 키우고 있다고 오인하지만 정작 아이는 부모 없이 잘 지내는 법을 숙련하는 중이다. 부모는 아이에게 '없어도 되는 존재'가 되어간다.

언어 발달에 긍정적일 거라 착각하게 만드는 태블릿 속 콘텐츠가 왜 문제일까. 유튜브로 말을 배우고 어휘를 알아가고 배경 지식을 넓히는 것이 어째서 문제가 될까. 화면 속 언어는 반쪽짜리이기 때문이다. 화면 속에는 소화하기 버거울 정도의 말들이 넘쳐나지만, 정작 아이를 향한 말은 없다. 영상 속 오디오는 한순간도 멈추지 않고 비슷비슷한 영상, 반복되는 어휘와 소리를 거듭해 노출하지만 그 수많은 영상 속에 아이의 이름을 부르는 이는 없다.

이름을 부르는 행위가 뭐 그리 대단하냐고 물을 수 있다. 호명은 단순한 행위가 아니라, '너를 보고 있어', '너는 중요해', '너는 우리의 일부야'라는 메시지를 전달한다. 이름을 부름으로써 애착 회로가 자극되고, 이 자극은 존재감을 형성하는 데 결정적인 영향을 미친다. 주어가 없으면 결국 아무에게도 닿지 않는다. 소통 없는 언어는 소음이 되고, 존재 없는 관계는 외로움이 된다. 그런 아이를 보며 부모는 걱정한다.

"왜 아이가 아직도 불안해할까요?"

힌트는 태블릿을 건네는 손에 있다.

결국 아무것도 남지 않는 인지 과부하의 역습

아이가 영상을 많이 보기는 하지만 영상만 보는 건 아니라는 항변도 가능하다. 아이들은 책을 읽고, 그림을 그리고, 그 사이사이에 영상을 보는 것이므로 절대적인 시간으로 따지면 텔레비전에 빠져 살던 앞선 세대의 어린 시절과 크게 다르지 않다. 1980년대, 우리 4남매가 텔레비전에 빠져 정신을 못 차리던 어느 날, 엄마는 집을 뒤져 나온 가장 거대한 가위로 텔레비전 전선을 싹둑 잘랐다. 요즘으로 치면 와이파이 공유기를 꺼버리거나 스마트폰을 아예 뺏어버리는 행위 정도 되겠다.

시청 시간으로 따지자면 우리 4남매도 지금 아이들에게 결코 뒤지지 않았다. 문제는 보는 양이 아니라 보는 방식이다. 요즘 아이들은 짧은 시간에 훨씬 더 많고, 다양하고, 정교하게 맞춤화된 영상을 소비한다. 특히 짧은 클립 형태의 콘텐츠는 아이의 뇌가 감당하기엔 지나치게 빠르고 화려하며 자극적이다. 장면은 평균 3초마다 전환되고, 화면은 끊임없이 흔들리며, 음악과 효과음은 숨 돌릴 틈 없이 쏟아진다. 과거의 1시간 시청과 지금의 1시간 시청은 의미가 다르다. 요즘 아이들에게 훨씬 더 높은 강도의 자극이 몰려오지만 부모는 이번에도 착각한다. 아이가 세상에 대한 지식과 감각을 폭넓게 익히는 중이라고.

실제로는 깊이 파고들 틈조차 없이 자극에 반응하는 법에 익숙해지는 중이다. 가장 자극적인 영상이 〈경찰청 사람들〉이었고, 주로 〈전원일기〉, 〈허준〉, 〈가족 오락관〉, 〈인간극장〉을 보던 그때 그 시절과는 자극의 강도가 달라졌다. 수십 년 전의 화면은 느리게 흘렀다. 할아버지의 고단한 하루를 따라가며 한숨을 쉬거나, 허준이 침 하나를 놓기까지 긴장감 속에서 몇 분을 기다렸다. 웃음을 주는 오락 프로그램조차 단순한 게임이나 말장난에 가까운 농담이 전부였고, 화면 전환은 드물었으며 앵글이 자주 바뀌지도 않았다. 가족이 모여앉아 인내심을 갖고 한 장면, 한 대사를 따라갔다. 예전의 텔레비전이 가족을 천천히 모아 앉히는 모닥불 같은 존재였다면, 지금의 화면은 각자의 손바닥 안에서 터지고 사라지는 폭죽에 가깝다.

아이는 그 장면들을 '많이' 보고 있지만, 그 안에서 '무엇'을 보고 있는지 스스로도 모른다. 지금의 영상 환경은 아이의 뇌에 정보 과부하, 즉 인지 과부하cognitive overload를 유발하는 중이기 때문이다. 인지 과부하는 뇌가 처리할 수 있는 용량 이상의 정보를 짧은 시간에 받아들이면서 감정 처리 능력과 해석 능력 자체가 마비되는 현상을 의미한다. 아이의 뇌는 정보를 걸러내는 필터조차 충분히 발달하지 않은 상태다. 감각은 넘치는데 해석은 부족하고, 반응은 빠른데 이해는 느리다.

실제로 아이는 화면에 집중하는 듯 보인다. 하지만 탈맥락적 반응에 가깝다. 이야기를 따라가는 것이 아니라 자극에 반사적으로 반응하는 것이다. 이는 '보는 힘'을 길러주는 것이 아니라 '보는 습관'을 왜곡시킨다. 아이는 더 빠른 장면, 더 자극적인 소리, 더 강한 감정을 찾아 움직인다. 느린 흐름, 반복되는 서사, 감정을 기다리는 구조는 답답함이나 지루함으로 인식된다.

결국 이야기의 구조를 이해하는 힘, 감정을 언어로 옮기는 능력, 등장인물의 심리를 상상하는 훈련 모두 사라진다. 이 과정이 의식되지 않는 상태에서 일어난다. 무엇을 이해했는지조차 모르고 넘어간다. 언어 발달의 가속이 아니라 정서 발달의 마비다. 이해할 새도 없이 전환되는 영상 속 세상은 결국 아이에게 '느낌은 있지만 말로 표현할 수 없는 세계'로 받아들여진다.

아이는 유튜브를 보며 웃고, 놀라고, 흥분하며 반응하지만 끝나고 나면 아무것도 남기지 못한다. 눈과 귀는 분주했지만 마음과 머리는 텅 빈 상태. 공허함을 또 다른 짧고 자극적인 영상으로 채우는 악순환에 빠진 아이의 뇌는 자극을 소화하지 못한 채 방치된다. 조용히 잘 보고 있는 것 같지만 실제로는 '과잉 입력 - 무의미한 저장 - 정서적 소진'이 반복되고 있는 셈이다. 영상을 보여준 부모가 스스로 해야 할 질문은 아이가 '무엇을 얼마나 봤느냐'가 아닌 '영상 속 내용을 통해 무엇을 느꼈느냐'이다.

고요한 방치, 억눌린 감정, 명백한 위기

화면에 빠진 아이는 조용하다. 육아에 시달리던 부모가 그토록 바라던 순간이다. '조용한 게 뭐가 어때서? 조용하니까 잘 있는 거고, 잘 있으니까 괜찮은 거 아닌가?'

아이의 침묵은 감정이 해소된 결과가 아니라 감정이 억눌린 결과다. 언제나 즐겁고 언제나 역동적인 화면 속 영상은 아이라면 누구나 자연스레 갖게 마련인 외로움과 서운함, 분노와 지루함을 감추는 포장지가 된다. 화면과 함께라면 말하지 않아도 괜찮고, 표현하지 않아도 위로받은 것 같다.

문제는 드러내지 않은 감정들이 처리되지 않고 굳어진다는 점이다. 웅어리는 시간이 흐르면 정서가 아닌 습관이 된다. 감정을 굳이 표현하지 않아도 된다는 무언의 메시지는 굳어지고, 감정을 표현하는 방법을 배우지 못한 아이가 된다. 울고 싶은데 울지 않고, 서운한데 괜찮은 척하고, 기쁜데도 티 내지 않는 습관이 쌓이며 무표정이 당연해진다. 말썽을 부리지 않는 차분한 아이처럼 보일지 몰라도, 감정의 회로가 닫히는 중이다.

'감정 문해력'에 주목해야 한다. 감정 문해력이란 자신의 감정을 인식하고, 그 감정에 이름을 붙이며, 적절하게 표현하고 조절하는 능력을 말한다. 단순히 감정을 느끼는 것이 아니라, 느낀 감정을 이해하고 전달할 수 있는 언어로 바꾸는 힘. 읽기와 쓰기처럼 감정에도 문해력이 필요하며 이는 아이가 타인과 건강하게 관계 맺고 자기 자신을 보호하는 정서적 기반이 된다.

감정 문해력은 정서 지능의 핵심이다. 아이가 감정을 설명하지 못한다면 단순히 문해력이 부족해서가 아니라 감정을 표현하고 조절한 경험이 없어서일지도 모른다. 스마트폰은 아이에게 너무 많은 감정을 대신 경험시킨다. 애니메이션 속 인물이 울고 웃고 사랑하고 화내는 걸 지켜보며 아이는 마치 자신도 그 감정을 통과한 것 같은 착각에 빠진다. 화면 속 자극은 빠르고 정확하지만 실제 가족의 감정은 느리고 어설프다. '지금 기분이 어때?'라는 질문은 감정 문해력의 첫걸음이지만 대부분의 아이가 이 질문 앞에서 멈칫한다. 정답이 없는 질문을 건넬 때 서두르면 그르치고 마는데, 부모 역시 조바심에 침묵을 못 참고 힌트를 주거나 다른 말로 재촉하기 십상이다.

UCLA는 심리학 연구를 통해 스마트폰 등 디지털 스크린의 사용 시간이 길수록 아이들의 감정 읽기 능력이 저하된다는 사실을 밝혀냈다. 연구진은 아이들이 스크린을 완전히 차단한 채 며칠간 캠프에서 대면 상호작용만 하게 했고, 그 결과 상대방의 표정과 그 속에 담긴 사회적 단서를 읽어내는 능력이 유의미하게 향상되었다.[6] 이처럼 감정도 언어처럼 '사용해야' 자란다.

애석하게도 지금의 부모 세대는 그 사실을 배우지 못한 채 어른이 되고 부모가 되었다. 감정의 사용과 성장 패턴을 모르는 상태로 아이를 기르기 시작했는데, 아이는 자꾸 화면을 요구한다. 아이는 자신도 모르게 심심함, 불안함, 서운함, 외로움 같은 감정들을 삼켜버리고 웃는 얼굴로 화면을 보지만 실제로는 부정적인 감정을 혼자 감당하는 중이다.

스마트폰 사용으로 인한 상호작용의 어려움은 아이들만의 문제가 아니다. 최근 '젠지 스테어Gen Z Stare' 현상에 관한 논의가 활발히 이루어지고 있다. 사회로 진입하고 있는 Z세대가 질문에 곧바로 대답하지 않고, 무표정과 무응대로 일관하는 현상으로 이에 대한 비난이 많다. 나는 젠지 스테어 역시 스마트폰의 영향이 크다고 본다. 스마트폰과 메신저 중심으로 자란 세대는 대면 대화에 어색함과 긴장감을 느낀다. Z세대는 전화(음성)보다 메신저(텍스트)를 압도적으로 선호하고, 통화를 두려워하는 콜 포비아도 적지 않다. '요즘 애들'의 무례로 단순하게 바라볼 것이 아니라, 변화한 소통 습관의 징후로 읽어야 한다. 따라서 이들이 사회에 어떻게 적응하는지를 살펴본 뒤 함께 고민해 봐야 할 세대적 현상이다.

혹시 우리 아이가 말을 건네기 힘든 분위기에서 고요를 가장한 방치에 익숙해지고 있는 건 아닌지 짚어보자. 눈에 띄는 문제 행동을 하지 않는다고 안도하면 안 된다. 침묵은 평화가 아니라 신호다. 아이는 조용히, 그러나 끊임없이 구조 요청을 보내고 있다.

왜 나만 참아야 돼?

어른들 역시 말이 목적지에 도달하지 못하는 경우가 많다. 문장 속 문맥은 뒤엉켜 휘청거리고, 문장은 길지만 정확히 무슨 말을 하고 싶은지 맥락이 비어 있다. 한국 사회의 문해력 문제는 단순한 언어 능력 저하를 넘어선다. 전통적인 읽기·쓰기 능력의 약화와 디지털 환경에 대한 비판적 사고의 부족이 더해지며 텍스트는 늘어났지만 이해는 급격히 줄어들었다. 점점 더 많은 글을 읽고 있지만 점점 덜 이해하고 있다. 이해하지 못한 채 공유하고, 공감하지 못한 채 '좋아요'를 누른다. 우리가 매일 신줏단지처럼 모시는 스마트폰 화면 속에선 쉼 없이 문장이 흐르지만 우리는 문장을 '읽지' 않고 '보고' 있다.

남 얘기할 것 없이 내가 문제다. 되도록 안 보려고 애를 쓰던 나조차 결국 1분 미만의 짧은 영상에 슬금슬금 중독되는 중이다. 궁금한 적 없고, 보고 싶었던 적이 없는 내용인데, 보는 내내 시선을 뗄 수 없다. 한번 시작하니 손가락이 멈추지 않았고, 끊어야지

다짐할수록 다음 영상은 더 영리하게 나를 붙잡았다. 낯설지만 익숙한 쾌감, 필요하지 않은데도 뇌가 '더'를 외치며 달려드는 순간. 아이가 왜 그렇게 스크롤에 빠져드는지 논문을 펼쳐보지 않아도 몸으로 알아버린 셈이다.

부모들이 모른 척하는 동안 균열이 심화된다. 우리 남편 역시 완벽한 쇼츠 중독자다. 밤마다 쇼츠에 빠져 사느라 잠이 부족해 푸석거린다. 집집마다 상황은 비슷하다. 아이 옆에 앉아 쇼츠를 넘기다 황급히 엎은 스마트폰, 설거지할 때마다 틀어놓는 유튜브와 넷플릭스, 아이의 일기 쓰기를 봐주면서도 끊임없이 확인하는 채팅창까지. 부모가 훨씬 더 깊이 도파민에 젖어 있다. 아이에게 절제를 가르치기 위해 최선을 다하지만 정작 스스로는 도파민의 노예가 된 지 오래다.

아이는 부모에게 묻는다.

"왜 나만 참아야 돼?"

"너는 참아야지. 내가 너만 할 때는 책만 열심히 봤어."

오래 묵어 먹히지 않는 논리를 꺼내는 순간 아이는 고개를 돌려 화면에 빠진다. 스마트폰을 내려놓지 못하는 어른들을 보며 왜 나만 스마트폰을 내려놓아야 하는지에 의문을 품는다. 부모는 아이의 자기 조절력을 키워주는 방법을 다룬 영상을 찾아보며 좋은 부모가 되려 부단히 노력하지만, 정작 아이는 그런 부모를 통해 단절과 중독을 배운다.

나는 남편의 중독에 영향을 받았다. 남편이 밤마다 침대에 누워 쇼츠를 보고 있으면 옆에서 책을 읽던 나는 그 시간이 한없이 지루하고 힘겨웠다. 그래도 꾸역꾸역 책장을 넘기지만 좀처럼 눈에 들어오지 않았다. 남편이 이것 좀 보라며 신기한 영상 하나를 들이밀면 기다렸다는 듯 책을 덮고 편히 누워 나만의 화면 속으로 빠져들었다. 어른끼리도 이런데 아이가 버틸 재간이 있을까. 아이들도 자신의 중독이 부모 탓이라는 점을 분명히 하고 싶을 것이다. 내 중독의 원인으로 지목당한 남편이 지금 이 대목을 읽는다면 억울한 표정을 짓겠지만 걱정 없다. 그는 쇼츠 보기 바빠 이 책을 읽을 시간이 없다.

가끔 아이와 지하철을 탄다. 고개를 들어보면 늘 같은 장면이 펼쳐진다. 모든 어른이 고개를 숙이고 스마트폰을 본다. 뉴스를 읽는 사람, 드라마를 보는 사람, 게임을 하는 사람, 카톡에 몰입한 사람들이 보인다. 나는 평소 아이들에게 "스마트폰은 시간을 정해둔 만큼만 가능하고, 아무리 이동 중이라도 너무 많이 보면 안 돼"라는 말을 자주 한다. 하지만 눈앞에 펼쳐진 모습은 '어른이 되면 스마트폰을 보지 않으면 안 돼'라는 메시지를 보낸다. 스마트폰을 보지 않는 어른은 도대체 어디 가야 만날 수 있을까.

여기서 중요한 사실은, 나도 지하철의 다른 어른들처럼 마음껏 보고 싶었다는 것이다. 애만 없었으면 나도 정신없이 화면을 스크롤했을 텐데. 나 역시 무표정한 얼굴로 작은 화면 속에 뒤도 돌아보지 않고 뛰어 들어갔을 텐데. 그런 생각이 들자 혼자 다니고 싶어졌다. 괜히 같이 가자고 했나 보다. 어른의 갈망과 아이의 갈망이 다르지 않다. 차이라면 어른은 숨기고 아이는 드러낸다는 것뿐. 화면 앞에서는 세대 차이도, 권위도, 훈육도 무력해진다.

오늘 당신의 스크린 타임은?

10살 미만 아동의 하루 평균 스마트폰 이용 시간은 1시간 15분, 10대 청소년의 스마트폰 이용 시간은 2시간 41분으로 나타났다.[7] 염려스러운 수치이므로 부모는 걱정을 시작한다. 하지만 아이의 눈엔 부모가 더 문제다. 30~40대의 평균 스마트폰 사용 시간은 4시간을 웃돌아 아이들보다 길었다. 학원 다니기도 바쁜 아이들이 부모 걱정까지 해야 할 상황이다.

스마트폰에 빠진 부모의 무표정한 얼굴은 아이에게는 외면으로 받아들여진다. "엄마, 아빠. 나 좀 봐줘"라는 말 대신 아이는 울거나 칭얼거리거나 물건을 던진다. 부모의 주목을 끌 수 있는 가장 빠른 방식이기 때문이다. 아이는 '주목받으려면 더 자극적으로 굴어야 해'를 자연스레 학습한다. 부모는 아이의 자극을 막으려 하고 아이는 더 큰 자극을 만들려는 거실 속 치열한 게임이 벌어진다. 게임인지 전쟁인지는 확실치 않다.

이 과정에서 아이의 감정 문해력이 가장 빠르게 손상된다. 부모의 무표정과 스마트폰에 빼앗긴 시선 속에서 자신의 감정을 말로 꺼내는 대신 행동으로만 드러내는 법을 배운다. 울음과 떼쓰기,

공격적인 몸짓은 일종의 대화 방식이 되고, '나는 속상해', '나는 외로워'라는 감정 표현은 길을 잃는다. 감정은 표현되지 못한 채 흩어지고, 아이는 자신의 마음을 설명할 줄 모르게 된다.

독일의 뇌과학자 만프레드 슈피처는 『노모포비아 스마트폰이 없는 공포』에서 부모가 스마트폰에 몰두할수록 아이의 정서 안정도가 낮아지고 주의 집중력이 눈에 띄게 떨어진다고 말한다. 어른이 화면을 보는 시간만큼 아이의 뇌는 비어간다. 어른은 스마트폰이 뜨거워지도록 이 사이트 저 사이트를 뒤지며 아이의 뇌를 교육 정보로 채워주려 하지만, 아이의 뇌는 그런 어른의 모습 때문에 공허해진다.

심리학자이자 가족 상담가인 셰릴 치글러의 『위험한 엄마』에는 어린 아들을 키우는 엄마의 사례가 등장한다. 육아와 일을 병행하며 쌓인 스트레스를 풀기 위해 소셜 미디어에 접속하기 시작한 한 여성은 잠시도 혼자 있지 못하는 아이에게 아이패드를 사준다. 일과 가정 사이에 잠깐의 휴식이 필요해서였다. 그런데 처음의 의도와 다르게 아이는 태블릿에 중독되었고, 같은 시간 그녀 역시 스마트폰이 없으면 불안해지는 디지털 중독 상태에 빠진다. 결론만 말하자면 결국 어린 아들은 엄마의 스마트폰을 집어 던졌다. 네모난 기계 대신 나를 좀 봐달라는 신호였다. 그녀와 아들의 일상을 생생하게 묘사한 책을 읽으며, 나는 그 이야기와 내 이야기를 구분하기 어려웠다. 다행인지 내 아이들은 아직 스마트폰을 집어던지지는 않았다. 대신 경고한다.

"그만 좀 봐."

부모는 아이의 스마트폰 사용을 걱정하지만, 정작 화면에 몰두한 부모의 모습이 고스란히 아이의 신경 회로에 새겨지고 있다. 아이는 어른들이 종일 손에서 놓지 못하는 집착을 그대로 따라 배운다. 아이가 자연스럽게 터득하는 건 '스마트폰을 어떻게 쓰느냐'가 아니라 '스마트폰 없이는 못 산다'는 무언의 규칙이다. 가족의 거울은 언제나 아이가 아니라 부모 먼저 비춘다.

오늘, 거실 속 당신의 스크린 타임은 몇 시간이었나?

이모티콘
가족

카카오의 세대별 메시징 리포트에 따르면 가족 간 모바일 대화의 평균 길이는 4단어 이하이다. 짧고 빠른 반응은 편하다. 도파민은 생존과 보상 시스템에 최적화된 뇌 회로이므로 신속하고 확실한 자극에는 즉각 반응하면서 복잡하고 느린 감정 교류에는 관심이 없다. 대화는 사라지지 않았지만 소통의 깊이와 진심은 얕아지고 가벼워진다.

이모지의 시대, 감정은 어떻게 사라지는가

가족 채팅창에 이런 대화가 오간다.

　"오늘 학원 잘 다녀왔어?"

"ㅎㅎ"

"뭐 배웠는데?"

"ㅋ 영어"

말을 하기는 했지만 대화라고 부르기엔 아쉬운 순간이다. 단어는 오갔지만 감정도, 정보도, 맥락도 빠져 있다. 자동 반응처럼 툭툭 튀어나온 최소한의 단어에 마음의 문이 닫힌다. 대화를 피하지는 않았지만 굳이 받아들이지도 않았기 때문이다.

비슷한 장면이 자주 반복된다. 시험을 망친 아이에게 "속상하지?"라고 물으면, 울고 있는 곰돌이 이모지 하나가 돌아온다. 언뜻 감정을 표현하는 것처럼 보이지만 슬픔을 얼버무리는 표시다. 감정을 말로 꺼내는 순간 마주하게 될 감정의 크기와 어색함을 피하고 싶은 마음, 이모지 하나로 대화를 끝내고 싶은 심리. 감정은 한 컷짜리 반응으로 소비된다.

이모지는 빠르지만 옅다. 감정은 흐름과 맥락 안에서 조심스럽게 말로 풀어질 때 비로소 전달된다. 그러나 디지털 가족의 대화는 풀이의 과정을 건너뛴다. 하트를 누르고 "ㅇㅇ"하고, 짤을 던지고 "ㅋㅋ"하는 사이, 감정은 대화가 아니라 반응으로 대체된다. 말이라는 그릇 없이 주고받는 감정은 증발에 가깝다. 디지털 공감의 착시 속에서 우리는 서로를 잘 안다고 믿지만 마음은 점점 메말라간다.

읽고 쓰는 훈련이 사라진 대화 속에서 가족은 감정을 표현하는 법을 잊는다. 단어는 익히지만 문장을 만들지 못하고 감정을 느끼지만 설명할 언어가 없다. '읽기'란 타인의 마음을 천천히 받아들이는 행위이고, '쓰기'란 자신의 감정을 질서 있게 표현하는 훈련이다. 그러나 우리는 이 과정을 통째로 생략한 채 살아간다. 반짝이는 이모지와 짧은 리액션에 능숙하지만 진심을 주고받아야 할 순간에는 침묵한다. 관계란 결국 말로 감정을 건네는 일이다. 우리가 이모지로 감정을 가리기 시작한 순간부터 가족이라는 관계는 점점 더 느슨해진다.

심리학적으로 이모지의 과도한 사용은 감정 표현의 회피 전략으로 작용해 왔다. 특히 불편하거나 복잡한 감정을 다루는 데 서툰 사람일수록 감정을 구체적으로 설명하지 않고 웃음 이모지나 무표정한 짤 하나로 대화를 생략한다.

2024년 시몽 뒤베Simon Dubé 연구팀은 회피형 애착avoidant attachment 성향이 강할수록 감정 표현을 이모지에 의존하거나 언어적 소통을 피하는 경향이 있다고 역설한다.[8] 시몽 뒤베의 연구는 이모지가 감정 표현의 도구가 아니라 감정의 무게를 줄이기 위한 방어막이 될 수 있음을 시사한다. 반복적으로 감정을 가볍게 넘기다 보면 결국 감정을 언어화하고 타인과 나누는 능력 자체가 약해진다.

채팅창에서의 공감과 호응, 맞장구는 왜 힘이 약할까. 나는 바빠서 몇 시간씩 채팅 내용을 확인하지 못했거나 관심이 별로 없는 주제가 나오면 채팅창을 대충 훑어 내용을 스캔한다. 슬픈 이야기면 울고 있는 이모지를, 좋은 이야기면 불꽃 이모지를 입력한다. 재빠르고 능글맞게. 성심껏 반응하고 싶어도, 끝없이 이어지는 이야기의 결을 따라가기에 내 하루는 너무 짧다. 그런데 만약 그 대화가 실제 만남에서 오갔다면 나는 절대 그런 무례한 행동을 하지 않았을 것이다. 아무 말 없이 듣기만 하다가 타이밍 맞춰 엄지를 척 올리거나 느닷없이 손뼉을 치는 괴기한 행동을 할 리가 없다. 학원에 다녀온 아이와 식탁에 마주 앉아 눈을 마주치고 "오늘 별일 없었어? 괜찮았어?"라고 물었다면 "ㅇㅇ"라고 대답하는 괴상한 상황을 겪지 않았을 테고 말이다.

디지털 리터러시의 진화

진화일까, 퇴화일까. 감정을 이모지로 표현하고, 농담을 밈으로 주고받으며, 짧은 단어 안에 많은 맥락을 담는 능력은 언뜻 보면 새로운 언어 감각처럼 보인다. 실제로 이를 환영하는 부류도 있다. 이모지 하나로 수많은 감정과 맥락을 전달할 수 있다고 생각한다. 하지만 짧고 빠른 언어 속에서 우리는 얼마나 서로를 느끼고 있을까?

심리학에서는 감정을 언어로 표현하지 않으면 정서적 공감 능력이 낮아진다고 본다. 감정을 구체적으로 말하고, 상대의 감정을 듣고 해석하는 과정에서 관계는 단단해진다. 말은 단순한 정보 전달의 수단이 아니라 마음을 옮기고 공감을 빚어내는 도구다. 문장의 소실은 마음을 전할 그릇이 사라졌다는 뜻이고, 관계의 다리는 서서히 끊어진다.

말로 감정을 표현하는 일은 불확실하고 시간도 오래 걸리며, 때로는 오해와 충돌을 동반한다. 도파민이 지배하는 환경에서는 감정을 설명하는 대신 요약하고, 공감하는 대신 웃어 넘기고, 해석하는 대신 차단한다. 말보다 이모지가 더 편하고, 문장보다 짤 하나가 더 효과적으로 보인다. 하지만 그것은 진짜 감정이 아니라 감정처럼 보이는 이미지다. 도파민은 공감의 언어를 삭제하고 반응의 언어만 남긴다.

기술은 편리해졌지만 가족 안의 온도는 더 낮아지고 있다. 말로 설명하는 일, 감정을 풀어가는 일, 상대의 감정을 듣고 해석하는 일이 귀찮고 번거로워진다. 가족 간의 대화가 잠깐 웃고 마는 농담이나 짤로 퉁치는 감정으로 수렴된 이유다.

이런 구조에선 갈등도 조용히 생긴다. 이모지를 남발하지만 얼굴은 무표정하고, ㅋㅋ로 끝내지만 못내 서운하다. 대화 중이지만 상대가 무슨 감정을 느끼는지 모른다. 채팅창은 항상 열려 있고, 알림이 쉼 없이 울리는데 그 안에 문장이 없다. 대화의 의미가 흐려졌고 감정은 '삭제' 처리되었다. 문장이 사라진 자리에 남은 건 반응의 노이즈뿐이다. 감정을 말하는 대신 무드 하나로 대체하고 상처받았다는 표현 대신 "ㅋ" 자음 하나로 감정을 눌러버린다. 그곳엔 가족이 주고받았어야 할 상호작용이 없다.

언어는 곧 관계다. 도파민이 언어를 대체한 시대, 우리는 과연 서로를 얼마나 읽고 있는가. 웃음 이모지를 보낸 아이가 웃고 있지 않다. 그 눈빛을 놓치지 않기 위해 우리는 다시 말로 돌아가야 한다. 이것은 새로운 시대의 디지털 리터러시digital literacy 진화가 아니라, 거실 속 대화가 퇴화하고 있다는 증거다. 기술은 발전했지만 관계의 언어는 후퇴하고 있다. 느리고 서툰 관계의 문장을 회복하는 것이 다시 가족을 읽는 첫걸음이다.

늘어난 정보, 축소되는 감정

우리는 날마다 수십에서 수백 개의 정보를 보고, 끝없는 콘텐츠를 소비하고, 방대한 자극에 노출된다. 새로운 것을 보았을 때, 반응을 얻었을 때, 다음에 더 나은 무언가가 기다리고 있다는 기대 속에서 도파민은 반복적으로 분비된다. 알고리즘은 우리가 무엇을 좋아하는지 집요하게 추적하고, 도파민을 더 빠르고 더 강하게 자극하는 방식으로 콘텐츠를 추천한다. 기술이 정교해질수록 도파민은 새로운 자극을 더 자주 요구한다. 자극이 과잉되면 뇌는 전두엽 피질이 약화되어 깊이 있는 집중과 자기조절 시간이 짧아진다. 가벼운 쾌락에는 민감해지지만 느리고 깊은 즐거움에는 반응하지 못한다.

이제는 AI가 그 역할을 빠르게 대체하고 있다. 생성형 인공지능은 단순한 정보 검색을 넘어 사고와 대화까지 대신한다. 사람

대신 정보를 요약하고, 말해주고, 글을 써주는 도구로서 AI는 분명 편리하지만, 그 편리함이 언제나 좋은 것은 아니다. AI는 우리의 사고 근육을 약화시킨다. 기술이 감정의 일부 기능까지 넘보는 시대, 채팅창에는 대화 요약 기능까지 등장했다. 수십 번의 주고받음을 한 문장으로 압축하면 관계의 흐름은 정보로 환원된다. 대화는 줄고 요약은 늘어나고, 감정의 길이는 짧아지고 말의 무게는 가벼워진다. 서로의 이야기를 곱씹으며 마음을 헤아리던 시간이 '핵심만 간추린 기록'으로 대체될 때, 우리가 잃고 있는 건 편리함보다 훨씬 본질적인 무언가다.

글을 읽고 이해하고 감정을 따라가는 능력이 약화되고 있다. 이제는 문장을 해석하는 속도보다 스크롤을 넘기는 속도가 훨씬 빨라졌다. 그 결과 정보의 바다에서 무엇이 진짜 중요한지를 선별하는 능력, 즉 디지털 리터러시는 갈수록 취약해졌다. 단순히 학습의 문제가 아니다. 맥락을 읽고 감정을 헤아리며 숨은 의미를 해석하는 능력의 감소는, 공감 능력의 저하와 서사적 사고의 붕괴로 이어진다. 기술은 우리의 생활을 효율적으로 바꾸었지만 그 대가로 관계는 서사를 잃었다. 대화 역시 맥락 대신 핵심만 남는 빈약한 요약으로 대체되었다.

관계는 반복되고, 감정은 시간을 필요로 하며, 이해는 기다림 속에서 자란다. 기술을 거부하라는 의미가 아니라 기술을 감정의 속도로 사용할 줄 아는 감각이 필요하다는 뜻이다. 챗GPT로 글을 쓰고, AI가 몇 시간 동안 나눈 대화를 요약하는 시대일수록 감정을 자세히 쓰고 말의 여운을 느낄 수 있는 사람이 되어야 한다. 정보를 다루는 능력보다 중요한 건 정보에 반응하는 뇌가 어떻게 설계되고 있는지를 아는 일이다.

기술은 인간의 감정을 단축한다. 우리는 그것을 어디까지 허용할 것인가. 빠른 속도와 간편한 요약 속에서 내 감정과 관계는 얼마나 살아남을 수 있을까. 이제는 기술보다 감정을 먼저 줄이지 않기로 하자. 다소 길고, 느리고, 어설픈 말도 괜찮다. 요약되지 않은 말이 결국 관계를 지키고, 잘려 나가지 않은 문장이야말로 서로를 이해할 수 있는 가장 인간적인 다리이다. 문장을 회복하려는 노력이 결국 관계를 지켜낸다.

언어의 한계를 확장하는 일

관계를 지키고 문장을 회복하라는 제안이 갑작스레 긴 대화를 시도하라는 뜻은 아니다. 오히려 시작은 아주 작아도 좋고, 변화는 눈치채지 못할 정도로 사소한 편이 낫다. "밥 먹었어?"라는 문자 대신 "오늘 뭐 먹었는지 궁금해"라고 묻는 것, "ㅇㅋ" 대신 "좋아. 네 생각 들려줘", "피곤해" 대신 "오늘 어떤 일이 제일 힘들었어?" 하고 하루를 묻고, "잘했어" 대신 "그때 너는 어떻게 느꼈어?"처럼 감정을 묻는 방식으로 질문을 바꾸어 보자. 사소한 문장의 변화가 대화의 결을 바꾸고, 관계의 공기를 바꾼다.

짧고 기능적인 말에서 벗어나, 마음이 담긴 문장을 시도할 수 있어야 한다. 감정은 'ㅋ' 한 글자에는 절대 전부 담기지 않는다. 가족은 다시 말해야 한다. 어색해도, 느려도, 약간 서툴러도 다시 문장을 복원할 때, 우리가 잃어버렸던 감정들이 천천히 돌아온다. 가족의 대화가 완벽할 필요는 없다. 오히려 완벽하지 않아야 한다. 가족 간의 대화는 가족만의 대화여야 한다. 내가 가족과 대화하는 모습은 유튜브 영상 혹은 내 책에 드러난 모습과는 거리가 멀다. 문장이 깔끔하지도 않고, 이상한 소리도 꽤 자주 한다. 멍청이도 그런 멍청이가 없다.

거실 속 문장의 회복은 정서적인 차원을 넘어, 뇌의 반응 방식에도 영향을 준다. 도파민은 즉각적 보상에 중독되었던 가족이 서서히 안정된 관계로 자리 잡으며 만족과 안정감을 느낄 수 있도록 돕는다. 실제로 하루에 단 10분이라도 가족과 의미 있는 대화를 나눈 아이가, 그렇지 않은 아이보다 자존감과 정서 안정 수준이 유의미하게 높다. 지치고 힘든 하루를 보냈을 어른에게 끼칠 긍정적 영향은 말할 것도 없다. 문장은 시간을 들인 만큼 관계의 온도를 높여준다. 즉각적인 반응이 주는 짜릿함보다 오래가는 따뜻함이 분명 존재한다는 사실을 뇌는 결국 기억해 내고야 만다.

우리 집은 아이들이 고등학생이 되자 마주 앉아 밥 한 끼 먹는 것도 별스러운 일이 되었다. 바쁘고 피곤한 일정에 시달리는 아이들은 엄마의 질문을 달가워하지 않는다. 그럴 땐 내 이야기를 꺼낸다. 아, 알고 있다. 이들은 내 하루를 궁금해하지 않는다는 걸.

상관없다. 나는 저녁 밥상의 온도를 높이고 싶을 뿐이다. 원고를 다시 쓰느라 얼마나 진이 빠졌는지, 오늘까지 내야 했던 세금 납부 기한을 결국 놓쳤고, 슬리퍼를 신고 찐빵을 사러 나갔다가 끈이 끊어지는 바람에 곤란했다는 에피소드로 식탁을 데운다. 말없이 듣던 아이들이 하나둘 자기의 하루를 꺼내기 시작한다. 잠자코 허기나 채울 심산이었던 식탁에 온기가 깃든다. 수다스러워진다. 가까워진다. 아이들의 거칠었던 하루가 다독여지고, 나와 남편의 치열했던 하루도 숨이 죽는다.

가족이라는 작은 공동체 안에서 언어의 부재는 결국 관계의 부재로 이어진다. 대화가 사라진 자리에는 오해가 자라고, 침묵이 쌓인 공간에는 거리감이 뿌리내린다. 문장은 단순한 표현의 도구가 아니라 서로를 이해하고 관계를 회복하는 행위다. 우리가 다시 문장으로 돌아가려는 이유는 서로의 마음을 다시 읽기 위함이다. 읽고 알고 보듬기 위해서다.

소통
:거실 속 감정 언어를
회복하는 연습

거실에서의 소통은 많은 말을 주고받는 일이 아니라 가족 구성원이 서로의 감정을 알아차리고 맞물리는 리듬을 되찾는 일이다. 감정 언어는 나이와 무관하게 누구에게나 연습이 필요하다. 서툴러도 괜찮다. 중요한 건 말하려는 마음과 들어주겠다는 의지다. 조용한 거실에서 소통이라는 낯선 언어를 다시 천천히 연습해 보자. 회복은 거기서 시작된다. 오늘부터 하나씩 시작해 볼 만한 거실 속 소통 회복 아이디어를 소개한다. 고등학생 둘을 키우는 내가 실제로 시도해 본, 혹은 시도할 예정인 연습들이다. 바쁜 가족, 어색한 관계, 말수 적은 가족 구성원에게도 적용 가능한 지속 가능한 아이디어다.

가족이 함께 쓰는 일기장

가족 공동의 일기장은 말로 다하지 못한 감정들을 천천히 꺼내어 표현하는 작은 공간이 된다. 바쁜 하루의 끝, 누구 하나는 지쳐 말수가 줄어들었고, 또 누군가는 속상한 마음을 괜히 참고 있었다면 말 대신 일기장이 마음을 건네는 통로가 되어준다.

　　방법은 간단하다. 거실 한쪽에 가족 일기장을 놓고, 돌아가며 한두 줄씩 그날의 기분이나 기억을 적는다. '오늘 엄마랑 같이 밥을 먹어서 좋았어요', '오늘 친구가 내 말 안 들어줘서 속상했다', '냉장고에 숨겨둔 내 젤리 누가 먹었어?'처럼 솔직하고 가볍게 시작해도 된다. 그림 한 장, 낙서 한 줄도 괜찮다. 처음엔 물론 어색하겠지만 하루이틀 쌓이다 보면 서로의 감정 리듬이 보이기 시작한다. 어떤 날은 웃음이, 어떤 날은 미안함이, 어떤 날은 고단함이, 어떤 날은 외로움이, 또 어떤 날은 눈치채지 못했던 고마움이 드러난다. 그렇게 오래 남겨질 기록 속에서 가족은 다시 연결된다. 가족의 일기장은 종이가 아니라 서로의 마음을 천천히 배우는 연습장이다.

응용 글자를 기록하기 싫어하는 가족 구성원이 있다면 줄이 그어진 공책보다는 그림을 그리거나 끄적끄적 낙서해도 괜찮을 법한 미니 스케치북 형태도 좋다. 일기장이라는 이름이 부담스럽게 느껴진다면 방명록, 그림일기, 낙서장 등도 좋다.

'같이 보기엔 별거 아닌 영상' 대회

가족 안에 숨어 있던 웃음을 끄집어내는 아주 유쾌한 연결 방식이다. 매주 한 번, 각자 이번 주에 보고 피식 웃었던 영상 하나를 골라 거실에서 함께 본다. 꼭 감동적이거나 멋질 필요는 없다. 도리어 '왜 이걸 보고 웃었지?' 싶은 영상일수록 좋다. 말장난, 짧은 밈, 고양이의 어이없는 표정 등 아무것도 아닌 장면에 오히려 더 크게 웃음이 터진다. 방법도 간단하다. 영상을 직접 보여주어도 좋고, 미리 공유해서 다 같이 시청한 뒤 10초 반응하기 놀이처럼 리액션을 나누어도 된다. 웃기든 민망하든 시시하든, 그 감정을 함께 공유하는 것이 핵심이다. 이 놀이가 쌓이면 "이거 보고 엄마 생각났어", "이 장면은 너 닮았어" 하는 말이 자연스레 오간다. 알고리즘이 고른 콘텐츠가 아니라, 가족이 서로를 떠올리며 골라온 영상이라는 점에서 이미 그 자체로 연결의 신호다. 같이 보면 별거 아닌 영상이 같이 봤기 때문에 특별한 영상이 되는 순간. 그 안에서 가족은 다시 웃고, 눈을 마주치고, 나를 닮은 감정들을 서로에게 건넨다.

응용 '이상한 영상 고르기 챌린지'처럼 뜬금없는 걸 찾아오는 방식으로 놀이화해도 된다. 이름도 부담스럽지 않게 '시시해서 더 좋은 대회', '진짜 별거 없는 영상제'처럼 가족만의 언어로 정해보면 더 재미있다. 단, 부정적인 반응은 금지다.

가족 음성 일기

가족 음성 일기는 목소리로 남기는 감정 기록이다. 때로는 긴 글보다 목소리로 뱉은 한마디가 더 많은 마음을 담는다. 하루의 끝에 각자 1분 정도 스마트폰 녹음 기능을 켜고 짧게 이야기해 본다. "오늘은 좀 우울했어", "나 오늘 웃긴 이야기를 들었는데…", "밥먹을 때 조용해서 이상했어"처럼 가볍고 솔직해야 한다. 어른도 아이도 긴말 필요 없이 목소리에 감정의 리듬을 실어보는 연습이다. 모아두면 작은 라디오 방송국처럼 우리 가족의 시간 속에 차곡차곡 쌓인다. 어느 날 다시 들어보면 그때는 미처 몰랐던 감정이 들리고, 지나친 순간들이 다정하게 살아난다. 말은 지나가도 목소리는 남는다. 그 따뜻한 잔상이 가족의 온기를 천천히 되살린다. 음성 일기를 모아서 '가족의 목소리 아카이브'로 남기는 것도 좋은 추억이 된다.

응용 매일이 부담스럽다면 주 1회, 혹은 기분이 좋을 때만 해도 좋다. '오늘의 소리'를 담는 방식으로 확장해도 재미있다. 저녁에 밥솥 뚜껑이 열리는 소리, 웃음소리, 빗소리 같은 생활음도 함께 담으면 더 풍부한 기억이 된다.

무반응 금지 게임

무반응 금지 게임은 저녁 식탁 위에서 펼쳐지는 소소하지만 강력한 연결 훈련이다. 사소한 한마디에 모두가 반응해 주는 경험은 그 자체로 존재가 인정받는 감각을 선물한다. '반응이 의무라니 웃기다'라는 마음으로 시작해도 괜찮다. 중요한 건 반응이라는 작지만 분명한 다리로 서로의 마음에 도달해 보는 것. 규칙은 단순하다. 누군가가 말하면 반드시 어떤 반응이든 해야 한다. 고개를 끄덕이거나 "오 진짜?", "대박, 그랬구나" 같은 짧은 말. 아니면 그냥 웃음이라도 좋다. 침묵 없이, 무반응 없이, 말이 공중에서 붕 떠버리는 일이 없게 만드는 게임이다. 처음엔 장난처럼 시작하지만 점점 서로의 말에 귀를 기울이게 되고, 말끝마다 반응하는 리듬이 생긴다. 가장 중요한 건 내용보다 리액션이다. 대화의 내용이 아니라 경청의 신호가 오간다는 사실만으로도 가족 간의 공기가 부드러워진다. "그 얘기 또 해?"가 아니라 "오, 그 얘기 재밌지" 같은 따뜻한 반응 하나면 누군가의 말은 잊히지 않고 잘 도착할 수 있다.

응용 어색하면 역할을 정해도 좋다. '오늘은 동생 말에 집중하는 날', '아빠 말에 무조건 반응하기' 같은 주제별 미션을 설정하면 오락성이 더해진다. 점수를 매기거나 오늘의 리액션왕을 뽑는 것도 재미 요소가 된다. 말수가 적은 가족이라면 오히려 더 적절하다.

'핸드폰 충전소' 바구니 만들기

기기를 내려놓고 서로를 마주 보는 작은 의식이다. 거창할 필요 없다. 식탁 옆이나 거실 구석에 바구니 하나만 두면 된다. 식사 시간, 함께 책 읽기로 약속한 저녁 자리, 자러 들어가는 잠깐의 틈에도 사용할 수 있다. 그 시간만큼은 핸드폰도 쉬고 손도 마음도 가벼워진다. 처음엔 어색할 수 있다. 뭔가 중요한 걸 놓치고 있는 것 같고, 잠깐의 침묵이 불편하게 느껴진다. 하지만 틈새 시간에 대화가 시작되고, 눈빛이 머무르고, 아주 작은 이야기가 자라난다. 바구니 속에 핸드폰을 잠시 내려놓는 동안, 우리는 상대방에게 더 집중할 수 있다. 이건 단순한 기기 제한이 아니라 서로에게 반응하는 감각을 되찾는 연습이다. 바구니를 활용하는 모습에 긍정적 피드백이 반복되면 어느새 바구니는 가족 간의 신뢰를 충전하는 공간이 된다. 실제로 우리 가족도 실행 중이다. 충전 스테이션에 옹기종기 모인 스마트폰들이 사랑스럽다.

응용 '충전소'라는 이름 대신 '휴게소', '침대', '카페', '휴식처' 등 우리 가족만의 이름을 공모해 이름을 붙여주면 면 더 친근하고 부담 없이 접근할 수 있다. 작은 손 편지나 간식 쿠폰을 바구니에 함께 넣어두면 핸드폰을 내려놓는 게 오히려 기대되는 순간이 되기도 한다.

2장
자극

밋밋한 일상
: 자극의 시대, 지루해진 가족

지루함은 삶의 일부였고, 가족의 대부분이었다.
아무 일 없는 방학, 반복되는 등굣길, 채널을 돌리다 본 다큐멘터리.
그 느릿하고 밋밋한 일상 속에서
가족은 함께 놀거리를 찾고 천천히 감정을 나누었다.
하지만 이제 가족의 뇌는 느림을 견디지 못한다.

2장에서는 지루함이 사라진 교신과 거실을 살펴보며,
자극에 길든 뇌가 어떻게 변해버렸는지 들여다본다.
공부보다 게임에, 대화보다 영상에 더 쉽게 반응하는 아이들,
지루함 없는 일상 속에서 감정 조절력이 무너지는 풍경,
완만한 루틴이 사라진 자리에서 가족이 잃어버린 것들.

자극은 늘었는데
우리 가족은 점점 더 지루해진다.

지루함 포비아

기다림을 모르는 세대의 탄생

잠깐의 틈새 시간에도 기꺼이 화면을 켜는 귀찮음을 감수한다. 손가락 몇 번만 움직이면 내 취향을 뻔히 아는 영상들이 기꺼이 차례로 자동 재생된다. 독서는 남녀노소를 불문하고 간신히 버텨야 하는 숙제가 되었고, 수업과 업무가 끝나기만을 오매불망 기다리다가 빠르게 유튜브와 넷플릭스의 바다로 뛰어든다. 지루함을 허용하지 않는 시대, 기다림을 모르는 세대의 탄생. 우리는 언제부터 지루함을 못 견디게 된 걸까. 혹시 나도 조용한 주의력결핍 과다행동장애ADHD는 아닐까.

인내는 감정이 아닌 회로

인내심에 관한 오해에서부터 출발해 보려 한다. 요즘 들어 사소한 일에도 짜증이 솟구치고, 잠깐의 지연도 버거워져 고민이 많았다면 더욱더 오해를 풀어주고 싶다. 인내심은 흔히 훌륭한 인품의 결과물로 간주된다. 교과서 속 위인도, 부모가 그리는 이상적인 자녀의 모습도 언제나 무언가를 참고 견디는 형태로 묘사된다. 하지만 과학은 '인내심=인품'이라는 등식을 단칼에 자른다. 인내심은 단순히 잘 참는 성격의 문제가 아니다. 타고난 성격이나 도덕적 우월성의 산물 역시 아니며, 뇌의 회로가 학습을 통해 형성한 결과다. 우리는 뇌가 설계한 복잡한 회로와 감정 에너지가 작동하고 있다는 사실을 놓치고 인내심을 미덕으로 이해한다. 하지만 인내심은 반복된 경험과 환경 속에서 조절되고 구축되는 '시스템'에 가깝다. 기다림을 연습한 뇌만이 기다릴 수 있다는 의미다.

다시 말해 요즘 유난히 참을성이 없어진 까닭은 성격 탓도, 의지 부족 문제도 아니다. 이제 문제는 '내가 왜 이렇게 못 참는 가'가 아니라, '무엇이 내 인내 회로를 작동하지 못하게 만들었는 가'로 바뀌어야 한다. 질문의 방향이 달라지는 순간, 인내는 시대가 우리 뇌에 부과한 부담의 징후로 보이기 시작한다. 인내심은 타고나는 능력이 아니라 반복되는 연습 속에서 길들여지는 '두뇌 습관'으로 보아야 한다.

유아기에 기다림의 규칙을 경험한 아이일수록 성장 후 충동 조절 능력과 자기 통제력이 높다. 대표적인 예시가 '마시멜로 실험'이다. 아이들에게 지금 마시멜로 하나를 먹을지, 아니면 먹지 않고 기다렸다가 두 개를 받을지를 선택하게 했던 유명한 실험이다. 마시멜로를 하나 더 받기 위해 기다린 몇몇 아이들은 타고나기를 참을성이 많았던 것이 아니다. 그 아이들은 '미래의 보상'을 충분히 예상하고 상상할 수 있었다. 인내는 예측의 기술이자 능력이다. '지금 이 기다림이 다소 지루하지만 곧 좋은 일이 생길 거야'라는 예측을 얼마나 선명하게 할 수 있느냐에 따라 인내의 지속 시간이 달라진다.

또한 인내는 뇌가 설계한 생존 전략이다. 뇌의 전전두엽 중에서도 특히 궤도 전두엽 피질orbitofrontal cortex, OFC은 '지연된 보상'을 견디게 해주는 인내의 센터다. 예컨대 재미없는 장면이 나와도 영화를 끝까지 보는 힘, 게임 아이템을 당장 사지 않고 기다리는 힘, 가족과 함께 있는 시간이 살짝 지루해도 자리를 지키게 해주는 힘 말이다. 그게 왜 생존 전략이냐고? 빠른 보상만 좇다 보면 긴 호흡이 필요한 관계나 목표, 공동체의 유대는 유지될 수 없다. 뇌는 더 멀리 가기 위해, 더 오래 살아남기 위해 '지금 당장'의 욕구를 잠시 눌러두는 회로를 진화시켰다. 덕분에 인간은 단순한 쾌락의 순간을 넘어서, 기다림과 축적을 통해 더 큰 보상과 깊은 관계를 이어갈 수 있었다.

내측 전두엽 피질medial prefrontal cortex, mPFC 역시 주목해야 한다. 이 영역은 보상이 언제쯤 주어질지를 예측한다. 쉽게 말해, 지금의 지루함이 단순한 낭비가 아니라 의미 있는 결과로 돌아올 수 있다는 계산을 뇌가 하도록 이끈다. 내측 전두엽 피질이 활성화되면 '조금 지루하지만 끝까지 보면 뭔가 나오겠지'라는 태도를 유지할 수 있다. 당장의 자극은 없지만 미래의 보상을 기대하게 만드는 희망 회로, 인내심을 지탱하는 또 다른 축이다.

세로토닌은 인내심의 중요한 열쇠다. 세로토닌이 충분히 분비되면 충동을 조절하는 힘이 커지고, 앞서 언급한 궤도 전두엽 피질OFC과 내측 전두엽 피질mPFC이 안정적으로 작동한다. 세로토닌은 뇌가 "지금은 재미없지만 조금만 더 버텨보자"라는 결정을 내리도록 돕는 생화학적 기반이다. 세로토닌의 균형은 단순히 기분을 좋게 만드는 차원을 넘어 기다림을 가능하게 하고, 관계와 목표를 이어가게 하는 보이지 않는 버팀목 역할을 한다.

문제는 요즘 이 인내 회로가 낯설어졌다는 데 있다. 인내심이 사라진 게 아니라, 작동할 기회 자체가 사라진 것이다. 기다림을 경험할 기회 없이 태블릿과 자동 재생, 빠른 배송과 즉각적인 답변 속에서 살아간다. 따라서 참지 못하는 태도를 곧장 개개인의 성격이나 인성 문제로 단정하기보다, 뇌가 인내를 학습할 수 있는 환경 자체가 줄어들었다는 점을 들어 구조적으로 해석하는 편이 더 적절하다. 요즘 우리 가족이 참을성 없다고 혀를 차기 전에 왜 기다릴 이유가 사라졌는지, 기다림의 보람을 느낄 장면이 줄어든 이유가 무엇인지로 눈을 돌려야 한다. 문제는 개인이 아니라 환경의 변화다.

기다림은 손해라는 공식

엄마, 아빠의 "조금만 기다려"라는 말끝에는 아무 일도 일어나지 않을 때가 많다. 바쁘다는 말 한마디에 약속은 금세 없던 일이 되고, 아이는 기대가 좌절되는 경험을 반복한다. 기다려도 얻는 게 없었던 경험들이 쌓여 아이의 뇌에는 '기다림은 손해'라는 공식이 등장한다. 단순하지만 강력한 공식이다. 즉각 반응하지 않는 대상에겐 흥미를 잃고, 오래 걸릴 것 같은 일은 처음부터 시작하지 않는다. 감정을 주고받으며 시간이 필요한 활동, 공부처럼 서서히 성과가 드러나는 과정은 버겁고 지루한 일로 간주한다.

우리의 일상은 도파민의 속도에 최적화되면서 세로토닌이 개입할 여지가 사라진다. 뇌는 빠른 보상에 반복적으로 노출될수록 느린 만족을 처리하는 회로를 덜 사용하게 된다. 사용하지 않는 능력은 퇴화한다. 그 결과, 아이들뿐 아니라 어른들조차 기다릴 줄 모르는 뇌를 갖게 되고, 기다림이 주는 깊은 만족은 낯선 감각이 되어 간다.

초등 고학년생인 조카의 말이 떠오른다.

"엄마랑 같이 거실에서 영화 보다가 지루하면 저는 그냥 제 방 가서 유튜브 봐요."

단순한 선택이나 취향의 문제가 아니다. 지루함을 견디며 서사를 따라가는 방식보다, 즉각적인 재미를 찾아 채널을 바꾸는 방식에 익숙해진 뇌 회로가 만든 자연스러운 반응이다. 아이는 스스로 선택했다고 믿지만, 사실은 도파민 회로가 재빨리 작동한 것이다. "엄마 취향의 지루한 영화는 그만 보고, 네 취향을 저격할 유튜브 채널로 가"라고 속삭이는 보상 시스템의 안내에 충실히 따를 뿐이다. 자유 의지인 줄 알았던 선택조차 이미 알고리즘과 도파민이 설계한 계획이다.

가족과 보는 영화는 영화 이상의 의미였다. 말없이 같은 지루함을 견디는 법, 나와 다른 취향을 존중하며 따라가 보는 관용, 끝까지 자리를 지키는 정서적 의리가 고스란히 담겨 있었다. 그러나 지금은 사정이 다르다. 취향을 맞추기 위해 참고 기다리던 시간은 사라지고, 지루함을 함께 감내하던 경험이 더는 필요치 않다. 한 공간에 있어도 각자의 화면으로 흩어지고, 누군가와 함께하기 위해 상대의 속도와 취향을 맞추어 줄 수 없는 시대가 되어버렸다.

이거 정말 별일 아닌가. 나만 괜히 꼰대처럼 유난스러운 건가. 지루함을 못 참는 게 뭐 그리 대단한 문제냐고 묻는다면, 그 순간부터 이야기는 달라진다. 지루함은 단순히 따분함을 말하는 것이 아니라, 뇌가 쉬고 회복하며 상상할 여지를 만드는 중요한 틈이다.

이쯤에서 강연마다 들었던 단골 질문인 스마트폰 사용 시기에 관해 답해보려 한다. 스마트폰을 아이에게 사주는 시기는 최대한 미루기를 바란다. '친구들이 다 가졌다'는 말에 밀려 성급히 쥐여 주고 크게 후회하는 부모를 수없이 만난다. 아이의 조절력과 자제력을 시험하지 않아야 한다. 어른조차 매번 실패하는 일을 아이가 해낼 거라는 기대는 과도한 요구다. 스마트폰의 소유 시기가 늦어질수록 아이는 지루함을 덜 고통스러워하게 될 것이다.

지루함이란 무엇인가

도파민이 거실을 지배하기 전까지만 해도 지루함은 삶의 기본 요소였다. 특별한 사건 없이도, 대단한 재미가 없어도 일상은 흘러갔다. 초등교사 시절, 아이들이 제출한 일기장을 들여다보면 일기의 주인이 누구인지 구분하기 어려웠다. 그만큼 서로의 하루가 닮아 있었다. "학교 갔다. 밥 먹었다. 친구랑 놀았다." 읽다 보면 하품이 나올 정도로 단조로운 기록들이었다. 하지만 그 지루한 일상이 아이들의 생활을 단단하게 붙잡아주는 배경음이었다. 일상이 단조로우면 학교가 재미있어지는 고마운 일이 생긴다.

어른도 다르지 않았다. 지루함은 삶의 리듬이었다. 어제가 오늘 같고, 내일도 별반 다르지 않을 것이란 예감 속에서 우리는 지루한 일상을 묵묵히 살아냈다. 아침이면 똑같은 버스 정류장에서 같은 버스를 기다렸고, 출근하면 늘 같은 책상에 앉아 비슷한 서류를 넘겼다. 점심 메뉴를 고르는 일조차 큰 고민거리는 아니었고, 퇴근 후엔 드라마나 신문이 하루를 정리하는 유일한 오락이었다. 저녁 식탁 위엔 매번 비슷한 반찬이 올랐지만, 단조로움 속에서 가족의 대화가 쌓였다. 반복되는 하루가 답답하기도 했지만, 예측 가능하다는 이유로 안도감을 느꼈다. 누구도 지루함을 문제 삼지 않았고, 회피하거나 해결하려 들지 않았다.

그런데 어느 순간, 이 조용하고도 익숙했던 일상이 도파민이라는 화려한 신호 앞에서 낯선 얼굴을 갖게 되었다. 지루함은 당연하고 익숙한 삶의 여백이 아니라 불편한 감정, 비효율의 상징으로 몰리기 시작했다. 지루하면 무언가 잘못된 것 같고, 재미있는 대상을 찾아야 할 것 같은 압박이 따라붙었다. 극복해야 할 상태, 빨리 벗어나야 할 오류로 간주되었고, 한때는 삶의 리듬이자 기본값이었던 느림과 반복은 구식이 되었다.

지루함은 자극을 추구하라는 명령이 아니라 더 나은 방향을 탐색하라는 신호다. 이 감정을 통해 뇌는 새로운 자극을 찾고, 때로는 질문을 던진다. '지금 이게 정말 내가 원하는 일인가?' 지루함은 방향 전환의 출발점이자, 인지적 전환의 문을 여는 열쇠다.

지루함의 숨은 기능을 한층 더 분명히 보여주는 연구도 있었다. 지루함을 인위적으로 유도한 실험 참가자 집단이 그렇지 않은 집단보다 훨씬 더 적극적으로 새로운 목표를 탐색하고 문제 해결 행동에 나섰다. 이들은 지루함을 느끼는 동안 내면에서 동기가 솟아나 이전과는 다른 방식으로 사고하고 행동하기 시작했다. 지루함이 새로운 행동을 촉발하는 내적 가속 장치일 수 있음을 보여준 셈이다.[1]

지루함은 단순히 무료한 상태가 아니다. 뇌가 '지금 이 방향이 맞는가'를 점검하고 새로운 가능성을 탐색하게 만드는 정서적 여백이다. 그런데 지금 우리에게 그 여백이 사라지고 있다. 도파민의 과잉 자극에 노출된 뇌는 지루함을 느낄 틈조차 허락하지 않는다. 반응만을 반복하는 가족은 함께 멍하니 앉아 지루함을 공유하지 못한다. 멍한 자리에서 피어나던 대화, 상상, 감정은 자연스레 설 곳을 잃어가는 중이다.

부모는 가만히 앉아 창밖을 바라보는 아이에게 시간 낭비하지 말고 뭐라도 하라고 재촉한다. 그 순간을 흘려보낼까 아까워한다. 멍한 상태를 무기력의 증거로 여기고, 손에 무언가 쥐여져 있지 않으면 불안해한다. 지루함을 견디지 못하는 태도는 특정 세대의 특징이 아니라, 전 세대에 걸쳐 전염된 보편적 감정 반응이 되었다. 모두가 바쁘게 움직여야만 안심하는 시대, 거실에서조차 느림은 허용되지 않는다.

이런 상황에서 아이들의 사고력이 제대로 자랄 수 있을까. 생각은 언제나 느림에서 시작된다. 문장 하나를 곱씹고, 장면 하나를 오래 붙잡으며, 감정을 천천히 음미하는 과정에서 비로소 생각의 방향을 얻는다. 그것이 바로 창의력의 실체다. 그러나 짧고 강한 자극에 반복적으로 노출된 뇌는 느림을 '버거움'으로 오인하고, 시작도 전에 포기한다. 깊고 느린 생각은 속도를 견디지 못해 증발하고, 반응으로 대체된다. 결국 아이는 생각할 틈을 허락받지 못한 뇌를 가지게 된다. 사고력의 빈칸은 능력의 부재가 아니라 여백의 부재가 빚어낸 결과다.

아이들이 초등학생이던 시절에 나는 용감하게도 아이들에게 지루한 시간을 허락했다. 책도 화면도 없이 한참 천장을 바라보며 생각하거나, 아무 말 없이 멍하니 앉아 있는 시간을 환영하고 허용했다. 겉보기엔 아무 일도 일어나지 않는 것 같았지만, 고요 속에서 아이들의 내면은 천천히 자라났다. 그 시간은 사고력이 깊어지는 틈이었고, 감정이 스스로 정리되는 여백이었다. 다시 아이들의 초등 시절로 돌아간다면 지루한 시간을 더 자주, 더 넉넉히 허용해 주고 싶다. 아무것도 하지 않는 시간이야말로 아이가 가장 많은 것을 한 순간이었음을 이제는 안다.

가짜 ADHD

도파민 시대 속 지루함은 감정이 아니라 공포에 가깝다. 불안하고 허전하고 무언가 잘못된 것 같은 기분. '멍 때리기'는 집중력 회복의 시간이 아니라 해야 할 일을 미루는 나쁜 습관으로 간주된다. 지루함을 참아낸 끝에 나오는 통찰이나 상상은 존재를 드러낼 기회조차 없는 대신, 짧고 빠르고 확실한 자극이 틈틈이 끼어든다. 아이들의 뇌는 생각하기보다 움직이기를, 기다리기보다 반응하기를 먼저 배운다. 깊이 있는 사유는 느려터진 것, 따라서 무능력으로 취급된다.

이 시간을 지나는 아이들은 매 순간 도파민을 폭주시키는 경험을 한다. 도파민에 폭주하도록 훈련된 뇌는 1분도 버티지 못한다. 잠시 멈추어 생각할 시간조차 허락하지 않는다. 그 안엔 슬프게도 기다릴 줄 모르는 아이가 앉아 있다. 아이는 자극적인 콘텐츠가 당장 눈앞에 보이지 않으면 말한다. "노잼."

요즘 아이들에게 1분은 인내심 테스트다. 유튜브 광고는 5초 뒤에 스킵할 수 있도록 설계되어 있고, 틱톡이나 릴스는 10초마다 장면이 바뀌지만 최근엔 3초도 길게 느껴진다. 도파민은 이러한 짧고 강한 자극에 빠르게 반응하며 뇌는 그 리듬에 맞추어 재편된다. 아이가 느끼는 지루함은 취향의 문제가 아니라 도파민 회로에 길들여진 뇌의 자동 반응으로 보아야 한다.

시장 조사 기관인 컨슈머인사이트에 따르면, 청소년의 숏폼 콘텐츠 시청 시간은 하루 평균 약 1시간 이상으로, 2시간을 넘는 경우도 흔하다. 특히 한 번 숏폼을 시청하기 시작하면 평균적으로 21분을 시청하는 것으로 나타났다. 1분짜리 영상이라면 21개, 30초짜리 영상이라면 42개, 15초짜리 영상이라면 84개에 이른다. 진짜 문제는 시간이 아닌 방식이다. 뇌는 1분마다, 30초마다, 15초마다 새로운 자극을 받아들이고 반응해야 한다. 짧고 강한 자극의 반복은 인지 피로를 가속한다. 서사 구조를 가진 책과 수업, 감정의 맥락을 요구하는 대화처럼 길고 느린 자극에는 반응하지 못하는 상태로 뇌를 바꾼다.

디지털 숏폼 콘텐츠에 과도하게 노출된 아동의 뇌는 ADHD 아동과 유사한 전두엽 활성 패턴을 보인다. 놀라운 점은 이 아이들 대부분이 실제로는 ADHD 진단 기준에 해당하지 않는다는 것이다.[2] 주의력 결핍을 타고난 것이 아니라 디지털 자극에 반복적으로 노출되며 '가짜 ADHD'를 갖게 된 셈이다. 집중을 못 하는 것이 아니라 뇌가 짧고 빠른 숏폼의 리듬에 맞게 재조정된 상황이다. 아이들을 둘러싼 디지털 환경이 뇌 발달의 구조 자체를 바꾸고 있다는 경고다.

스마트폰 화면 속 15초짜리 자극은 뇌의 보상 회로를 너무 쉽게 점화시키기 때문에 짧은 자극에 익숙해지면 긴 글을 읽거나 한 가지 일에 몰두하는 힘이 점점 약해진다. 결국 문제는 세대가 아니라, 가족 모두가 겪고 있는 새로운 퇴화의 리듬이다.

지루함만이 문제가 아닌 이유

지루함은 이제 참기 힘든 감정을 넘어서 학습을 포기하게 만드는 출발점이 되었다. 더 큰 문제는 자기 효능감의 붕괴, 자아 무력감으로까지 이어진다는 점이다. 반복되는 피로와 이해 실패 경험 속에서 아이는 스스로 '나는 원래 못하는 사람'이라는 잘못된 신념을 품고, 결국 인내가 요구되는 작업보다는 자극이 빠른 콘텐츠로 도피한다.

아이는 생각하는 법과 이해하는 법을 서서히 잃는다. 안타깝게도 가족은 그 과정을 지켜보기만 한다. 부모는 아이의 태도를 게으름이나 의지 부족으로 해석하며 꾸짖지만 아이는 이미 도파민 자극의 리듬에 갇혀버렸다. '집중력이 부족하다'라는 표현은 아이의 사고 패턴이 자극의 속도가 되었음을 의미한다는 걸 부모는 알아야 한다.

자극 루프에 오래 노출된 아이일수록 보이지 않는 정서적 균열이 깊다. 디지털 콘텐츠에 과도하게 노출된 아동은 자기 효능감과 정서 안정 지수가 낮고, 소아 우울증 초기 증상을 보이기도 한다. 반복된 도파민 과잉 자극으로 인해 뇌는 점점 동일한 자극에 무뎌지고 현실 세계의 느리고 모호한 보상 구조에 무력감까지 느낀다. 결국 학습 실패는 자기 실패로 전이되고, 자기 실패는 우울의 형태로 표출된다.

한편 교실 시스템은 도파민과 정반대의 구조다. 교실은 느린 보상을 전제로 설계된다. 학습지 한 장을 채워야 칭찬을 받고, 한 단원을 끝내야 시험이라는 피드백이 돌아오고, 학기가 끝나야 성적표라는 결과가 주어진다. 당연히 기다려야 한다. 아날로그 시대 가족의 일상은 학교의 리듬과 비슷했다. 그런데 숏폼 영상의 리듬에 맞게 뇌가 재조정된 아이들에게 이 기다림은 고문처럼 느껴진다. 칠판에 적힌 수학 풀이가 아직 정답에 도달하지 못했을 때, 잠깐을 참지 못해 친구를 톡 치거나 의자에 몸을 비비적거린다. "저거 답 뭐냐?" 선생님의 설명이 길어지면 시선은 자연스럽게 창밖으로 향한다. 단순한 산만함이 아니라 빠른 보상을 놓친 뇌가 보내는 구조적인 신호다.

교실은 단순히 지식을 배우는 장소가 아니라 기다림을 연습하고, 협업을 익히며, 감정을 조절하고 문제를 해결하는 법을 배우는 사회적 훈련의 공간이다. 교실과 친해질수록 느린 과정을 견디는 힘을 기를 수 있고, 성적 너머의 세계, 이를테면 관계, 진로, 자존감, 회복력에서의 결정적인 차이를 만든다. 도파민과 교실 시스템의 간극이 벌어진 채 방치되면 아이는 당연한 수순처럼 교실과 멀어진다.

교실과 멀어지는 순간 아이는 삶에 필요한 기회들을 놓친다. 삶의 중요한 리듬에서 이탈한다. 빠른 자극에만 반응하는 뇌는 느리고 복잡한 교실에서 쉽게 지치고, 도전보다 회피를 선택한다. 손을 들어 질문하거나 틀릴 각오를 하고 발표하는 대신, 조용히 눈을 내리깔고 시간을 흘려보내는 쪽을 택한다. 친구와의 모둠 과제에서 불편한 갈등을 겪으며 배우는 대신, 혼자 빠져니와 스마트폰 속의 확실한 즐거움으로 숨는다. 삶을 미리 경험하는 공간인 교실에서 경험의 기회를 흘려보낸다.

그래서 도파민과 교실의 간극을 줄이는 일은 선택이 아니다. 아이의 미래를 위한 시급한 환경 조정이다. 아이를 둘러싼 속도의 구조가 문제일 수 있다는 관점이 필요하다. 이 관점의 전환이야말로 지금 우리 교육과 양육에 필요한 가장 절박한 변화다. 교사는 빠름이 아닌 몰입을 안내해야 하고, 부모는 아이의 뇌가 느린 보상에 다시 익숙해질 수 있도록 일상의 리듬을 조절해야 한다.

산만함은 전염된다

설거지할 때, 운동할 때, 심지어 글을 쓸 때도 우리는 무언가를 튼다. 나도 예외는 아니다. 글 한 줄 쓰다가 연예인 부동산 기사로, 유튜브 쇼츠로, 갑자기 떠오른 검색어로 이탈한다. 방금도 5분 정도 다녀왔다. 이 정도면 무척 양호한 편이다. 한 시간도 더 낭비했을 일을 5분 만에 끝내다니. 오늘의 나를 칭찬한다. 분명히 해두지만 이건 멀티태스킹이 아니라 산만함이다. 원래 뇌는 한 번에 한 가지만 할 수 있게 설계되어 있다. 그런데 우리는 뇌 설계를 거스르며 '나는 예외'라고 믿는다.

부모가 스마트폰을 보며 집안일을 하고, 영상을 들으며 식사 준비를 하는 모습을 보고 자란 아이는 고스란히 배운다. 밥을 먹으며 영상을 틀고, 숙제하며 음악을 듣고, 공부하며 틱톡을 훑는다. 심지어 그걸 멀티태스킹이라고 당당하게 말한다. 완벽한 학습이다. 부모가 무심히 반복한 행동이 아이에게는 당연한 일상으로 자리 잡는다.

우리 아이들은 음악을 안 틀면 공부 시작을 못 하고, 혼자 밥을 먹어야 하면 태블릿으로 영상을 본다. 대중교통에서는 당연하다는 듯 이어폰을 끼고, 설거지할 때는 영상을 재생한다. 실상 가장 큰 문제는 나다. 아이들이 공부할 때 집중력이 흐트러질까 봐 노심초사하지만 산만함의 최전선에서 산만함의 교본이 되어가는 중이다. 이메일을 쓰다 알림음이 울리면 채팅창을 확인하고, 그새

뜬 광고 배너를 눌러 장바구니에 주섬주섬 담고, 다시 돌아와선 내가 무슨 문장을 쓰던 중이었는지 한참을 더듬는다. 소파에 앉아 쉬면서도 드라마와 쇼츠를 번갈아 보다가 결국 뭐 하나 제대로 끝내지 못한 채 시간을 흘려보낸다. 아이들은 부모를 보며 자연스럽게 멀티태스킹을 학습한다. 결국 부모와 자식은 같은 거울 앞에서 같은 표정을 한다. 차이는 하나, 아이들은 그 거울 앞에서 더 오래, 더 깊이 훈련받고 있다.

강연장에서 자녀의 스마트폰 사용 문제를 호소하는 부모들의 얼굴은 한결같이 심각하다. "우리 애가 종일 게임만 해요. 하루에 몇 시간씩 유튜브를 봐요. 말을 해도 듣질 않아요." 이럴 때마다 나는 속으로 생각한다. '그래서 부모님은 스마트폰을 하루에 몇 시간이나 보시나요?' 이 질문을 실제로 내뱉었다가는 분위기가 싸늘해질 것을 알기에 속으로 삼킨다. 하지만 답은 명확하다. 아이들의 스마트폰 사용 패턴은 절대 저절로 만들어지지 않는다. 부모가 들여다보는 만큼, 부모가 반응하는 만큼, 부모가 허용하는 만큼 아이도 자극을 소비한다.

값비싼 전환 비용

프랑스 국립 보건 의학 연구소INSERM의 연구에 따르면, 두 가지 작업까지는 좌뇌와 우뇌가 나누어 처리할 수 있지만, 세 가지 이상의 작업을 동시에 수행하면 기억력과 집중력이 눈에 띄게 저하된다.[3] 뇌가 멀티태스킹을 '동시에' 처리하는 것이 아니라, 마치 불꺼진 방을 전등 스위치로 번갈아 켜듯 작업을 빠르게 전환하며 처리하기 때문이다. 그 짧은 순간, 전두엽은 방금 전까지의 맥락을 복원하려 애쓰고 새로운 자극을 처리하며 다시 원래 작업에 돌아오려 분투한다.

어쩔 수 없이 뇌는 값비싼 '전환 비용'을 지불한다. 여기서 비용이란 단순히 에너지를 뜻하는 것이 아니다. 시간, 인지 자원, 감정의 회복력까지 포함한 복합적인 손실이다. 이메일을 쓰다가 스마트폰 알림에 반응하고 다시 이메일로 돌아오는 찰나에도 뇌는 이전 작업의 맥락을 다시 떠올리고 집중 상태로 돌아가기 위해 에너지를 소모한다. 하나의 작업에서 다른 작업으로 이동할 때마다 뇌는 보이지 않는 환승비를 낸다. 우리는 시간을 아끼고 있다고 생각하지만 실은 집중의 기회와 인지의 품질을 잃어가는 중이다.

현대인을 집중시키는 어휘 중 하나가 비용이다. 멀티태스킹에 관해서는 명상의 관점, 집중의 관점 등 여러 관점에서의 접근이 가능하지만 형편없어진 집중력을 동원해 지금 이 페이지를 읽고 있을 독자를 위해 비용의 관점에 설명해 보려 한다. 멀티태스킹을 시도하려는 이유 역시 따지고 보면 비용과 무관하지 않다. 한편으로는 두 가지 이상의 일을 처리하는 것으로 비용 절감을 꾀한 시도라고 봐도 무방하다. 하지만 그사이 또 다른 종류의 비용이 새어나가기 때문에 결과적으로 이윤을 남기기 어렵다.

멀티태스킹은 요즘 시대가 가장 애정하는 소비 태도 '가성비'와 닮아 있다. 우리는 무언가를 할 때마다 본능적으로 묻는다. '이 시간에 하나만 하기엔 너무 아깝지 않나?' 산책하며 뉴스 듣기, 설거지 중에 강의 듣기, 스트레칭하면서 회의 참석하기. 손해 보지 않기 위한 시간 다중 투자는 어느새 미덕처럼 여겨진다. '하나만 하면 손해'라는 감각은 놀랍도록 강력해서 아무것도 하지 않거나 한 번에 하나밖에 못 하면 죄책감을 유발한다. 멀티태스킹은 단순한 작업 방식이 아니라, 가성비를 추구하는 심리 전략이다.

문제는 여기서 시작된다. 가성비를 따질 때 우리는 언제나 투입 대비 산출을 기준 삼는다. 그런데 멀티태스킹은 입력은 많지만 출력이 분산된다. 모든 작업에 손을 댔지만 어느 것도 제대로 끝나지 않고 결과물은 늘 예상보다 형편없다. 시간은 아낀 것 같은데 집중도는 쪼개지고 기억은 모래알처럼 빠져나간다. 이득 같지만 손해고, 하는 건 많은데 남는 게 없다. 멀티태스킹은 비용을 줄이려다 집중이라는 자산을 갉아먹는 불공정 거래가 된다. 이 거래에서 진짜 무엇을 벌고 잃고 있는지를 한 번쯤 다시 계산해 볼 필요가 있다.

전환 비용은 작업 간 전환이 잦을수록 눈에 보이지 않게 치솟는다. 이메일을 쓰다가 스마트폰 알림에 반응해 소셜 미디어를 잠깐 들여다보고 다시 이메일로 돌아오는 찰나. 우리는 단순히 물리적인 시간을 잃는 것이 아니다. 뇌는 처음 작업의 맥락을 복원하고, 새로운 작업의 정보를 처리하며, 다시 원래의 작업으로 돌아가기 위해 필사적으로 발버둥친다. 단 몇 초간의 딴짓이 뇌를 피로하게 만들고, 중요한 작업의 질을 떨어뜨린다. 좁은 병목을 통과하려 애쓰는 물처럼 우리의 집중력도 부서지고 흩어진다.

전환 비용이 누적되면서 효율은 급격히 떨어지고, 하나의 작업에서 느껴지는 몰입의 기쁨이나 성취감은 모두 희생된다. 우물을 파야 하는데 여기저기 조금씩만 파다가 결국 물길을 찾지 못하는 것과 같다. 깊이를 포기한 채 넓이만을 좇는 뇌의 갈증은 더 깊어지고 집중력이라는 자산을 잃는다. 이것저것을 바쁘게 오가며 비용을 아꼈다고 생각했던 것이 알고 보니 비용 낭비였다면, 그래도 괜찮은가.

공부는 재미없고, 게임은 못 끊어요

보상 회로의 비대칭

공부와 일은 참고 버텨야 하지만 게임은 몇 초 만에 도파민을 터뜨려준다. 연약한 인간의 뇌는 재미없는 것부터 포기한다. 몰입이 어려운 게 아니라, 몰입할 만큼의 보상이 보이지 않아서다. 공부가 지겨워지고, 일이 힘들어질수록 더 자극적인 게임과 영상을 찾아나선다. 디지털 중심의 환경이 보상 회로의 비대칭을 유발하고, 어쩔 수 없이 우리는 하염없이 도파민에 끌려다닌다.

브레인 로트

브레인 로트brain rot, 질이 좋지 않고 어떤 의미나 가치가 없는 콘텐츠 혹은 그러한 콘텐츠를 소비함으로써 발생되는 부정적인 감정과 영향을 말한다. 쉽게 말해 '뇌가 썩은 것 같다'는 뜻이다. 처음 이 단어를 접했을 때는 과장이거나 농담인 줄 알았다. 그런데 그 속에는 놀랍도록 명확한 자각이 들어 있다. 멍해진 머리, 텅 빈 집중력, 아무 감흥 없는 감정. 모두가 자기 상태를 알고 있다. 멈출 수 없을 뿐. 숏폼은 뇌에게 끊임없이 속삭인다. "생각하지 말고 반응해." 우리는 어느새 다음 자극을 기다리는 시스템에 스스로를 맞춘다. 이제 느림은 견디기 힘든 고문이 되어버렸다.

사람의 뇌에는 감정 조절과 자기 통제, 공감에 필요한 영역인 회백질이 있다. UCLA의 실험에서는 하루 3시간 이상 멀티태스킹 환경에 노출된 청소년에게는 감정 조절 능력 문제와 집중력 저하가 뚜렷하게 나타난다는 사실이 밝혀졌다. 뇌는 변화한다. 조금 더 정확하게 표현하면 계속해 재구성된다. 짧고, 빠르고, 자극적인 콘텐츠가 일상이 되면 느리고 서사적인 콘텐츠에 반응하지 못한다. 단순히 읽고 쓰는 훈련이 아니라 감정과 주의를 복원하는 훈련이 필요한 이유다.

수업 시간은 고문 같고, 긴 문장을 따라 찬찬히 읽어야 하는 책 한 권은 부담이 된다. 중요한 건 내용보다 얼마나 빠르고 간략하게 요약되는지가 되었다. 요점만 뽑아내고, 맥락은 넘기고, 감정은 건너뛴다. 그런 방식으로 정보를 소비한 뇌는 깊은 감정에도 쉽게 감응하지 못하는 방향으로 훈련된다. 생각보다 훨씬 조용하게, 그러나 빠르게.

문해력의 붕괴는 은밀하면서도 확실하게 진행 중이다. 이제 우리는 책 한 페이지를 버거워하고 한 문단조차 끝까지 읽지 못한다. 원인은 도파민이지만 결과는 결코 단순하지 않다. 숏폼 콘텐츠가 읽을 이유를 없애버렸다. 숏폼은 보자마자 이해할 수 있고, 설명이 필요 없고, 무엇보다 '재미있다'. 반면 책은 설명이 필요하고, 이해가 필요하고, 무엇보다 '지루하다'.

문해력은 단순한 기술이 아니다. 생각을 정리하고, 감정을 표현하고, 타인과 연결되는 능력이다. 이 모든 것은 도파민 시스템과 긴밀히 연결되어 있다. 문해력이 약해진 아이는 질문하지 않는다. 설명은 피곤하고, 분석은 귀찮고, 요약만 원한다. 결국 사유의 깊이가 사라지고 글은 정보의 수단으로만 남는다. 그러나 우리는 안다. 아이들이 무언가에 감동하고, 흥분하고, 눈빛을 반짝이는 순간은 긴 글 너머에 있다는 사실을. 근육과 시간을 들여 걸어갈 필요 없이, 탑승만 하면 빠르게 도착하는 컨베이어 벨트에 오르기 전에 붙잡아줄 누군가가 필요하다.

이런 뇌 구조는 관계에도 영향을 미친다. 친구의 이야기엔 공감 대신 "요약해서 짧게 말해"라는 반응을 하고 부모의 긴 훈계는 스킵하고 싶다. 대화의 흐름을 따라가기보다 반응할 타이밍을 찾는다. 공감도, 집중도, 인내도 하나의 회로인데, 이 회로가 일상에서 사용되지 않으니 약해질 수밖에 없다. 감정의 지연을 감당하지 못하는 뇌는 사람보다 화면이 편하다.

주의력 파편화, 멍한 뇌의 등장

우리는 깊게 집중할 수 있는 뇌를 잃어간다. 스마트폰 알림, 빠르게 전환되는 화면, 멀티태스킹이 일상화되어 한 가지 일에 오래 머무는 게 불편하다. 불과 몇 초 전에 읽기 시작한 문장을 끝까지 읽지 못해 다음 페이지로 넘기고, 영상을 보면서도 다른 걸 검색한다. 뇌는 정보를 처리하지도, 감정을 따라가지도 못하고 계속해서 자극을 바꾸는 방식으로 스스로를 훈련시킨다.

지금의 자극 환경은 '빠르게, 많이, 동시에' 반응해야 살아남는 구조를 강요한다. 작업 기억은 줄고 판단력은 약화되며 감정은 수시로 방해받는다. 도파민 과잉 자극은 뇌를 계속 활성화시키는 것처럼 보이지만, 실상은 주의력을 산산조각 내는 파편화 회로를 굳히는 과정이다.

문제는 일상으로 돌아왔을 때 더 명확히 드러난다. 수업 시간에 집중하지 못하고, 상대의 말에 끝까지 귀 기울이지 못한다. 조금 전까지 내가 무슨 생각을 하고 있었는지 기억이 나지 않는다. 처음엔 피곤함으로 시작되지만, 시간이 지날수록 멍한 상태가 일상이 되고, 나중엔 그게 뇌의 기본 값이 된다. 집중할 수 없는 것이 아니라 몰입이라는 상태를 경험하지 못하게 된다.

도파민은 끊임없이 다음 자극을 부추기고, 여기저기로 주의를 빼앗긴다. 이때 뇌는 집중력이 떨어진 상태가 아니라, 주의를 조율하는 능력 자체를 상실한 상태다. 그 상태에서는 어떤 감정도 끝까지 따라가지 못하고, 어떤 정보도 유의미하게 머무르지 않는다. 겉으론 살아있는 것처럼 움직이지만, 내면은 무반응과 무감각으로 메말라간다. 자극에만 반응하는 뇌는 가족의 말에 반응하지 않는다. 반응의 증발은 곧 감정이 도착하지 못하고 길을 잃었다는 것을 말한다.

집중의 붕괴는 결국 관계의 붕괴로 이어진다. 누군가의 말을 끝까지 듣는 일, 감정을 천천히 함께 겪는 일, 하나의 생각에 오래 머무르는 일이 모두 어려워지면, 우리는 연결된 듯 보여도 서로에게 아무 영향을 주지 못한다. 뇌가 깊이 머무는 법을 잊을 때, 우리는 산만한 개인으로만 남지 않고 깊은 관계를 맺지 못하는 개개인이 되어간다.

결국 이 멍한 뇌로는 배움이 성립하기 어렵다. 지식은 많이 입력하는 것보다 머무르고 곱씹고 연결할 때 의미가 생긴다. 그러나 파편화된 주의는 문장을 끝까지 따라가지 못하고, 문제를 풀다 도중에 멈추고, 맥락을 이해하기 전에 다른 자극으로 도망친다. 뇌는 끊임없이 움직이지만 사고는 깊어지지 않는다. 겉보기엔 열심히 무언가를 하고 있는데, 머릿속은 허공을 맴돈다. 배움의 회로를 쌓지 못한 채 끝내 생각을 완성하는 경험조차 잃어버린다. 학습의 위기는 '깊이 생각할 수 없는 뇌'라는 근본적인 문제에서 시작된다.

어른들도 비슷한 경험을 고백한다. 집중력 결핍은 이 시대 집단적 증상에 가깝다. 다만 어른들은 그것을 '피곤하다', '요즘 기억력이 약해졌다' 정도로 얼버무릴 뿐이다. 하지만 어른의 뇌는 아이들보다 더 오래 훈련된 뇌다. 아이들이 이제 막 멍해지는 중이라면, 우리는 이미 멍함을 일상으로 알고 살아간다.

미하이 칙센트미하이의 몰입flow 이론에 따르면, 몰입은 단기 자극이 아니라 일정 시간의 집중과 지루함을 넘어설 때 도달한다. 이 이론에 근거하면 가족이 서로에게 줄 수 있는 최고의 선물은 스마트폰을 내려놓고 함께 앉아 있는 '의미 없는 시간'일지도 모른다. 아무 말 없이도, 아무 활동 없이도 괜찮다. 중요한 건 침묵을 견뎌야 몰입할 수 있다는 사실이다.

교실에 들어온 숏폼의 리듬

교실은 변화의 최전선이다. 영상 과제를 내주면 아이들은 능숙하게 클립을 붙이고 효과음을 넣는다. 하지만 이야기의 흐름을 설계하고 감정을 전달하는 데에는 한없이 서툴다. 교사들은 말한다. "아이들이 이야기의 흐름을 이해하지 못해요. 왜 시작됐고, 왜 끝났는지를 몰라요." 단순한 이해력 문제가 아니다. 자신의 생각을 정리하고, 감정을 정돈하는 시간이 사라진 교실에선 질문도, 의견도, 이해도 줄어든다. 아이들은 교실을 버티는 중이다. 버티느라 소진한 에너지로 인한 피로는 학습 자체에 대한 흥미를 갉아먹는다.

수업 중에 교사가 질문을 던지면 대다수 아이가 눈을 피하거나 허공을 본다. 이미 딴 생각에 빠진 아이도 적지 않다. 질문을 반복해도 대답은 느리고 반응은 줄어드니 교사는 결국 포기하거나 설명 속도를 높인다. 아이들의 뇌는 점점 더 교실의 리듬에서 튕겨나간다. 이탈한 뇌는 다시 돌아오기 어렵다. 한 번 주의가 흐트러진 후 다시 집중 상태로 돌아오기까지 평균 23분이 걸린다. 그러니 교실에서 한 번 흥미를 잃은 아이는 수업 시간 대부분을 '참석했지만 부재한 상태'로 보내게 된다. 뇌는 물리적으로 그 자리에 있지만, 인지적으로는 멀리 떨어져 있다.

교사 커뮤니티의 게시글에는 비슷한 장면이 묘사된다. "아이들 눈을 보면 수업 중에도 '떠 있다'라는 느낌이 들어요. 질문하면 고개를 끄덕이는데, 실제로는 무슨 말인지 이해하지 못하고 있는 경우가 많아요." 교사는 이를 '뇌의 비참여 상태'라고 표현했다. 겉으로는 교실에 앉아 있지만, 뇌는 이미 자극을 찾아 유랑 중이다. 교실 속 무반응 아이들이 늘어나는 현상은 단순한 산만함이나 태도의 문제가 아니라, 도파민 자극에 익숙해진 뇌의 구조적 반응이다.

공부는 재미없다

도파민은 기대와 보상 예측에 관여하는 물질이다. 무언가를 하기 전, '이걸 하면 좋은 일이 생길 것 같아!'라는 기대가 생기면 도파민이 분비된다. 문제는 공부에는 기대감이 너무 늦게 찾아온다는 것이다. 공부한 뒤 성적이 오르고, 시험을 보고, 칭찬을 받기까지 걸리는 시간은 최소 며칠에서 몇 달이다. 설령 시험에서 좋은 점수를 받는다 해도 그 과정에서 즉각적인 즐거움이나 성취감을 경험하기 어려우므로 지속적인 동기 부여가 힘들다. 특히 아이의 뇌는 성인보다 지연 보상에 훨씬 취약하다. 지금 당장 얻을 수 있는 재미있고 자극적인 것에 훨씬 더 민감하게 반응하도록 생겨 먹었다. 게다가 공부는 어려운 과제를 스스로 해결해야 하는 인내를 요구한다. 문제를 읽고 이해하고 새로운 개념을 익히고 기억하고 응용하는 모든 과정이 뇌에게는 복잡하고 에너지 소모 역시 크다. 중간에 실패하면 자존감이 흔들리고, 반복된 실패는 무력감을 낳는다.

아이는 책상 앞에 앉는 순간부터 지친다. 문제를 풀 때마다 맞닥뜨리는 작은 실패, 이해하기 전에 쏟아지는 과제, 끝없이 이어지는 비교와 평가 속에서 뇌는 '이 길은 보상이 적다'라는 신호를 굵게 새긴다. 아이의 선택은 의지가 아니라 뇌의 계산이다. 재미없다는 말 뒤에는 '나는 이 과정에서 계속 실패하고 있어'라는 속내가 숨어 있다.

교실은 지루하다. 칠판의 분필 소리, 교과서 속의 긴 문장, 문제를 풀다 멈칫하는 정적. 선생님은 기다렸고, 친구는 손을 들었고, 누군가는 멍하니 창밖을 보다가 문득 어떤 생각에 잠기곤 했다. 하지만 요즘 교실은 생각의 장소가 아니다. 지루함은 참을 수 없는 공포가 되었고, 느림은 무능으로 취급된다. 교실에서 아이들은 틈만 나면 호소한다. "재미없어요." "언제 끝나요?"

공부는 계속되지만 성취는 남지 않는다. 그래서 피곤하다. 집중하지 못한 채 쏟은 에너지가 뇌를 더 지치게 만든다. 결국 남는 건 텅 빈 피로와 무표정한 아이, 무기력한 교실이다. 선생님은 "왜 이렇게 집중을 못 하니?" 다그치지만 아이들은 이미 집중할 수 없도록 훈련되었다.

게임은 끊을 수 없다

반면 게임은 어떠한가. 3초 안에 시작하고, 10초 안에 레벨 업하고, 30초 안에 보상을 받는다. 뇌는 너무나도 정직하게 '보상이 바로 오는 일'이라 판단하고 도파민을 쏟아낸다. 공부는 쉽게 싫증 나고, 게임에는 중독되는 이유는 뇌의 보상 회로가 비대칭적으로 작동하고 있기 때문이다.

게임은 뇌의 보상 회로를 정확히 노린다. 미션을 수행하면 즉시 점수가 오르고, 시각적 효과가 따라오며, 다음 단계로 진입하면서 연쇄적으로 쾌감이 터진다. 도파민은 게임 속에서 끊임없이 예측하고, 반응하고, 보상을 받는다. 실패해도 곧바로 다시 시도할 수 있고, 짧은 시간에 성취감을 여러 번 경험할 수 있다. '이건 가치 있는 일이다'라고 착각하게 만든다. 공부가 주는 지연된 보상은 게임의 즉각적 보상 앞에서 처참히 패배한다. 의지력과 무관하게 도파민 회로의 구조적 불균형 문제다. 그러니 게임을 좋아하고 공부를 싫어하는 것을 의지 부족으로 해석하는 것은 위험하다. 그보다는 아이의 뇌가 어떤 구조로 반응하고 있는지를 먼저 이해해야 한다. 이해를 바탕으로 공부의 구조 속에도 즉각적인 피드백과 작은 보상 단계를 설계해 줄 수 있어야 한다.

뇌가 느끼는 쾌감의 리듬을 무시한 채 인내심만 강조하는 전략은 오래가지 못한다. 도파민은 즉각적인 예측 가능성을 좇는다. 그래서 부모는 아이가 공부 중에도 작은 성공을 경험할 수 있도록 보상 리듬을 재설계해야 한다. 공부를 공부답게 만드는 것도 중요하지만, 아이의 뇌가 그것을 견딜 수 있는 방식으로 안내하는 것 역시 가족의 역할이다.

2021년 미국 UCLA의 신경과학 연구에서는 흥미로운 결과가 발표되었다. 동일한 시간 동안 퍼즐 퀴즈와 모바일 게임을 제공했을 때, 모바일 게임 그룹은 평균 도파민 분비량이 2.6배 높았고, 그 수치는 게임을 멈춘 뒤에도 꽤 오래 유지되었다. 반면 퍼즐 문제를 푼 그룹은 점점 도파민 분비량이 감소했고, 뇌의 집중력 유지 시간도 짧아졌다. 연구팀의 결론은 명쾌했다. "문제는 아이가 아니다. 보상이 늦게 오는 활동은 뇌가 도파민을 줄인다." 이 실험 결과는 오늘날의 학습과 오락이 얼마나 비대칭적인 환경에 놓여 있는지를 보여준다. 공부는 정보 처리, 개념 이해, 의미 있는 사고를 해야 하므로 복잡하고 추상적이고 높은 에너지를 요구하지만, 보상은 희미하고 느리게 온다. 반면 오락은 게임이나 숏폼 영상처럼 직관적이고 반복적인 자극을 주고, 뇌를 쉽고 빠르게 만족시킨다. 보상의 속도와 강도에서 이미 경쟁이 되지 않는다.

이 비대칭 구조는 단지 '공부'라는 활동에만 해당하지 않는다. 독서, 토론, 글쓰기, 예술 감상처럼 깊은 몰입을 요하는 모든 활동이 점점 불리해진다. 긴 호흡의 이해, 맥락을 읽는 힘, 의미를 되새기는 훈련은 이제 지루하고 비효율적인 것으로 간주된다. 단기 자극에 길든 뇌는 생각보다 빠르게 느림과 싸우는 법을 잊어버린다.

결국 도파민 회로는 일상의 전반에서 더 자주, 더 쉽게, 더 강하게 자극해 주는 쪽을 선택한다. 그리고 이 선택은 아이의 의지나 성격과는 무관한 생리적 반응에 가깝다. '왜 이렇게 집중을 못하지?'라는 질문보다 '우리 뇌는 지금 어떤 리듬에 맞추어 살아가고 있는가?'를 묻는 것이 더 근본적인 접근일 수 있다.

보상 회로의 비대칭

이쯤 되면 물어야 한다. 어째서 우리는 공부를 '참는 것', 게임을 '끊는 것'으로 이분화하는가? 공부는 설계부터가 게임보다 재미없게 되어 있다. 도전 과제는 길고, 보상은 느리거나 불분명하고, 실패하면 간혹 혼까지 난다. 반면 게임은 뇌의 리듬에 맞춰 알고리즘이 촘촘하게 설계되어 있다. '노력➜성공➜보상' 사이클이 미친 듯이 빠르고 정확하다. 공부가 뇌와 너무 안 맞게 설계되었다는 뜻이다.

특히나 아이의 뇌는 미성숙하다. 자기 조절과 판단을 담당하는 전전두엽은 청소년기에 이르러서야 천천히 발달한다. 그러니 아이들은 즉각적인 보상에 더 민감하게 반응하고, 충동을 제어하는 능력이 어른보다 훨씬 약하다. 뇌가 게임을 선택하는 것은 비정상인 행동이 아니라 자연스러운 반응이다.

도파민 시스템은 사람마다 민감도에 차이가 있다. 어떤 아이는 작은 보상에도 쉽게 동기화되고, 어떤 아이는 강한 자극이 아니면 집중하지 못한다. 똑같은 공부를 시켜도 어떤 아이는 몰입하고, 어떤 아이는 지루해하며 탈출구를 찾는다.

그렇다면 게임에 빠진 어른은 어떻게 해석해야 할까. 내 남편은 게임을 그만둘 생각이 조금도 없다. 아이들은 미성숙한 뇌 때문에 게임에 환호하는 것이 자연스럽다고 설명할 수 있으나, 어른의 게임 몰입은 또 다른 차원의 문제다. 이미 발달을 마친 전전두엽이 있음에도 불구하고 게임을 멈추지 못한다는 건 뇌가 학습한 보상 회로가 고착화되었다는 뜻이다. 다시 말해, 아이의 경우는 미완성된 브레이크 때문에 속도를 못 줄이고, 어른은 브레이크가 멀쩡해도 액셀을 밟는 습관이 몸에 밴 상태이다. 남편이 "게임은 그냥 취미야"라고 말할 때마다 나는 그 취미가 사실상 뇌의 보상 시스템이 만든 중독의 언어일 거라는 생각을 한다.

도파민 민감성의 차이가 지속되면, 뇌는 특정 자극에만 반응하는 '편향된 보상 회로'를 형성하게 된다. 게임이나 영상처럼 도파민 분비가 높은 활동에만 민감하게 반응하고, 상대적으로 도파민 자극이 낮은 활동에는 무관심해지는 구조가 굳어진다. 이 회로가 한 번 고착되면 학습과 같은 저자극·고노력 활동에는 지속적으로 회피 반응을 보인다. 부모와 교사는 아이의 성향과 뇌의 반응 특성을 고려해, 단순히 자제력을 요구하기보다 도파민 자극의 균형을 조절할 수 있는 환경을 설계해야 한다. 작은 칭찬, 눈에 보이는 진도표, 간단한 보상 게임 등이 모두 뇌의 반응 시스템을 재훈련하는 데 도움이 된다.

지금은 사라졌지만 예전 초등학교 교실에는 '칭찬 스티커판'이 있었다. 숙제를 해오면, 준비물을 챙겨오면, 발표를 하면, 청소를 하면 포도송이 모양의 스티커판이 채워졌다. 아이들은 포도송이를 채우는 낙으로 교실 속 지루함을 견디곤 했다. 이 스티커판은 학생들을 서로 비교하게 만든다는 이유로 사라졌다. 하지만 교실 속 비교는 사라지지 않았다. 오히려 다른 모습과 형태로 견고해졌다. 나는 꼭 이런 스티커판이 아니더라도 성취를 눈에 보이게 기록하는 작업이 중요하다고 생각한다. 그런 이유에서 나는 이 스티커판을 거실에 슬쩍 붙여볼까 싶다. 아이들 것 말고 내 것 말이다.

우리는
왜 자꾸 화가 날까

감정 조절력의 붕괴

별일 아닌데 욱하고, 말끝마다 날이 선다. 아이만 그런가. 어른도 마찬가지다. 감정은 시한폭탄처럼 언제라도 터지기 쉬워졌고, 참을성은 오래전에 고장 난 브레이크 같다. 자극은 많아졌지만 감정을 다독일 여유는 줄어들었다. 도파민은 분노를 직접적으로 유발하지는 않지만, 분노의 타이밍을 앞당긴다. 지금 뇌에서 무슨 일이 일어나고 있는 걸까.

화가 나기 쉬운 뇌를 가진 아이

스마트폰, 게임, 유튜브 등 디지털 자극에 반복적으로 노출된 아동은 그렇지 않은 아동에 비해 전전두엽의 활성화가 낮고, 편도체는 과민한 반응을 보인다. 감정을 조절하고 충동을 억제하는 전전두엽의 회로가 약해지면 사소한 자극에도 화가 치밀고, 감정 조절이 어렵다. 반면 편도체는 공포와 위협에 빠르게 반응한다. 조용한 위협에도 과하게 반응하고, 참지 못하고 바로 터뜨린다. 그 결과 '화를 자주 내는 아이'가 아니라, '화가 나기 쉬운 뇌를 가진 아이'가 탄생한다.

비슷한 연구는 많다. 2020년 독일의 대표적인 연구 기관인 막스 플랑크 협회Max-Planck-Gesellschaft, MPG의 인간 발달 연구소는 아동과 청소년을 대상으로 장기 연구를 진행했다. 디지털 자극에 반복적으로 노출된 아이들은 전두엽-변연계 연결성의 감소를 보였다. 이 연결성은 자기 조절과 감정 통제의 핵심 경로로, 해당 기능이 약화될 경우 작은 자극에도 과도한 불안, 충동적 반응, 감정 폭발이 더 쉽게 나타난다. 연구팀은 "지속적인 디지털 자극은 뇌가 위협을 과장되게 인식하고, 스트레스에 과잉 반응하도록 만든다"고 결론지었다. 도파민 과잉 상태에서는 '즐거움을 좇는 뇌'가 아니라, '참지 못하고 불안을 증폭시키는 뇌'가 되기도 한다.

일상의 모습은 어떨까. 참고 사례를 보자. 초등학교 5학년 남학생 A는 평소 말이 없는 편이다. 그런데 수업 중 짝이 자꾸 말을 건다는 이유로 갑자기 소리치며 책상을 쾅 치고 나가버렸다. A는 교무실에서 아무 말 없이 고개만 떨구었다. 담임은 말했다. "평소엔 얌전한데 한 번 터지면 걷잡을 수가 없어요." 또 다른 사례. 중학교 2학년 여학생 B는 엄마가 스마트폰 사용 시간을 제한하자 갑자기 소리를 지르며 울더니 방에 있는 물건을 집어 던졌다. 평소엔 애교 많고 밝은 아이였고, 이런 폭발은 처음이었다. A와 B 모두 전문 상담 결과 분노조절장애에는 해당되지 않았다. 하지만 두 아이의 뇌 속 감정 조절 회로에는 이미 작은 균열이 생긴 상태다.

과민한 감정 회로를 가진 뇌

뇌의 감정 회로 변화는 단기간에 발생하지 않는다. 장기간에 걸쳐 반복된 도파민 과잉 자극, 감정 표현의 억제, 공감과 소통의 부족이 누적되며 감정 회로가 달라진다. 느리고 복잡한 감정 상황에 쉽게 피로를 느낀다. 결과적으로 아이는 작은 자극에도 금세 포화 상태가 되어, 분노나 짜증으로 반응한다. '화를 내는 아이'가 아니라, '과민한 감정 회로를 가진 뇌'를 가진 아이로 이해해야 한다.

　더욱 심각한 문제는 시간이 흐를수록 과민한 감정 회로가 뇌의 기본 작동 방식으로 굳어질 수 있다는 점이다. 감정이 반복적으로 억눌리거나 폭발되는 경험이 쌓이면, 뇌는 감정을 느낄 때마다 위험을 느끼거나 강하게 반응해야 생존할 수 있다는 식의 반응 패턴을 학습하게 된다. 이로 인해 아이는 실제로는 별다른 위협이 없는 상황에서도 경계심을 높이고, 작은 갈등에도 즉각적인 방어 반응을 보이게 된다. 감정 자극에 대한 예민함은 점점 더 낮은 문턱으로 반응을 유발하고 결국 일상적인 상호 작용조차 소모적인 일이 된다. 그렇게 아이의 하루는 피로와 긴장의 연속이 되고 감정 폭발은 더 자주, 더 강하게 일어난다.

가족 안에서 이 현상은 더 뚜렷하게 드러난다. 엄마가 스마트폰을 내려놓지 못하고, 아빠가 짜증 섞인 말투를 쓰며, 형제가 말보다 반응으로 대화하는 집. 이런 환경에서 자란 아이는 감정을 '전달'하는 것보다 '표출'하는 것에 익숙해진다. 감정은 누군가의 표정을 읽고 조율해 가는 과정인데, 조율 과정을 다 건너뛴 채 반응만 남는 집에서 자란 아이는 점점 더 예민해지고, 점점 더 쉽게 무너진다. 디지털 환경은 아이가 자라는 동안 감정을 천천히 다룰 기회를 빼앗는다. 무표정한 부모의 얼굴, 빠르게 전환되는 영상, 느린 말보다 빠른 터치가 익숙한 일상 속에서 분노는 '이상한 반응'이 아니라 뇌가 가장 빨리 할 수 있는 대답이 된다.

감정은 본래 느리고 섬세한 속도로 다루어지는 것이지만 도파민 자극에 익숙해진 뇌는 그 속도를 버티지 못한다. 가정 내에서조차 서로를 기다려주지 않는 반응의 문화가 자리 잡으면, 아이는 자신의 감정을 설명하기보다 일단 터뜨리고 본다. 기다리지 못하는 어른이 기다리지 못하는 아이를 키우고, 듣지 않는 대화가 결국 서로를 고립시킨다. 감정은 표현되고 조율되어야 하는데, 지금은 모두가 반응만 남긴 채 감정 자체를 감당하지 못한다. 결국 분노는 가장 빠르게, 가장 쉽게 꺼낼 수 있는 감정 도구가 되어버린다.

감정 조절력 붕괴의 시대

하버드대학교 아동발달센터의 연구에 따르면, 감정 조절 훈련을
받은 아동은 전전두엽의 활동이 회복되었고, 충동 조절 능력도 유
의미하게 향상되었다. 감정 조절력이 무너진 시대. 사소한 말에도
울컥하고, 작은 자극에도 분노가 터진다. 아이들뿐 아니라 어른들
역시 감정을 조절하기보다 쏟아내거나 눌러두는 방식에 익숙하
다. 자극은 갈수록 많아지고, 뇌는 감정을 정리할 여유 없이 반응
부터 해버린다. 하지만 희망이 없는 건 아니다. 뇌는 유연하고, 감
정 회로는 다시 훈련될 수 있다.

중요한 건 억지로 참거나 갑자기 모든 자극을 차단하는 것이
아니라, 조금씩 감정의 리듬을 되돌리는 연습을 일상에 녹여야 한
다는 점이다. 처음부터 모든 걸 막으려 하면 오히려 더 강한 충동
으로 튀어나올 수 있다. 이 훈련은 점진적으로, 그리고 실제 감정
이 발생하는 맥락 속에서 이루어져야 한다. 화가 났을 때 "참아"가
아니라 "지금 어떤 기분이야?"라고 묻는 환경, 흥분했을 때 "조용
히 해"가 아니라 "지금 잠깐 멈춰볼까?"라고 제안할 수 있는 여유.
감정을 인식하고, 말로 표현하고, 안전하게 조절할 수 있는 공간이
만들어질 때, 뇌는 비로소 다시 느리고 안정적인 감정의 리듬에
반응하기 시작한다. 변화는 바로 느림에서 온다.

부모와 교사가 해야 할 일은 명확하다. 아이에게 "화를 참아
야 한다"고 말하기 전에, 그 화가 어디서 비롯되었는지를 찬찬히

짚어야 한다. 감정은 아직 다듬어지지 않은 신호일 뿐이다. 그 신호는 항상 말로 오지는 않는다. 아이들은 종종 말 대신 행동으로 감정을 전달한다. 평소보다 말수가 줄었다면, 갑자기 짜증을 냈다면, 예상치 못한 반항이나 무기력이 나타났다면 감정이 말 대신 몸을 빌려 보낸 신호일 수 있다.

단순한 언어가 아니라 반응 전체를 읽어야 한다. 그날의 표정, 손끝의 움직임, 앉은 자세, 밥을 먹는 속도 등 작은 것들이 단서가 된다. 이 신호들을 억압하지 않고, 조용히 알아차리고, 꺼낼 수 있게 천천히 기다려야 한다. 그것이 도파민 과잉 시대의 가족과 건강하게 살아가는 첫걸음이다. 감정을 조용히 알아차릴 수 있는 어른이 곁에 있다는 사실만으로도, 아이는 자기감정을 덜 두려워하게 된다.

성취 강박에 빠진 가족

과정은 어디로 사라졌을까

성실한 노력보다 빠르게 성과 내는 것이 더 중요해진 시대. 이제는 과정도, 의미도, 노력도 결국 '결과'로 환산된다. 언제부터인가 성취는 사랑의 또 다른 이름이 되었고, 우리는 가족에게조차 설틈을 허락하지 않는다. 아이도 안다. 사랑받기 위해선 '나답게'보다는 '잘해야' 한다는 것을. 성취는 부모의 안심이 되고, 부모의 안심은 아이의 부담이 된다. 그렇게 가족은 서로를 밀어붙이는 시스템을 너끈히 구축하고 있다.

성적과 스펙으로 평가받는 학업 경쟁 시대

마을버스를 타고 집에 돌아오는 길, 대치동 학원가의 어느 정류장에서 작은 남자아이가 탔다. 후하게 보아도 초등학교 3학년이 안 되어 보일 만큼 왜소했다. 무거운 책가방으로 축 처진 어깨와 무표정한 얼굴로 버스에 탄 아이는 빈자리를 발견하고 주저앉듯 스르륵 몸을 의지했다. 치열한 학군으로 유명한 대치동 근처에 살다 보면 이런 아이를 보는 일이 흔하다. 그런데도 유독 버스에서의 그 아이가 기억에 오래 남은 이유는 게임을 하지 않고 있었기 때문이다. 게임을 즐길 여력조차 남지 않은 듯 방전되어 있었다.

2022년 경제협력개발기구OECD의 발표에 따르면 국내 만 15세 미만 청소년의 22%가 '삶에 만족하지 않는다'고 답했다. 이는 38개국 중 최하위 수치였다. 성적으로는 최상위권인 우리나라 청소년들의 삶의 만족도가 최하위라는 것은 실로 충격적이다. 게다가 시험을 잘 준비하고 있으면서도 불안감을 호소하는 청소년들이 55.3%에 이르렀고, 공부할 때 긴장을 많이 한다고 답한 경우 또한 41.9%에 이르렀다. 그런 이유에서 대다수의 학생들이 학교를 스트레스 주는 공간으로 생각한다. 하지만 그들이 느끼는 피로는 단순한 수면 부족이나 체력 저하의 문제가 아니다. 도파민이 고갈된 뇌의 피로, 말하자면 '감정적으로 탈진한 상태'다.

아이들은 정답만을 찾아내야 하는 구조 속에서 살아간다. 선택은 줄고 지시는 늘어나며 뇌는 움직일 이유를 잃는다. 결국 아이는 도전하지 않고 무기력이라는 가면을 쓴 채 하루를 견딘다. 도파민은 놀이와 도전 과정에서 분비되며, 보상이 늦어지는 활동에서는 도파민 분비가 줄어 무기력이나 동기 저하로 이어질 수 있다. 아이들이 정답을 기다리고 지시를 받는 환경에서는 도파민 분비가 저하된다.

여기에 스마트폰이라는 강력한 도파민 설계 장치가 더해진다. SNS, 게임, 웹툰, 영상 알림은 중뇌의 복측 피개 영역(VTA)을 자극해 도파민을 분비하게 하고, 그 신호는 측좌핵(NAc)으로 전달되어 보상 경험을 강화한다. 이러한 자극이 반복될수록 도파민 분비는 일시적으로 크게 증가하지만, 시간이 지나며 뇌는 점차 둔감해져 같은 자극에서 예전만큼 쾌감을 얻지 못한다. 동시에 전두엽 피질의 두께와 기능이 감소하면서 충동 억제와 집중력 저하 현상을 보인다. 뇌는 빠른 보상에는 민감해지지만, 느리고 긴 성취의 과정을 견디는 힘은 약화된다.

학업 성과에도 구체적인 변화가 나타난다. 스마트폰 비의존군과 의존군 간의 비교 연구에 따르면 일일 학습 시간은 평균 1.4시간 줄고 과제 집중력은 35% 이상 감소하며 수면의 질 역시 저하된다. 성적에서도 영어 평균 점수는 12점 가까이 차이가 난다. 게을러서가 아니다. 과잉 자극에 너무 오래 적응해 온 뇌를 가진 채 느린 보상의 세계로 혼자 던져진 것이다.

주목해야 할 점은 모든 아이가 똑같이 무너지지는 않는다는 사실이다. 자기 평가가 낮은 아이일수록 스마트폰 의존이 학업 무기력에 미치는 영향이 3.2배 크고, 그릿grit*이나 수면 시간이 충분한 경우엔 그 영향이 절반 가까이 감소한다. 결국 이는 단순한 사용 문제가 아니다. 아이의 감정 상태, 자기 인식, 수면과 환경 모

두가 얽힌 정서적 시스템에 관한 이야기다.[4]

다행히 뇌는 회복될 수 있다. 12주간 실시한 디지털 디톡스 프로그램에 따르면 전전두엽과 측좌핵 간 연결성이 28% 회복되었고 학업 성적도 평균 15% 상승했다. 뇌는 단절되어 있었던 게 아니라 과도하게 흥분된 채 무기력 속에 잠들어 있었던 것이다. 우리는 이 사실을 평소에 상기하고 있어야 한다.

피곤한 아이들이 많아졌다고 해서 아이들이 게을러졌다는 뜻은 아니다. 오히려 그 반대다. 아이들은 조용히 그리고 오래도록 도파민 고갈의 구조에 적응해 왔다. 교실은 배움의 공간이 아닌 '정답 받아 적는 공장'이 되었고, 선택과 호기심은 사라졌다. 남은 건 '지시-수행-탈진'의 반복뿐이다. 가족이 해야 할 일은 성적을 끌어올리는 벼락치기가 아니라 도파민이 다시 흐르는 구조를 회복하는 것이다. 스스로 천천히 선택하고 시도할 수 있는 교육, 정답보다 질문이 환영받는 교실, '잘하려는 아이'보다 '하고 싶은 아이'를 응원하는 어른들. 어른의 지지 속에서 아이의 뇌는 다시 자라난다. 아이는 느리게 회복되어 어른의 속을 태우겠지만 그 느림이야말로 진짜 배움의 속도다.

*　앤절라 더크워스가 주장한 이론으로, 포기하지 않고 노력하는 힘이자 역경과 실패 앞에서 견디는 마음 근력을 말한다.

보상의 시스템이 망가졌을 때

도파민은 뇌의 보상 회로를 관장한다. 작지만 명확한 목표를 이루었을 때, 성취감을 느꼈을 때, 또는 누군가가 "좋아, 잘했어!" 하고 인정해 줄 때 활발히 분비된다. 그런데 요즘 아이들은 성취 도파민을 교실 속에서 제대로 경험하지 못한다. '잘했어'를 듣기도 전에 '틀렸어' 먼저 듣기 때문이다.

성적, 점수, 칭찬 등의 외적 동기로 움직이는 아이는 결국 내적 동기를 잃는다. 언제까지 부모의 칭찬에 춤을 추고, 단원 평가의 점수로 아이스크림을 얻어먹을 수는 없다. 이는 도파민 분비의 불균형을 낳는다. 처음엔 '칭찬받고 싶어서' 공부했던 아이가 '혼나지 않기 위해' 숙제를 하고, 결국엔 '그냥 버텨야 하니까'로 뇌가 재설계된다. 도파민 회로는 기대감이 아닌 피로감에 익숙해지기 시작한다. 다시 말해 뇌가 감정적으로 탈진한다.

학습 장애를 가진 아이들에게 이 문제는 더욱 심각해진다. 그들은 도파민 분비 자체에 어려움이 있거나, 긍정적인 보상을 경험하기도 전에 수많은 좌절을 겪는다. 읽기, 쓰기, 수 계산처럼 다른 아이들에게는 단순한 학습에서의 실패 경험이 누적될수록 뇌는 보상보다 회피에 더 민감해지고, 결국 '도전 자체를 회피하는 뇌'가 만들어진다. 학습은 두려움이 되고, 평가를 피하려는 행동은 점점 고착된다. 학습 장애를 겪는 아이들에게 "열심히만 하면 된다"는 말은 공허한 격려에 불과하다. 뇌는 노력보다 반복된 실패에 더 깊이 반응하기 때문이다. 도파민 시스템이 원활히 작동되지 않는 환경은 아동에게 쉽게 무기력을 유발한다.

부모와 교사가 성과와 결과 중심으로만 접근할 경우, 아이는 자신의 작은 성취조차 뇌의 보상 회로와 연결 짓지 못한다. 결국 '하는 척'만 남고, 진짜 동기는 사라진다. 공부를 힘들어하는 것이 아니라, 보상이 작동하지 않는 감정 회로 속에 갇혀 있는 것이다.

"우리 애는 하고 싶은 게 없대요."

"잘해도 별로 기쁘지 않아 해요."

"아이가 항상 아무 표정이 없어요."

요즘 엄마들이 자주 하는 말들이다. 단순한 사춘기의 혼란으로 치부하기엔 너무 일관된 신호다. 이는 감정 회로가 고장 난 뇌가 보내는 구조적인 반응이다. 아이는 느끼지 못하는 게 아니다. 느끼지 못하게 학습된 것이다. '지금 안 하면 엄마가 실망할 거야', '힘들다고 하면 아빠가 화낼 거야', '모르는 척해야 덜 혼나'. 그런데 보상 예측이 성과 중심으로만 편향되면 도파민은 즐거움을 유도하는 대신 불안을 회피하는 메커니즘으로 바뀐다. 감정의 다양성은 줄어들고, 뇌는 일상을 받아들이기보다 피하는 방식으로 반응한다.

아이는 평일 아침마다 학교로 가지만 속은 텅 비어 있다. 무엇이 자신을 기쁘게 했고 무엇이 자신을 힘들게 했는지 모른다. 감정은 여전히 존재하지만 표현되지 않으니 길을 잃는다. 그리고 "그게 다 널 위해서야"라는 부모의 말은 '지금 네 감정은 틀렸어'

라는 메시지로 각인된다. 표현되지 못한 감정은 언젠가 반드시 폭발한다.

작은 일에도 울컥하고, 사소한 거절에도 상처받고, 반복되는 혼란 속에서 자기감정의 정체를 잃어버린 아이. 그들은 분노와 짜증, 포기와 무기력 사이에서 그저 '괜찮은 척' 살아간다. 표정은 사라지고, 눈빛은 흐려지고, 언어는 무뎌진다. "그냥 아무 생각 없어요." 무성의한 대답으로 부모의 속을 답답하게 만드는 그 말이 사실은 진심이다.

감정도, 보상도 느끼지 못하는 상태가 오래 지속되면 아이는 결국 '존재를 증명하지 않아도 되는 공간'을 선택한다. 조용히 방문을 걸어 잠그고 나오지 않는다. 말 대신 침묵을, 외출 대신 고립을 택한다. 학교, 가족, 친구. 이 모든 관계가 조건을 전제로 움직이는 구조 안에서 아이는 안전하지 않다는 불안을 배운다.

피로 사회 속 아이의 생존법

최근 급증하는 은둔형 고립 청소년들은 안전하지 않다는 감각에서 고립을 선택한다. 대화도, 대면도 피한 채 방 안에서 스마트폰과 게임만으로 하루를 채운다. 관계는 최소화되고, 자극은 최대화된다. 도파민은 현실보다 디지털 자극에 반응하고, 뇌는 느린 감정의 흐름을 기다리지 않는다. 사랑받기 위한 피로에서 벗어난 공간에서 사랑과 연결이 사라진다. 이들은 세상과 단절된 게 아니다. 사랑받을 자격이 없다는 믿음에 갇힌 채 연결될 용기를 잃어버린 것이다.

필요한 건 따뜻한 위로 한마디보다 무너진 보상 구조의 재설계다. 무엇을 잘했느냐가 아니라 무엇을 시도했느냐에 따라 반응해 주는 어른. 어떤 감정이 틀렸다고 지적하는 대신 감정을 표현할 줄 아는 아이를 반가워하는 태도. 가족은 서로의 뇌 구조를 바꿀 수 있는 유일한 존재다. 그 구조는 감정을 어떻게 전달하느냐에 따라 끊어졌다가도 다시 연결된다.

우리 아이들은 학습보다 더 어려운 일을 하고 있다. 자기 뇌를 설득하면서 매일을 살아낸다. 아무리 노력해도 결과는 형편없고 시도해도 칭찬은커녕 평가만 돌아오는 세상에서 자연스럽게 눈길이 닿는 자극들 쪽으로 고개를 돌리지 않으려는 노력은 상당히 높게 평가받아야 한다.

학습 동기를 회복하려면 '할 수 있다'는 믿음을 반복적으로 느껴야 한다. 다섯 줄짜리 글을 완성했을 때, 스스로 문제 하나를 풀었을 때, 그 순간을 가족이 인정해 주어야 한다. "이만큼이나 했구나!"라는 말이 관계의 뿌리를 다시 심는다. 작은 성공을 자주해야 한다. 그리고 가족 안에서 더욱 빈번해져야 한다.

가정은 아이의 뇌에 기다림과 응원이라는 감정적 도파민을 제공할 수 있는 거의 유일한 공간이다. 성적이나 성취보다는 아이가 몰입했던 순간, 무언가에 도전하려 했던 용기를 중심으로 대화를 풀어야 한다. 도파민은 감정과 연결되어 있을 때 비로소 오래 지속된다. 말하자면 '누군가 나를 알아봐 준 순간' 뇌는 살아난다.

아이가 "공부가 너무 힘들어"라고 말할 때, 정확한 피로의 원인을 찾아야 한다. 밤새 스마트폰을 봐서가 아니라, 온종일 의미 없는 과제를 견디느라 탈진한 뇌의 신호임을 알아차려야 한다. 피곤하다는 말 뒤에 숨은 것은 성적이 아니라 존재감이다. 도파민 시스템은 정답보다 존재를 먼저 인식할 때 회복된다. 그 시작은 아주 간단한 한마디일지도 모른다.

"너, 정말 애썼구나."

성과 중심 사랑이 만든 '고장 난 뇌'

사랑은 표현의 기술이 아니라 해석의 문제다. 그게 사랑이었는지, 기대였는지 아이는 알고 있다. 표정이 말하지 않아도 뇌는 이미 알고 있다. 부모가 사랑해서 하는 말도, 아이가 부담으로 느끼면 스트레스다. 부모는 "나는 너 잘되라고 그러는 거야"라는 말이 아이에게 '사랑의 언어'로 닿을 것이라 믿지만, 아이는 속지 않는다. "내가 잘되면… 엄마가 덜 불안하니까." 사랑의 방향이 아이가 아닌 부모의 안도를 향할 때, 도파민 시스템은 바로 그것을 간파한다. 마음은 감정을 속일 수 있지만, 뇌는 절대 속지 않는다.

부모의 기대가 아이의 동기를 자극하는 건 사실이다. 문제는 기대에 조건이 붙을 때다. 성적이 오르면 외식, 대회에서 상을 타면 선물, 시험이 망하면 한숨. 칭찬마저도 성과에 근거하면 아이의 뇌는 '결과가 없으면 나는 사랑받을 자격이 없다'를 학습한다. 10명 중 7명의 청소년들이 부모의 기대를 부담스러워하고, 그중 절반 이상이 칭찬이나 격려가 오히려 스트레스라고 밝혔다.

조건형 기대는 사실상 도파민 보상 시스템의 축소판이다. 보상을 주는 행동이 반복될수록 뇌는 보상 자체보다 보상이 올지도 모를 기대에 더 민감해진다. 그래서 아이는 칭찬을 받기 위해서가 아니라 칭찬이 없을까 봐 불안해서 공부하게 된다. 부모가 무심코 던진 "이번에도 잘하면 갖고 싶은 거 사줄게"가 아이의 뇌를 보상 중심으로 설계한다. 도전은 줄고 성과가 확실한 일만 반복하고 결국 새로운 시도나 실패에 두려움이 깊어진다. 부모가 아이에게 조건형 사랑을 주입하는 순간 아이는 자기를 증명하지 않으면 존재할 수 없는 사람으로 인식하게 된다. 그리고 그 구조는 아주 천천히 동기 시스템 전체를 잠식한다.

아이는 언제 도파민을 경험할까? 원하는 성적을 얻었을 때? 교내 대회에서 수상했을 때? 아니면 학원 시험에서 상위권에 들었을 때? 보상이 도전하는 과정이 아니라 완료한 결과에 집중되면 뇌는 점차 움직이지 않는다. 칭찬은 늘 비슷한 패턴으로 주어지고, 성과가 없으면 아무 반응도 얻지 못하니 도파민 회로는 더 무감각해진다.

스탠퍼드대학교 심리학과 교수 캐럴 드웩은 '고정 마인드 셋

fixed mindset' 개념을 통해 이렇게 설명한다. "성과 중심의 양육은 아이를 실패를 피하는 존재로 만든다." 실패가 두려워 새로운 시도를 하지 않게 되는 것이다. 뇌는 보상보다 회피에 반응하며 도전은 중단된다. 이 무기력의 바탕엔 사랑의 오해가 있다. 성과와 사랑이 겹쳐지는 환경에서 아이는 감정을 분리하지 못한다. 그래서 보란 듯한 결과 없이는 사랑받을 수 없다고 느끼고 실패는 곧 존재의 부적절함이 된다. 도파민의 자연스러운 흐름이 차단되면 이유 없이 피곤해지고 아무것도 하기 싫고 감정을 잘 느끼지 못하는 상태에 이른다.

　무기력이 심해지면 아이는 고립을 선택한다. 문밖의 기대와 비교, 조건과 판단이 너무 버거워진 탓이다. 은둔형 고립 청소년은 학교에도 가지 않고, 가족과도 거의 대화하지 않으며, 대부분 시간을 방 안에서 스마트폰이나 컴퓨터와 보낸다. 누군가는 게으르다고 비난하지만 실은 끊임없는 평가 구조 속에서 감정 회로가 마비된 결과다. 방 안, 작은 화면 안에서만 간신히 자신을 느끼는 아이들이 있다. 이들은 단지 세상과 연결되지 않은 게 아니라 자신은 사랑받을 자격이 없다는 믿음 아래, 다시 연결될 용기를 상실한 상태다.

가족은 본래 비효율의 상징이었다

밥을 짓고, 물을 끓이고, 말을 건네고, 상대의 말을 이해할 때까지 기다리던 리듬. 하루의 사건을 둘러앉아 나누고, 말이 서툰 아이의 완벽하지 않은 문장에 귀 기울이며, 답답하지만 함께이기에 더 나은 방향을 만들어가던 비효율의 시간 속에서 우리는 사랑을 배웠다. 그런데 지금, 가족은 어디로 가고 있을까. 식탁은 사라졌고 대화는 분절되었으며 밤은 잠이 아닌 콘텐츠로 가득하다. 함께 있지만 각자의 화면 속으로 파묻히고 눈을 마주치기보단 무선 이어폰을 두 번 탭(특정 기기의 경우 이렇게 하면 일시정지 혹은 정지 상태에 이른다)하는 방식으로 대화를 간신히 이어간다. 무표정은 평화로 위장되고 정적은 안정을 가장한다. 그 고요는 따뜻함이 아니라 도파민이 몰고 온 무관심의 진공 상태다. 도파민은 빠른 것을 원한다. 즉각적인 반응, 감정 없는 클릭, 지루함을 참지 못하는 뇌. 그래서 요즘 우리는 가장 느리고 가장 복잡하고 가장 애써야 하는 '가족 관계'를 뒤로 미룬다.

가족은 본래 비효율의 상징이었다. 가족의 사랑은 비계산적, 일방적이며 그들이 모여 살아가는 집은 온갖 비효율이 난무하는 유일무이한 공간이다. 말이 안 통할 때도, 눈치만 오갈 때도, 서로의 속도와 방식을 기다리고 존중하기로 결정하는 관계. 어떤 인공지능도 흉내 낼 수 없는 영역임을 우리는 안다. 그런데 우리는 무엇을 잃고 있는가. 기계가 대신할 수 없는 것, 알고리즘이 설계할 수 없는 것, 도파민이 대체할 수 없는 것들이 아직 남아 있는가.

가족이 돌아가야 할 곳은 특별한 장소가 아니다. 늘 머물던 식탁, 거실, 침대 옆자리, 그리고 눈빛, 말투, 기척 같은 느린 마음과 비효율이 머무는 곳이다. 가족이란 기다려주는 사람들의 집합이다. 도파민이 밀어붙이는 속도를 잠시 멈추고 우리가 원래 누렸던 느림과 비효율의 연습을 함께해 보면 어떨까? 서로의 성취 결과를 보며 불안해하던 가족이 이 작은 시작에서부터 조금씩 회복된다. 우린 아직 다시 시작할 수 있다. 지금부터, 거실에서.

기대가 아니라 함께 머무는 시간

아이를 위한다는 말은 쉽다. 정말 어려운 건 아이와 함께 머무는 일이다. 결과 중심의 사랑이 아니라, 있는 그대로의 감정을 함께 견디는 태도. 아이가 "공부하기 싫어"라고 말했을 때, "그래도 해야지" 대신 "왜 그렇게 느꼈어?"라고 물어볼 수 있는 여유. 이유를 묻고 감정에 다리를 놓는 그 3초가 아이에게 세상을 바라보는 창이 된다.

미국 심리학자 수전 데이비드는 감정을 억압할수록 정서 회복 탄력성이 낮아진다고 말한다. 감정에 이름 붙이고 말할 수 있는 능력이 높은 아이는 자기조절력이 높고, 도전적 과제를 더 오래 지속한다. 감정은 도파민보다 더 오래가는 연료다. 그런데 우리는 그 연료 탱크를 텅 비게 만든다. 칭찬도 조심해야 한다. "너 진짜 똑똑하구나"라는 말은 고정 마인드셋을 강화한다. 대신 "와, 그걸 하려고 노력했다니 멋지다" 같은 피드백은 과정을 긍정하게 만들고, 뇌는 다시 도전하게 된다. 성과가 아닌 존재를 보는 눈, 결과가 아닌 과정에 머무는 마음이야말로 진정한 사랑이다.

심리학자 대니얼 J. 시겔은 말했다. "감정 조절력은 아이가 누구에게, 어떻게 반응을 받아왔는가에 달려 있다." 빠르게 아이의 감정에 반응하는 역할은 도파민이 할 수 있다. 하지만 아이의 감정을 끝까지 들어주는 인내는 사랑만이 할 수 있다.

"나는 너 잘되라고 그러는 거야."

그 말이 아이에게 '사랑'으로 들리려면, 성과를 내지 않아도 사랑받는 경험이 선행되어야 한다. 실패해도 괜찮다고 말해줄 때의 표정, 시험을 망친 날 먹는 따뜻한 밥 한 끼, 아무 말 없이 등을 쓸어주는 손의 온도. 아이의 도파민 회로는 바로 그 순간에 작동한다. 사랑은 속도가 아니라 밀도다. 결과가 아니라 관계다. 아이가 무기력하고 예민해졌다면 이 역시 부모의 설계다.

뇌가 자라지 못하면 '감정이 짧은 어른'이 된다. 참지 못하고, 기다리지 못하고, 깊이 사랑하지 못한다. 위로를 받아본 적 없어서 위로할 줄 모르고, 실패를 견뎌본 적 없어서 넘어지는 법을 배우지 못한 채 누군가는 성장한다. 감정은 얕고 반응은 빠르며 관계는 피곤하고 거리 두기는 습관이 된다. 부모는 기쁨을 느끼는 회로가 약해진 아이가 '도전하는 법'을 잊고 자라는 것을 염려해야 한다. 성과를 내도 기쁘지 않고 누군가를 사랑해도 불안하며 혼자 있는 시간엔 자꾸만 도망치고 싶은 어른. 그러니까 질문은 하나다. 우리는 지금, 어떤 어른을 키우고 있는가. 그리고 그 어른은 스스로를 좋아하며 살아갈 수 있을까. 이제부터 설계를 바꾸자. 그것이 부모가 해줄 수 있는 가장 확실한 사랑의 방식이다.

이 책의 원고를 붙들고 씨름 중인 최근 1년, 내 일상은 조금씩 달라지고 있다. 성적표의 등급 란에 적힌 숫자에 연연하고 애태우던 전형적인 고등학생의 엄마였던 나는 그보다 소중한 가치가 있음을 배운다. 공교롭게도 같은 기간, 큰아이는 학업 스트레스로 인한 우울증을 진단받고 치료 중이다. 기대에 못 미친 성적보다 훨씬 두려웠던 것은 도전을 멈추고 도망치려는 아이의 모습이었다.

몰입
: 파편화된 주의력을 회복하는 작은 실천

뇌는 멈춰 있는 시간을 불안해하고 조용한 흐름을 지루해한다. 파편화된 주의력은 단지 산만함의 문제가 아니다. 감정의 흐름을 끝까지 따라가지 못한다는 건, 누군가의 말에 끝까지 공감하지 못하고, 내 감정이 완성되기 전에 다음 자극으로 넘어가는 뇌의 패턴을 뜻한다. 그래서 회복은 다시 하나의 감각에 천천히 머무는 연습으로 시작해야 한다. 몰입은 훈련할 수 있고, 일상 속 작은 습관으로도 충분히 가능하다. 지금부터 소개할 내용은 주의력이 산산이 흩어진 나와 내 아이들을 위해 나부터 실천해 보려는 조용하고 현실적인 제안들이다. 매일 조금씩 뇌가 다시 한 가지에 오래 머무는 감각을 기억할 수 있기를 바란다.

1분 명상 타임

하루 한 번, 단 1분이라도 아무것도 하지 않고 멍하게 있는 시간을 가져보자. 뇌는 끝이 정해진 물리적 한계 속에서 몰입을 더 잘 유지한다. 따라서 타이머는 집중을 돕는 안전한 울타리이다. 중요한 건 멍하니 있는 1분이 아니라, 그 시간에 아무것도 하지 않아도 된다는 감각을 회복하는 것이다. '1분 명상 타임'은 뇌에 휴식을 선물하는 가장 짧고 확실한 방법이다. 바쁜 일상 속에서 멍하니 있는 시간은 종종 게으름처럼 느껴지지만, 그 시간 동안 뇌는 뒤늦게 도착한 감정을 정리하고, 산만하게 흩어진 주의력을 천천히 끌어모은다. 가족이 함께 조용히 앉아 1분만 눈을 감고 숨을 고르면, 그 짧은 고요 속에 각자의 마음이 머물 곳을 찾는다. 아무 말도, 계획도 없는 단 60초. 짧지만 깊다. 도파민에 지친 뇌는 잠깐의 멈춤만으로도 다시 균형을 되찾는다.

응용 타이머가 부담스럽다면 "누가 먼저 눈 뜨는지 보자"는 놀이처럼 접근해도 좋다. 아이가 어려서 가만히 있기를 힘들어한다면 함께 구름을 바라보거나, 잔잔한 음악을 틀고 멍하니 듣는 방식도 괜찮다. 이름을 바꾸는 것도 방법이다. '명상'이 부담스럽다면 '뇌 휴식 타임', '마음 고요 타임'처럼 우리 가족만의 표현으로 다시 만들어보자.

타이머 몰입 10분

주의력을 회복하는 가장 간단한 방법은 매일 잠깐이라도 한 가지에 집중하는 것이다. '타이머 몰입 10분'은 주의력 회복을 위한 연습이다. 하루 중 정해진 시간, 가족 모두가 각자 하나의 활동에만 집중하는 시간. 책을 읽어도 좋고 블록을 맞춰도 좋고, 멍하니 창밖을 봐도 괜찮다. 중요한 건 한 번에 하나만 해야 한다. 스마트폰은 멀리 두고 타이머를 10분으로 맞춘다. 타이머가 울리면 활동을 멈추고 서로 어떤 느낌이 들었는지 짧게 나누어도 좋다. "시간이 생각보다 빨리 갔어", "처음엔 불편했는데 나중엔 조용해서 좋았어" 등의 말이 오간다. 그렇게 뇌는 한 가지 감각에 머무는 법을 상기한다. 몰입은 집중력이 뛰어난 사람만의 능력이 아닌 조용히 훈련될 수 있는 감정 기술이다. 10분 몰입이 끝난 뒤엔 "방해하지 않아줘서 고마워" 같은 짧은 인정의 말로 서로의 집중을 존중해주는 것도 좋은 마무리가 된다.

응용 매일 하기 부담스럽다면 '타이머 몰입 요일'을 정해도 좋다. '월요일엔 무소음 독서', '금요일엔 느린 그림 그리기'처럼 각자의 스타일에 맞게 자유롭게 바꾸면 몰입에 대한 거부감도 줄어든다. 디지털 타이머 대신 모래시계, 아날로그식 알람시계를 쓰면 자극을 줄이는 데 도움이 된다.

뇌 쉬는 날

일주일 중 하루, 온 가족이 함께 뇌를 쉬는 날을 정한다. '공부하는 날', '놀러 가는 날'이 아닌 '뇌 쉬는 날'로 이름 붙인다. 이날은 어떤 목표도, 성과도 요구하지 않는다. 계획 없이 느긋하게 흘러가는 시간, 멍하니 누워 있기, 천천히 걷기, 같이 앉아 가만히 있기. 뇌가 자극을 요구하지 않아도 괜찮다고 느끼는 연습이다.

처음에는 불편할 수도 있다. '뭐라도 해야 할 것 같아', '시간 낭비 아냐?' 같은 생각이 든다. 자극 없는 시간이 불편한 이유는 뇌가 빠른 보상에 중독되어서다. 그 시간을 지나야 비로소 머릿속이 가벼워진다. 자극 없는 하루는 깊이를 되찾는 과정이다. 우리가 늘 뭔가를 해야만 괜찮은 사람이 되는 건 아니라는 사실을 몸으로 익혀야 한다. 쉬는 감각도 훈련이 필요하다.

응용 '뇌 쉬는 날'에는 스마트폰 사용 시간을 가족 모두 줄여보는 것도 좋다. '화면 보는 시간 대신 산책하는 시간', '영상 대신 식탁 수다' 같은 작은 교체로 충분하다. 무리해서 종일 비워내기보다는 오전 두 시간, 저녁 한 타임 등 '부분 쉬는 시간'부터 시작해도 된다. 달력에 스티커를 붙이거나 이름을 붙이는 것도 효과적이다(아무것도 하지 않아도 되는 수요일, 내 뇌가 좋아하는 토요일 등).

눈 감고 듣기 타임

'눈 감고 듣기 타임'은 뇌에 잠시 귀를 맡기는 연습이다. 음악, 오디오북, 라디오 등 그중 무엇을 선택하든 상관없다. 단, 다른 어떤 일과도 병행하지 않고 오직 듣는 일에만 몰입하는 게 핵심이다. 눈을 감고, 몸은 가만히 두고, 소리의 결을 따라가다 보면 자극으로만 반응하던 뇌가 서서히 감각의 리듬을 회복하기 시작한다. 익숙했던 노래가 새롭게 들리고, 책 속 한 문장이 마음을 건드린다. 바쁘게 움직이던 감각들이 잠시 멈추고, 귀가 온전히 열린다. 도파민이 아닌 주의와 감정이 움직이는 시간. 바로 그게 '듣기'의 진짜 힘이다. 듣는 건 늘 해왔던 일이지만, 듣기에만 집중하는 시간은 생각보다 드물다. 그래서 더 회복에 좋다.

응용 처음엔 3분짜리 짧은 음악부터 시작해도 좋다. 클래식처럼 느린 곡도, 익숙한 팝도 괜찮다. 아이가 있다면 짧은 동화 오디오북이나 사운드북도 가능하다. 듣기가 끝난 후, 서로에게 "어떤 느낌이 들었어?", "기분이 좀 달라졌어?"라고 가볍게 묻는 것도 좋다. 이 시간을 '귀 산책 시간', '눈 감고 모험'처럼 재미있는 이름으로 정해보면 더 자연스럽게 받아들일 수 있다.

모래시계 독서 타임

가족이 함께 모래시계를 두고 조용히 책을 읽는 시간을 만들면 좋다. 아이에겐 짧은 그림책, 어른에겐 시나 짧은 에세이도 충분하다. 소리 내어 읽어도 좋고, 읽고 나서 가장 마음에 들었던 구절을 나눠보는 것도 좋다. 전자기기 대신 손에 닿는 종이책을 사용하는 것이 핵심이며, 모래시계는 그 자체로 시각적 몰입 도구가 된다. 잠깐의 집중도 훈련이 된다. '모래시계 독서 타임'은 시간보다 리듬에 집중하는 독서 연습이다. 시계를 보지 않고, 딱 모래시계가 떨어지는 시간만큼만 책에 몰입한다. 몇 분이건 중요하지 않다. 중요한 건 그 시간 동안은 스크롤도 알림도 없는 고요한 집중의 감각을 되찾는 것이다. 모래가 흘러내리는 리듬에 맞추어 책장을 넘기다 보면 뇌는 천천히 한곳에 머무는 훈련을 받게 된다. 속도는 줄지만 글의 결은 더 또렷하게 느껴진다. 짧고 깊은 독서, 그 시작은 모래 한 알의 무게만큼 가볍고도 단단하다.

응용 이름도 '조용한 책 모래 타임', '책 모래 챌린지'처럼 가족만의 언어로 정해보면 즐겁게 받아들여진다. 주의력을 되살리는 데 필요한 건 긴 시간보다 단단한 리듬 하나일지도 모른다.

3장
중독

가족이 끌려가는 곳
: 스스로 선택했다는 착각

우리는 매일 선택한다.
무엇을 볼지, 무엇을 살지, 어떻게 쉴지를.
그 수많은 선택 뒤엔 언제나 도파민이 있다.
자극은 반복되고, 반복은 습관이 되고, 습관은 중독이 된다.
가족은 끌려가는 삶에 익숙해진다.

3장에서는 숏폼 중독이 가족을 해체하는 방식, 무너진 수면 리듬,
감정 대신 자극으로 해소되는 소비 양상을 따라간다.
누구도 시키지 않았지만 모두가 중독된 밤,
건강과 감정이 함께 무너지는 루틴,
좋아서 하는 줄 알았던 행동들의 민낯까지.

그 모든 장면을 지나니 궁금해진다.
이 선택은 내가 원한 것일까,
뇌가 시킨 대로 움직인 것뿐일까.

다음 장면에 빠진 가족

도파민 중독이 가족을 해체하는 방식

뇌가 자꾸 '다음 걸' 원한다. 짧은 영상 하나로 만족하지 못하고 다음 장면, 다음 이야기, 다음 보상을 찾는다. 눈앞의 자극이 점점 더 짧고 강해지면서 집중은 끊기고, 감정은 피로해진다. 사람들은 저마다의 중독 대상이 있었다. 하지만 운동, 커피, 활자, 모임, 술처럼 다양했던 중독마저 '다음 장면'으로 통일되었다. 우리는 언제부터 '지금보다 더 자극적인 다음'에 중독된 걸까?

다음 장면을 사랑한 도파민

작년 여름, 밀린 원고를 마무리할 심산으로 노트북과 함께 어느 조용한 숙소로 들어섰다. '잠깐 쉬어야지' 하고 비스듬히 침대에 누울 땐 훤한 대낮이었는데, 배가 고파 정신을 차리고 보니 주위가 어두웠다. 4시간이 훌쩍 지났다는 사실을 확인하고는 나를 몇 대 쥐어박고 싶었다. 물론 그러진 않았다. 내 탓이 아니라 도파민의 잘못이었기 때문이다. 그걸 변명이라고 하느냐고 되물을 수도 있지만, '시간 삭제'가 도파민에 끌려다닌 결과임은 분명하다. 짧은 영상이 끝나자마자 자동 재생되는 다음 영상, 한 화가 끝날 때 절묘한 타이밍에 끊기는 웹소설의 떡밥, 게임 속에서 10초마다 터지는 소소한 보상들. 이 장치들은 뇌가 예측하고, 또 기대하게 만드는 정교한 설계다. 도파민은 언제나 다음 장면을 사랑한다.

뇌는 '지금 이 장면'에 몰입하지 않는다. 다음 장면이 더 재미있을지, 다음 보상이 더 클지만 끊임없이 궁금해한다. 문제는 실제 보상이 오지 않아도 뇌가 이미 도파민을 분비한다는 데 있다. 기대만으로 쾌감 회로가 켜지고, 실망은 눌리고, 다시 새로운 기대를 향해 뇌는 또 움직인다. 그렇게 '예측➡실망➡재예측'의 회로가 반복되는 동안, 우리는 진짜 감정과 연결되지 못한 채 보상을 받은 느낌만 받는다. 그래서 자극은 점점 강해지고, 뇌는 더 '다음'을 기다리게 된다. 유튜브 영상 하나를 보다가 어느새 15편이 넘는 영상을 시청 중인 자신을 발견하고 자책하는 건 결코 우연이 아니다.

끝나지 않는 스크롤, 자동 재생, 다음 편 미리보기. 도파민은 우리를 하나의 자극에 머물지 못하게 한다. 만족보다 기대를, 몰입보다 반응을 부추긴다. 우리가 무언가를 보고 있는 게 아니다. 다음 보상을 쫓는 뇌의 움직임에 휩쓸려 가고 있는 것이다. 도파민은 방향을 알려주지 않는다. 그저 끊임없이 속삭인다. 지금보다 더 자극적인 다음이 있다고, 그러니 계속하라고. 정신을 차렸을 때 '어쩌다 이런 영상까지 보고 있는 거지?' 싶었다면 그건 오늘도 도 파민이 성실히 일한 흔적이다.

처음엔 재미있어서 시작하지만 결국엔 멈추지 못하게 된다. 도파민 회로의 무서운 점이다. 어느 순간부터는 단순히 재미 때문이 아니라 그만두기 아쉽고, 보상을 놓치면 큰일 날 것 같은 기분이 앞선다. 이런 상태에서는 흥미로운 콘텐츠에도 오래 머물지 못한다. 도파민은 반복을 통해 점점 더 빠른 회로를 요구하고, 뇌는 그 회로에 따라 깊이 대신 속도, 몰입 대신 반응을 추구하게 된다.

이렇게 변한 뇌는 결국 현실을 버거워하기 시작한다. 느린 것이라면 모두 답답하고 지루하다고 판단해 버린다. 기다림이 피로하고, 기다려야만 얻을 수 있는 사랑, 우정, 몰입, 이해, 성취 같은 것들은 뇌가 아예 외면하는 대상이 된다. 결국 우리는 무엇이라도 느끼고 싶어 시작했지만, 어떤 감정조차 느끼지 못한 채, 또 다른 '다음'으로 넘어가 버린다. 현재를 온전히 느끼는 능력은 사라지고, 무한 반복의 피로와 설명하기 힘든 공허함만 남는다.

대부분에게 지금은 시계 위의 초 단위가 아니다. 나에게는 매일 공기처럼 붙어 있는 가족의 풍경을 의미한다. 그런데 어느 날부터 그 풍경이 편안하지 않고, 피로와 불만으로 다가온다면 당신의 뇌가 현재에 반응하기를 멈추었다고 생각하면 된다. 도파민은 눈앞의 가족에게 무심하다.

딱 한 판만, 딱 한 편만

영상만큼이나 도파민을 자극하는 요소들이 게임과 웹소설, 웹툰이다. 게임은 보상의 언어로 우리를 유혹한다. 퀘스트를 완료하면 경험치와 아이템이 주어지고, 레벨 업을 하면 더 강한 적과 희귀한 보상이 기다린다. 도파민 시스템을 정교하게 설계한 매우 과학적인 자극 장치다. 특히 '무료 플레이+확률형 아이템' 모델은 도박과 유사한 방식으로 도파민 회로를 자극한다. '이번엔 좋은 아이템이 나올지도 몰라', '조금만 더 하면 깰 수 있을 것 같아' 등의 생각이 반복되며 게임은 끝날 듯 끝나지 않는다. "딱 한 판만 더"는 사실상, 보상이 올 때까지 반복하도록 설계된 시스템의 마법이다.

웹소설과 웹툰, 드라마는 감정을 절정에서 멈추는 기술이 탁월하다. 주인공이 고백하려는 순간, 비밀이 드러나기 직전, 사건이 막 터지려는 찰나에 제동이 걸린다. 다음 화 버튼은 단순한 클릭 이상으로 감정의 마무리를 갈망하는 뇌의 신호다. 우리는 이야기의 끝이 궁금한 게 아니다. 끊긴 감정을 마저 연결하고 느끼고 싶어 "한 편만 더!"를 외치는 것이다. 그래서 새벽 두어 시에도 "이제 진짜 마지막"이라며 스크롤을 넘긴다. 다음 편이 유료여도 감정을 마저 완성하고 싶다는 욕망이 결제를 부추긴다. 서사에 관한 호기심보다 감정의 리듬이 뇌를 놓지 않는다.

틱톡 릴스, 유튜브 쇼츠는 도파민 시스템이 가장 열정적으로 반응하는 구조를 가지고 있다. 마치 도박장의 슬롯머신 같다. 재미없는 영상이 몇 개 나오다가 예상치 못한 웃음 포인트가 등장한다. 도파민이 폭발하고 뇌는 말한다. "다음 건 더 재미있을지도?" 정서적 허기만 남은 자극의 잔해. 그런데도 우리는 스크롤을 멈추지 못한다. 도파민에게 너무나 완벽하게 맞춤 설계되어 있기 때문이다.

결국 우리는 반복해서 클릭하고, 보고, 플레이한다. 도파민은 지금 주어진 보상(현재의 만족)보다 다음에 올 수도 있는 보상(미래의 가능성)에 더 크게 반응한다. 불확실한 기대가 도파민을 힘껏 분비한다. 유튜브도, 게임도, 드라마도, 웹툰도 이 구조 위에 있다. 따라서 '딱 하나만 더'라는 말은 실패한 절제의 결과가 아니라, 정상 작동한 도파민 시스템의 산물이다. 성인이 된 후 스마트폰을 사용하기 시작한 세대마저 빠르게 망가졌다. 그렇다면 태어나자마자 중독을 경험하는 아이들은 어떻겠는가.

중독으로 무뎌진 뇌가 바꿔놓은 거실

도파민 중독은 뇌의 반응 민감도를 무너뜨린다. 반복된 자극에 길든 뇌는 작은 자극에 반응하지 못한다. 평범한 대화, 조용한 식사, 천천히 다가오는 감정을 감지하지 않는다. "이거 봐봐, 진짜 재밌어"라는 말보다 0.2초 컷으로 전환되는 화려한 영상이 더 빠르게 도파민을 뽑아낸다. 감정보다 자극, 감응보다 반응. 뇌는 사람의 목소리보다 영상 전환 효과음에 더 민감하게 반응한다.

그래서 가족이 건네는 소소한 일상 이야기에 반응이 없고, 함께 보낸 시간에 표정이 없다. "오늘 학교에서 무슨 일이 있었냐면…" 하는 아이의 말은 대충 흘려듣고, 스마트폰 속 자극적인 효과음과 와자지껄한 웃음소리에 더 빠르게 반응한다. 부모가 건넨 "밥 먹자"라는 부름도 귀에 들어오지 않는다. 그렇게 가족의 목소리는 점점 백색 소음이 된다. 집안의 대화는 묻히고, 표정은 사라지고, 남는 건 각자의 화면 앞에서 터져 나오는 웃음과 짧은 감탄사뿐이다. 서로의 삶은 흐릿해지고, 화면 속 타인의 삶이 선명해지는 아이러니가 펼쳐진다.

물론 내 어린 시절에도 비슷한 장면이 있었다. 우리 엄마는 늘 수화기를 붙들고 있었다. 친한 집사님, 멀리 사는 여고 동창, 서울 사는 고모를 비롯한 다양한 여성들이 전화기 너머에 존재했고 엄마는 수화기를 잡을 때 가장 행복해 보였다. 통화로 바쁜 엄마에게 친구들과 겪은 속상한 이야기를 미주알고주알 털어놓을 순 없었다. 그래도 그 시절이 지금보다는 훨씬 나았다. 전화가 오지 않는 날도 있었고, 통화는 길어야 30분 남짓이었으며, 오후 9시가 넘어가면 전화벨 소리는 끊어졌다. 하지만 요즘 거실의 스마트폰은 어떤가? 24시간 가동 중이다.

얼마 전, 쇼핑몰에서 엘리베이터를 기다리던 중 한 부녀를 보았다. 대여섯 살짜리 딸과 나란히 서서 엘리베이터를 기다리던 아빠는 양쪽 귀에 무선 이어폰을 낀 채로 영상에 빠져 있었다. 엘리베이터를 기다리기 지루했던 아이가 이게 뭐냐며 벽에 붙은 글자를 궁금해했다. 영상에 빠진 아빠는 그 질문을 듣지 못했다. 아이는 스마트폰에 시선을 고정한 아빠를 우두커니 올려다보고만 있었다.

상대가 내 이야기에 귀를 기울이지 않을 때 처음 드는 감정은 서운함이다. 말했는데 반응이 없고 눈도 마주치지 않는다. 무시당했다는 감각은 생각보다 오래 남는다. 외면이 반복되면 표현은 위축되고, 말수는 줄어든다. 반응 없는 대화는 감정의 줄기를 끊는다. '말해도 소용없다'라는 학습이 일어나고, 감정은 표현되지 않고 숨는다. 반응 없는 환경에서는 자신의 감정을 의심하게 된다. '이런 기분을 군이 표현할 필요 있을까?' '이건 너무 사소한가?' 그 과정에서 슬펐던 일, 기뻤던 순간, 조금 서운했던 감정까지 표현할 가치가 없다는 낙인을 찍는다. 감정이 아니라 감정의 자격이 사라지는 것이다.

침묵은 스스로를 보호하기 위한 포기에서 출발하지만, 감정 자체를 무효화하는 방향으로 나아간다. 그 무효화는 언어를 바꿔놓는다. 감정의 미세한 결을 담기엔 '찐텐', '개웃김', '현타' 같은 단어들이 더 빠르고 간편하다. 평범한 단어로는 전달되지 않는 것 같아 감정을 자극적으로 표현하도록 압박한다. 그렇게 감정 어휘의 폭은 좁아지고, 감정은 극단적으로 포장된다. 감정을 표현하는 방식이 감정 자체를 변형시킨다. 결국 가족의 대화는 짧은 유행어와 믿으로 점철되고 깊은 속내는 얕은 농담 뒤에 숨는다. 웃고 있지만 웃음의 결은 전해지지 않고, "괜찮다"라는 말은 정말 괜찮다는 뜻이 아니라 여기서 대화를 그만하자는 신호가 된다. 언어의 축소는 곧 마음의 축소로 이어지고, 남는 건 '서로 말했는데도 아무 말도 안 한 것 같은' 기묘한 공백뿐이다.

반응을 받지 못해 접어두었던 감정은 조용히 켜켜이 쌓이고, 시간이 지나며 응어리가 된다. 응어리는 무표정과 무반응, "그냥 괜찮아"라는 말 뒤에 웅크리고 있다가 아주 사소한 일에 갑자기 터진다. 말투 하나, 눈빛 하나, 예고 없는 거절 같은 일상적인 자극에 울컥하고, 폭발하고, 스스로도 놀란다. '나 왜 그렇게 반응했지?' 왜 그렇게까지 예민하게 구냐는 질문이 돌아오지만, 당사자조차 이유를 정확히 설명하지 못한다. 욱하는 반응은 오랜 시간 아무도 읽지 않았던 감정이 마침내 울린 신호다.

가족 안에서 반복적으로 감정이 무시되거나 반응을 얻지 못하면, 침묵 이상의 상처가 된다. 가족 치료학에서 말하는 '정서적 무시emotional neglect'는 눈에 띄는 다툼이나 상처 없이도 사람을 서서히 고립시킨다. 감정을 나누려 했던 시도들이 반복해서 외면되거나 간과되면 '말해도 소용없다'고 학습하게 되고, 그 감정은 안으로 접힌다. 이것이 반복되면 감정 표현 자체가 줄어들고, 표현되지 않은 감정은 시간이 지나며 오해가 된다.

결국 관계는 서로의 내면을 이해하지 않고 정보 교환에 머물게 되고, 그 공백은 쉽게 거리감으로 치환된다. 그래서 정서적 무시를 더욱 경계해야 한다. 아무 일 없어 보이지만, 아주 조용하게 관계의 뿌리를 갉아 먹는다. 뇌가 반응하지 않으면 감정은 가장 조용한 방식으로 무너진다.

중독이 가족을 해체하는 방식

도파민은 원래 관계의 윤활유다. 작은 칭찬, 눈 맞춤, 같이 웃는 순간에 분비되고 그 쾌감이 다음 감정 교류를 부른다. 하지만 도파민 회로가 특정 자극에 과도하게 몰입하면 이야기가 달라진다. 이때부터 뇌는 관계가 아니라 자극의 반복에 반응한다. 가족 간 대화는 줄어들고 소통은 단절되며 일상은 부딪치지 않아도 삐걱거린다.

특히 가족 중 한 사람이라도 SNS, 게임, 쇼츠 영상 등 특정 도파민 자극에 깊이 빠져 있을 때 갈등은 더 쉽게 일어난다. 상대가 뭘 보는지 궁금한데 대답은 없고, 식사 자리에 함께 있어도 대화는 끊기고, 말 한마디 없이 방으로 들어가 버린다. 남겨진 가족은 거절당했다고 느낀다.

가족 구성원의 반복적인 중독 행동은 가족 전체의 리듬에 부정적인 영향을 미친다. "왜 대답을 안 해?", "지금 얘기 좀 하자니까" 하고 언성이 점점 높아지고 결국 서로를 향한 실망감이 쌓인다. 도파민은 다음 보상으로 시선을 돌리게 하지만 관계는 지금

이 감정을 함께 견뎌야 유지된다. 보상의 기대와 현실의 무반응 사이의 간극은 조용하지만 깊은 가족 갈등으로 번진다.

당사자는 잘 모른다. 그저 영상을 보고 있을 뿐이라고 생각한다. 화면에 몰두해 있던 사람의 입장에서는 다른 사람이 불쑥 말을 걸고 화면을 가로막는 순간이, 간섭을 받는다는 불쾌감으로 다가온다. 감정의 이유와 강도는 다르지만 그 차이를 설명하거나 조율할 틈 없이 오해와 서운함이 쌓인다. '별일 아닌데 또 싸운다'라는 말 뒤에는 서로가 자신의 감정을 인정받지 못한 채 흘려보낸 수많은 순간이 자리한다. 문제는 사용 시간이 아니라 그 시간을 둘러싼 감정의 해석이 얼마나 엇갈렸는지다. 자극을 소비하는 동안 뒤로 밀려난 감정들은 대부분 작고 사소하다. 하지만 감정은 크기가 아니라, 받아들였는지 여부로 남는다.

중독은 단지 자극에 몰입하는 문제가 아니다. 자극이 지나간 뒤에 아무 감정도 회복되지 않는다는 것이 문제다. 다툼이 있었는데 누구 하나 먼저 언급하지 않고, 시간이 지나며 그대로 잊힌다. 아니, 잊은 척 넘어간다. 감정을 조율하거나 서로의 마음을 수습하려는 시도 없이 바로 다음 자극으로 건너뛴다. 말이 없는 시간이 길어지고 어색한 침묵은 습관이 된다.

중독된 뇌는 감정을 회복하고 복원하는 능력, 즉 정서적 자기 조절력에도 무뎌진다. 누군가의 말에 상처받았어도 천천히 풀어낼 여유가 없다. 대화를 시도할 타이밍은 자꾸만 밀리고, 그사이 뇌는 다시 새로운 자극을 향해 움직인다. 감정은 응급 상황처럼 피드백을 원하지만 중독 상태의 뇌는 그것을 긴급하지 않은 일로 분류한다. 도파민은 정서적 복구에는 거의 작동하지 않는다. 그래서 도파민 회로가 우세할수록 감정은 빠르게 휘발되고 회복은 지난해진다. 결국 감정은 표현되지 않고 관계 역시 복구되지 않는다.

이런 구조 속에서 무반응은 흔하게 일어난다. 화도 안 나고 싸우지도 않는다. 하지만 눈빛을 피하고, 말투가 평평해지고, 감정의 교차점이 사라진다. 이전에는 작은 다툼 끝에 화해의 손길이 오갔지만 이제는 작은 제스처를 건네는 일조차 부담스럽다. 시간이 해결해 주지 않는 감정은 결국 시간을 먹고 더 단단히 굳어버린다. 특히 가족 관계에서는 침묵이 더 깊어지고 오래간다. 가족이기 때문에 '말 안 해도 알겠지'라는 오해, 적당히 넘어가자는 회피가 당연하게 여겨진다. 하지만 감정을 회복하지 않고 '건너뛰기'를 반복하면 결국 감정을 포기하는 상태로 이어진다. 가족 구성원은 서로를 피하지는 않지만 연결되지도 않는다. 이런 관계는 집 밖에 얼마든지 있다.

갈등보다 무서운 건, 회복할 수 없다는 믿음이 자라는 것이다. 말하지 않아도 되는 침묵이 아니라, 말해도 딱히 달라질 게 없다는 확신으로 하게 되는 침묵이 가족을 지배하며 관계는 조용히 해체된다. 중독의 진짜 후유증은 중독의 자극이 끝난 다음에 온다. 그들은 더 이상 싸우지 않는다. 기대하지 않는다. 실망지도 않는다. 감정을 쓰지 않기 때문이다. 해체는 고요하게 완성된다. 아무 일 없는 듯 나란히 앉아 각자의 화면을 들여다보는 풍경 속에서.

부부 싸움을 하고 난 뒤 짧게는 몇 시간, 길게는 며칠을 식식거리는 게 기본이었던 우리 부부는 이제 이혼할 듯 기세 좋게 싸우고도 화해를 하지 않는다. 그저 각자의 베개를 베고 눕는다. 아무 일 없다는 듯 쇼츠를 보다가 잠든다. 때 되면 풀린다는 걸 아는 17년 차 중견 부부이기도 하지만, 스마트폰에 중독되지 않았다면 결코 상상할 수 없을 장면이다. 방금 길길이 날뛴 사람과 한 침대에 눕기 어색해서라도 기를 쓰고 화해하던 시절과는 달라도 한참 달라졌다. 싸운 건 싸운 거고, 보던 콘텐츠는 마저 보아야 한다. 아직 못 본 드라마가 산더미다. 화해에 시간을 쓰기엔 밤이 짧아도 너무 짧다.

잠들지 않는 밤

불을 끄고 누운 뒤에도 눈은 여전히 바쁘다. 자정을 훌쩍 넘은 시각이지만, 뇌는 아직 잠들 준비가 되지 않았다. 자극은 낮보다 밤에 더 달콤하고, 도파민은 고요한 시간에 유독 활성화된다. 취침 시간은 갈수록 늦어지고, 뇌는 아침보다 피곤한 새벽을 학습하는 중이다. 스크롤의 포근함에 환호하는 밤. 우리는 언제부터 잠을 미루게 된 걸까.

한밤의 전기장판 위에서 시작되는 항해

밤 11시, 침대에 누워 스마트폰을 들었다. 물론 계획에 없던 일이다. 계획하지 않아도 매일 반복하는 일이다. 알람은 좋은 핑계다.

일찍 일어나려면 알람을 맞추어야 하고 알람을 맞추려면 스마트폰이 필요하다. 손 닿는 곳에 두고 잠을 청하면 될 텐데 스마트폰을 손에 '쥐고' 눕는다. 그 작은 차이가 많은 걸 바꾼다. 스마트폰을 본 지 어느덧 두 시간이 훌쩍 지났다. 스르르 잠들기를 기다리던 시절은 옛이야기다. 이제는 마음만 먹으면 새벽 서너 시도 즐겁게 맞이할 수 있다.

평소 즐겨보던 유튜브 채널에 새 에피소드가 올라온다. 전기장판 위에 누워 완벽하게 충전된 스마트폰을 든다. 이불 속 안온함과 짜릿함. 그 순간에는 남부러울 것이 없다. 하루 동안 힘들었던 일들, 오후 내내 마음에 걸리던 부정적 감정도 한순간 잊힌다. 이 순간만큼은 세상 모든 일이 남의 일이 되고, 나만의 천국에 도착한다. 영상 한 개, 두 개, 세 개… 시계를 보지 않기로 마음먹은 건 역시 현명한 선택이다. 몇 시인지는 중요하지 않다. 어차피 잠들기에는 늦었다. 더 보든 덜 보든 내일 피곤하긴 마찬가지니까.

한국인의 취침 전 평균 스마트폰 사용 시간이 길어지고 있다. 통계청의 「2024년 국민 생활시간 조사」에 따르면 여가 활동 중 스마트폰·태블릿·PC 등 전자기기를 이용하는 시간은 하루 평균 1시간 8분으로 단 5년 사이에 약 두 배로 늘어났다. 덕분에 한국인의 수면 시간이 처음으로 감소했다. 그 무엇으로도 줄어들지 않았던 수면 시간을 스마트폰이 움직였다.

'이건 꼭 봐야 해'라는 영상, '내가 이런 걸 좋아했나?' 싶은 영상, '댓글은 뭐라고 달렸을까?' 궁금한 영상까지 싹 다 챙긴다.

손가락이 멈추지 않고 우리는 피곤을 모른다. 도파민의 활약이다. 도파민이 속삭인다. '아직 재미있는 게 많아. 벌써 잠들긴 아쉽지 않아?' 딱 한 편만 더 보려던 유튜브는 꼬리에 꼬리를 물며 늘어나고, 오후 11시는 오전 1시가 되며 아침이 두려운 밤이 시작된다. 이는 단순한 수면 부족에 관한 이야기가 아니다. 스마트폰의 빛은 멜라토닌을 밀어내고, 온 가족의 생체 리듬을 조용히 침식한다.

생생히 깨어 있는 밤은 오직 나에게만 찾아오는 불청객이 아니다. 옆에 누운 남편의 스마트폰 불빛 역시 휘황찬란하고 고등학생 아들의 방문은 굳게 닫혔다. 그 방문을 열어버리면 서로에게 상처만 남을 것 같아 참는다. 도파민 가족에게 잠들기 전의 침대는 각자의 세계이자 피난처다. 피곤한 하루의 끝은 그렇게 서로 다른 차원에서 흘러간다. 가장 가까이 누워 있어야 할 시간에, 우리는 각자의 디지털 동굴 속으로 더 깊이 들어간다.

혼자라는 중독 – 애착이 끊긴 뇌, 도파민에 닿다

새벽 1시, 컴컴한 방 한구석의 침대에 누워 스마트폰을 들고 웃고 있는 사람이 있다. 문제는 없어 보인다. 새벽 3시, 여전히 스크롤이 멈추지 않는다. 내일 일어나려면 이제 정말 자야 하는데 자고 싶지 않다. 잘 수가 없다. 혼자 사는 삶은 생각보다 뇌에 큰 자유와 책임을 부여한다. 그 자유는 틈만 나면 중독으로 변한다.

한국의 열 가구 중 세 가구가 1인 가구다. 통계청의 2024년 발표에 따르면 전체 2229만 가구 중 약 804만 가구가 1인 가구이며, 이 중 20~30대 청년층의 비율은 34.63%로 앞으로 더 늘어날 것으로 보인다. 또한 65세 이상 노년층의 1인 가구 비율은 28.46%에 이르렀다. 청년층은 혼자 있는 시간에 빠르게 중독되고, 노년층은 혼자 있는 시간에 서서히 잠식된다. 속도는 다르지만 방향은 비슷하다.

왜 혼자 있는 시간이 길어질수록 중독에 더 쉽게 노출될까? 뇌의 보상 시스템이 본래 '관계'를 전제로 설계되었기 때문이다. 애착 이론을 처음 제안한 존 볼비는 "안전한 애착은 인간의 정서 조절을 위한 기초 회로"라고 말했다. 타인의 눈빛, 목소리, 기다림 속에서 형성된 안정 애착은 도파민 시스템을 정교하게 조율한다. 쉽게 들뜨지 않고, 쉽게 무너지지 않도록 말이다. 하지만 그 회로가 약한 사람일수록 감정의 불균형을 자기 안에서만 조절해야 하고, 결국은 자극의 외부 공급원(게임, 영상, 쇼핑, 술, 수면, SNS 등)을 찾아 나서게 된다.

1인 가구의 중독은 단순한 생활 습관 문제가 아니다. 관계를 통해 조절해야 할 감정이 디지털 자극으로 우회되면서 도파민은 점점 더 즉각적 만족 루트로만 흐른다. 애착은 반응을 기다리는 정서적 개념인데 중독은 반응을 즉시 충족시켜야만 하는 조급함이다. 그래서 혼자인 집은 안락한 쉼터임과 동시에 가장 위험한 실험실이다. 누군가의 눈빛이나 기다림이 사라진 자리에 끝없는 피드와 자동 재생 영상이 들어선다. 외로움을 달래려 컨 화면이 외로움을 더 깊게 각인하는 역설. 고립된 도파민 회로는 관계가 아닌 자극을 갈망하는 뇌를 만든다.

1인 가구가 쉽게 겪는 문제 역시 수면 불균형이다. 누군가와 함께 사는 사람은 어쩔 수 없이 일정한 생활 패턴을 갖게 된다. 출근 시간, 취침 시간, 식사 시간 같은 가족 구성원의 루틴이 일상을 조율한다. 하지만 혼자일 때는 늦게 자고 늦게 일어나도 누구 하나 지적하는 사람이 없다. 침대 위에서 유튜브를 몇 편 더 보고, 쇼츠를 빠르게 수십 개 넘기고, 게임의 '마지막 판'을 수차례 외치며 루틴을 잃는다. 문제는 다음 날이다. 비단 출근이 아니어도 몸은 고장 난 알람처럼 비틀린 생체 리듬을 되돌리지 못한다. 결국 혼자 하는 생활은 '자유'라는 이름 아래, 가장 쉽게 무너지는 루틴의 실험장이 된다.

도파민은 규율의 실종을 기회 삼는다. 늦은 밤, 화면 속 짧고 강한 자극은 수면을 지연시키고 다음 날의 감정 조절력을 무너뜨린다. 수면의 무너짐은 피로로 이어지고 피로는 다시 강한 자극을 갈망하게 만든다. 그렇게 뇌는 도파민 악순환을 거듭한다. 실제로 스탠퍼드대학교의 연구팀은 청소년이 밤 12시 이후까지 스마트폰을 사용할 경우, 다음 날 충동 조절 능력이 평균 30% 가까이 떨어진다고 보고했다. 피곤해서 더 예민해지고, 예민해서 더 짧고 강한 자극을 찾고, 그렇게 다시 잠을 미루는 악순환. 침대 위 불빛 하나가 온종일 뇌의 리듬을 무너뜨린다.

심리학자 브루스 K. 알렉산더는Bruce K. Alexander는 "중독은 약물 때문이 아니라 단절 때문"이라고 말했다. 그가 사이먼프레이저대학교의 동료들과 진행한 '쥐 공원 실험Rat Park Experiment'은 중독에 관한 고전적인 동물 실험으로, 중독이 환경과 사회적 요인에 큰 영향을 받는다는 것을 밝혔다. 쥐 공원 실험 전까지 마약 중독 연구는 좁고 고립된 우리 속에 쥐들을 가두고, 이 쥐들이 마약 물만 마시는 이유가 마약이 본질적으로 중독성이 매우 강하기 때문이라고 여겼다. 하지만 알렉산더 박사는 넓고 쾌적한 환경에 다른 쥐들, 장난감, 먹이까지 제공했을 때 쥐들이 마약 물을 거의 마시지 않는다는 사실을 발견했다. 중독에는 외로움과 환경 결핍 같은 사회적·심리적 요인의 영향도 크다는 것을 보여준다. 인간도 마찬가지다. 고립된 환경에서 뇌는 자연스럽게 쾌락에 집착하고 단절된 애착 회로는 중독을 조절할 능력을 잃어버린다.

잠은 멈춤이자 회복이다

수면은 뇌의 회복 시간이다. 수면 중 뇌는 낮 동안 쌓인 감정과 기억을 정리하고, 다음 날 사용할 에너지를 재배치한다. 하지만 이 회복 과정은 잠들고 90분 후 깊은 수면 단계로 진입해야만 본격적으로 작동한다. 스마트폰 화면은 숙면으로의 진입을 방해한다. 푸른빛은 뇌가 밤을 낮이라고 착각하게 만든다. 멜라토닌은 분비되지 않고, 도파민은 계속해서 더 보라고 유혹한다.

잠들지 못하는 밤이 반복되면 가족 모두가 피로한 아침을 맞는다. 밤엔 각자 스마트폰을 보느라 늦게 자고, 아침엔 다 같이 피곤해하고, 낮엔 집중력이 떨어지고, 저녁엔 각자의 기기로 피로를 해소한다. 같은 패턴, 같은 후회, 같은 이유, 그리고 같은 중독이다. "졸려", "오늘 아침은 대충 먹자"의 반복이다. 짜증은 기본이고 집중력은 당연히 기대할 수 없다.

하지만 안타깝게도 밤이 되면 다시 똑같은 루틴이 반복된다. '오늘은 일찍 자야지'라는 다짐은 저녁이 되면 '오늘 하루 힘들었으니까 조금만 더 쉬자'로 바뀐다. 자기합리화의 도미노다. 다음 날도 피로는 그대로다. 단순한 수면 부족이 아니라 뇌의 구조적 피로다. 수면 부족이 누적될수록 뇌의 전전두엽 활동이 저하되어 충동 억제력이 무너진다. 결국 '더 자야 한다'는 이성은 꺼지고, '더 보고 싶다'는 본능만 남는다. 뇌는 이미 알고 있다. 내일은 또 피곤하리라는 걸.[1]

『우리는 왜 잠을 자야 할까』에서 매슈 워커 교수는 수면 부족이 감정 조절, 기억력, 학습 능력에 미치는 파괴적인 영향을 반복해서 강조한다. 잠들지 않는 밤이 단순한 수면 부족 문제가 아니라는 사실을 깨달으려면 오랜 시간이 걸린다. 문제는 늦게 자는 게 아니다. 끊임없이 화면을 들여다보는 행동이 우리 뇌가 해야 할 중요한 작업, 정리와 회복을 방해하고 있다는 점이 문제다. 도파민 과다 소비에 시달린 뇌는 쉴 틈을 주지 않는다. 마치 종일 쌓인 파일을 정리해야 할 컴퓨터가 밤새도록 광고 팝업 창을 닫느라 본업을 하지 못하는 것과 같고, 식당의 설거지거리가 가득 쌓여 있는데 새로운 손님을 받는 것과 같다. 접시는 쌓이고, 싱크대는 막히고, 주방은 점점 감당할 수 없는 상태에 빠진다.

수면은 멜라토닌의 무대여야 한다. 도파민이 떠난 자리에 멜라토닌이 조용히 내려와 몸과 마음을 진정시켜야 한다. 그런데 도파민 과잉은 멜라토닌의 역할을 완전히 무력화시킨다. 자동 재생 기능, 하이라이트 영상, 놓치면 손해인 콘텐츠들이 멜라토닌의 출입을 막는다. 결국 우리는 몸은 피로하지만 머리는 여전히 깨어 있는 상태로 얕은 잠에 뒤척이고, 다음 날 아침 피로와 함께 간신히 눈을 뜬다.

그런데 여기 주목할 만한 사례가 있다. 서울대학교 수의과대학에 최초 합격한 학생의 이야기다. 그 학생의 어머니는 입시 내내 "일찍 자라"는 말을 하지 않았다. 밤 11시가 되면 와이파이 공유기가 꺼지도록 설정해 두었을 뿐이다. 이 기능 하나로 조용히 실행된 규칙. 아이는 수면 시간을 충분히 확보했고 건강한 리듬을 유지했다. 강요하지 않아도 잠을 자는 삶. 심심해서 잠든 밤은 진짜 회복과 성장의 밤이었다. 와이파이 공유기가 꺼졌다는 이유만으로 좋은 성과를 냈다고 말하는 것은 아니다. 다만 충분한 수면 시간의 확보는 정서와 집중력에도 영향을 미친다. 1분이라도 더 자고 싶어서 아침밥을 거르려는 아이와의 실랑이 역시 줄어들 테고 말이다.

밤은 휴식의 시간이다. 멜라토닌이 도파민에게 내준 자리를 되찾도록 돕는 것이 우리가 가족으로 함께 리듬을 맞추어 나가는 시작점이다. 스마트폰을 내려놓고, OTT의 자동 재생 버튼을 끄고, 가족과 함께 고요한 밤을 보내는 상상을 해보자. 생각보다 쉽게, 더 많은 것을 되찾아줄지도 모른다. 멈추는 법을 배울 때, 우리는 깊은 밤과 맑은 아침을 되찾을 수 있다. 우리는 충분히 피곤했고 이제는 자도 된다. 나도 이제는 정말 좀 자야겠다.

정보
중독

찾아내야만 안심하는 요즘 부모들

하루에도 수십 번 검색창을 들여다본다. 아이 키 크는 법, 영어학원 비교, 수학 문제집 선택 기준까지. 아이는 옆에 있는데 부모의 눈은 화면 속 정보만 쫓는다. 불안은 정보를 먹고 자라고, 정보는 도파민을 먹이 삼는다. 알게 되면 불안이 줄어들 줄 알았는데 아는 게 많아질수록 더 불안해진다. 결국 부모는 '더 좋은 부모가 되는 법'을 찾느라 눈앞의 아이를 놓친다.

성적은 장비빨, 아이템 전쟁

1. 영유아기: 육아템 정글에서 살아남기

전쟁은 출산 전부터 시작된다. SNS 속 육아 고수들이 말한다.

"신생아는 이 수유등이 없으면 안 돼요", "신생아 때부터 오감을 자극해 줘야 해요", "백일 전에 이 제품 안 사면 손해예요". 정보의 홍수 속에서 '육아템 바벨탑'이 쌓여간다. 젖병 소독기, 아기 체온계, 모빌, 수면 조끼, 회전형 유모차까지. 심지어 신생아용 두뇌 발달 매트라는 것도 있다. 뭘 사도 부족할까 봐 불안하고, 안 사면 아이를 망치는 것 같아 두렵다. '육아는 장비빨'이라는 말은 이제 농담이 아니라, 불안을 진정시키는 자기 암시가 되었다. 아이의 성장보다 부모의 불안을 위한 소비. 한 아이의 방은 그렇게 작은 창고가 된다.

2. 유아기: 발달을 '보완'하는 아이템들

아이의 말이 늦자 누군가가 귓속말한다. "요즘엔 언어 자극해 주는 장난감 필수야." 놀이보다 학습에 가까운 블록, 카드, 음성 인식 로봇이 집 안에 하나둘 늘어난다. 유아용 어휘력 교재에 '5세 필수 어휘 200선'이 적혀 있고, 놀이방엔 'EQ 발달 퍼즐'이 쌓여간다. 아이템 하나에 부족함을 느끼면 부모는 그 공백을 또 다른 아이템으로 메운다. '이걸로 안 되면 저걸로'의 루프. 아이는 관심보다 물건을 더 자주 마주하고, 부모는 아이의 표정보다 장바구니 속 주문 목록을 더 자주 점검한다.

3. 초등 시기: 준비물 대신 필수템

학교에 입학하면서 본격적인 아이템 전쟁이 열린다. 책가방은 명품 브랜드여야 하고, 필통은 최근 유행인 재질, 연필은 손에 딱 잡히는 육각 HB, 독서대는 자세 교정형. 가방 속을 채운 건 학용품이 아니라 부모의 불안이다. 여기에 '집 공부 필수템'이라는 이름의 아이템이 합류한다. 독서실 분위기 나는 LED 스탠드, 자세 교정 의자, 책상 타이머, 초등 공부법 유튜브 채널 구독까지. 어느새 아이의 방은 학습 무기들로 채워진다. 그 모든 장비 뒤에는 "우리 애만 준비 안 한 것 같아서요"라는 불안한 진심이 깔려 있다.

4. 중고등 시기: 실력보다 전략, 전략보다 장비

학년이 올라갈수록 전쟁은 치열해진다. 기출 분석 노트, 단권화 플래너, 소음 차단 이어폰, 오답 노트 앱, 수능용 집중력 향상 의자까지. 실제 공부보다 공부를 위한 준비에 더 많은 시간을 할애한다. 본격적인 필기구 전쟁이 시작되는 시기도 이때쯤이다. 그립감이 뛰어나면서도 샤프심이 잘 부러지지 않아 수학 문제를 풀기 최적화된 샤프, 잉크 찌꺼기와 번짐 없이 깔끔한 필기가 가능한 삼색 볼펜까지. 고가의 기능성 필기구들은 각국에서 제작된 후, 대한민국 중고생들의 필통을 채운다.

5. 입시 직전: 불안의 마지막 쇼핑

대학 입시를 앞둔 고3 부모의 스마트폰엔 쇼핑몰과 입시카페가 나란히 열려 있다. 컨디션 조절 보조제, 수능 전날 먹는 영양죽, 시험장에 가져갈 보온 도시락통까지 비교 검색한다. "다른 집 애는 저거 챙긴다더라"는 말에 다시 장바구니가 열린다. 입시의 끝자락에 남는 건 아이의 실력보다 부모의 체력과 물류 관리 능력이다. 정작 아이는 "엄마, 그냥 가만히 좀 있어줘"라고 말한다. 하지만 불안은 멈추지 않는다. 부모는 아이가 뭘 필요로 하는지보다 자신이 덜 불안하기 위한 준비를 하기 바쁘기 때문이다.

학교/학원 커리큘럼 비교 정보

"이 학원 커리큘럼 너무 빠른 거 아닌가요?" "요즘 초등 몇 학년 때 수학 선행하나요?" 질문은 조심스럽지만 대답은 빠르고 정확하다. "거긴 4학년 겨울부터 시작해야 타이밍 안 놓쳐요." "그 선생님은 문제 풀이보다 개념 설명에 강해요."

　단체 채팅방에는 학원 이름, 수업 시간, 강사의 별명과 특기까지 줄줄 올라온다. 정보 공유라는 구실이지만, 사실은 불안을 공유하는 것이다. 다들 안다. 이 정보 대부분이 내 아이에게 당장 필요하지 않다는 걸. 하지만 정보를 놓치면 '나만 모르고 있는 것 같아서' 한없이 불안해진다. 누군가가 "이번엔 이 강사가 떴대요" 말 한마디만 하면, 아이의 공부 계획은 순식간에 재편성된다. 도파민은 이 순간을 놓치지 않는다. 불안을 자극으로 바꾸고, 자극을 클릭으로 이어지게 한다. 부모는 공부가 아니라 불안에 중독되어 끝없는 정보의 늪에서 허우적거린다.

대치동 어느 카페, 한 엄마가 숨도 안 쉬고 이야기한다. "거긴 실전 모의고사 식으로 굴리고, 여긴 응용이 약해요. 진도는 빠른데 깊이는 떨어진다고 하더라고요." 옆자리에서 고개를 끄덕이던 또 다른 엄마는 이렇게 덧붙인다. "맞아요. 저 선생님은 5학년 진도까지 나간 다음에 들어요." 놀라운 건 그 대화 내내 등장한 인물은 전부 학원 강사였고, 빠진 건 아이였다. 아이가 요즘 무슨 고민을 하는지, 어떤 감정 상태인지, 무엇에 강하고 무엇에 취약한지에 관해서는 궁금해하는 이가 없다.

비교는 이미 레이스가 되었다. 내 아이가 어떻게 배우고 있는지는 더 이상 중요하지 않다. 중요한 건 다른 아이가 어디까지 갔는가, 내가 뭘 모르고 있는가가 되었다. 정보는 선생터의 무기처럼 소비된다. '최상위반 커리큘럼'이라는 단어만 들어도 긴장하고, 다른 집 아이가 선행 학습을 어디까지 끝냈다는 소식에 심장이 내려앉는다. 불안은 디테일에 강해진다. 누가 어디까지 진도를 나갔고, 어떤 교재가 대세인지, 이번 학기 몇 번의 테스트가 있는지까지 그 모든 걸 알아야만 유리할 거라는 강박이 멀쩡한 부모들을 학원 정보 중독자로 만든다.

정보들은 아이를 가린다. 엄마가 아이 대신 커리큘럼을 읽고, 진도를 예상하고, 교재의 난도를 평가한다. 정보 경쟁에서 살아남아 온갖 교육 프로그램을 들이미는 부모로 인해 아이는 자기 속도를 잃는다. "요즘 집중이 잘 안 되는 것 같아요"라고 하소연하는 아이와 "시험이 가까워졌는데 왜 이렇게 멍해?"라고 묻는 부모. 그럴 수밖에 없다. 아이는 공부가 아니라 부모의 불안한 호흡을 따라잡느라 가지고 있는 모든 에너지를 소모한다.

정보는 무기가 될 수 있다. 하지만 방향 없이 휘두르는 무기는 오히려 아이를 상처 입힌다. 수십 개의 커리큘럼과 강사 프로필을 외우기 전에 아이의 하루를 묻는 일이 먼저여야 한다. 함께한 시간이야말로 어디에서도 찾을 수 없는, 관계 속에서만 얻을 수 있는 진짜 정보다. 그리고 그 정보가 단 하나의 맞춤형 커리큘럼이다. 아이의 표정, 대답 사이의 머뭇거림, 잠자리에 들기 전 흘리는 한숨 같은 것들이야말로 어떤 학원 설명회에서도 들을 수 없는 신호다. 그런 것까지 신경 쓸 여유가 없다고? 부모가 얻어낸 정보가 아이의 속도, 성적에 비례한다면 입시에 실패는 없어야 한다. 그런데 정말, 그런가?

정보를 위한 정보, 불안을 잠재우는 검색

새로운 검색 결과를 확인하는 순간마다 뇌는 작은 보상을 받은 듯 도파민을 분비한다. 그 짧고 강한 안도감 때문에 부모의 손가락은 멈추지 않는다. 아이를 위한 검색처럼 보이지만, 부모 스스로의 불안을 달래는 도파민 자가 처방이다. 검색은 공부가 아니라 진통제, 불안을 지연시키는 즉각적 위안의 루틴이 된다.

처음엔 아이에게 맞는 학원을 찾기 위해 검색을 시작했다. 딱

거기까지만 하려 했다. 그런데 이상하게 손가락이 멈추지 않는다. "초등 3학년이면 이 학습지를 시작해야 하나요?", "요즘 부모들이 꼭 알아야 할 필수 앱 5선", "안 보면 손해인 방학 일정 관리법". 궁금했던 건 딱 하나였는데, 알아야 할 정보가 셀 수 없이 늘어나 있다. 하나를 알아냈는데 열 가지를 놓친 것 같은 기분. 알고 나서 더 불안해지는 고장 난 공식이다.

아들의 대학 입시를 앞둔 내 사정은 어떨까. 잠잘 시간이 없다. 틈만 나면 입시 카페와 입시 관련 오픈 채팅방을 드나들며 자료를 다운로드하고, 정보를 얻고, 궁금했던 것들을 해결하고, 처음 들어본 내용을 공부한다. 원고 작업용 컴퓨터의 바탕화면에는 '입시'라는 이름의 폴더가 생겼고, 폴더 안에는 돈 주고도 못 구할 입시 정보들이 PDF 파일로 촘촘히 담겨 있다. 이것 중 내가 실제로 한 번이라도 열어 본 파일은 절반이 안 되고, 열어 본 절반의 파일 중 어떻게 활용할지 몰라 바로 다시 닫아버린 파일이 또 절반이다. 입시가 끝날 때까지 안 열어 보겠지만, 입시가 끝나도 아까워서 삭제하지 않을 것이 분명하다.

학부모의 71%가 온라인 커뮤니티와 SNS를 통해 사교육 정보를 얻는다. 수치는 계속해서 오를 것이다. 그중 절반 이상은 "정보가 너무 많아 오히려 불안하다"는 부정적 경험을 했다. 실제로 아이와 함께 보내는 시간보다 학부모 개인의 정보 탐색 시간이 더 길어졌다는 분석도 나왔다.

문제는 이것이 단순한 정보 탐색이 아니라는 점이다. 예방주

사처럼 미리 맞는 불안의 백신이고, 더 정확히는 예방적 불안 때문에 일어나는 현상이다. 나만 빼고 모두가 알고 있을지도 모른다는 생각에 정보는 안심을 주기는커녕, 새로운 불안을 낳는다. 불안은 '지금 충분한지'보다 '혹시 부족하지 않은지'를 기준으로 움직인다. 학부모의 스마트폰은 늦은 밤까지 꺼질 줄을 모른다.

정보는 결정을 돕기 위해 필요한 도구였다. 하지만 정보 과잉 시대의 정보는 명확한 판단과 결정을 이끌기보다 유예하게 만든다. 지금 당장 선택하지 않기 위해, 더 좋은 선택이 있을지도 모른다는 불안에, 혹은 최악을 피하고 싶어서 계속 정보를 탐색한다. 선택 대신 검색, 결정 대신 수집을 한다. 아이가 자라는 만큼 부모의 불안도 자란다. 아이가 필요로 하는 것은 언제나 단순하고 구체적인데, 부모가 마주하는 정보는 점점 더 복잡하고 추상적이다. 누가 아이를 키우고 있는 걸까? 부모인가, 아니면 교육에 관한 정보인가? 아이의 시간은 흘러가는데, 부모의 시선은 아직도 스마트폰 화면에 머물러 있다. 아이의 성장을 돕기 위한 정보가 이젠 부모의 불안을 달래는 자가 위안 루틴이 되었다.

정보 과잉 효과로 인한 선택 마비

정보는 다다익선이라고들 한다. 언젠가 도움이 될 것 같아 저장한 파일들, 밑줄 그어 놓은 책, 형광펜으로 표시한 자료들이 책장과 컴퓨터 바탕화면을 꽉꽉 채우고 있다. 그런데 막상 그 책이 필요할 때는 어디에 꽂혀 있는지 알 수 없다. 그렇다. 과잉 정보 속에서 나는 길을 잃어버렸다. 산더미 같은 지도를 든 채로 길을 잃은 여행자처럼 더 많은 정보가 더 나은 길을 보여주리라 믿지만 오히려 방향을 잃는다. 심리학에서는 이를 '선택 마비choice paralysis'라고 부른다. 옵션이 많아질수록 사람은 결정을 회피하거나 유예한다. 교육, 학원, 교구, 진로, 캠프, 체험 학습까지. 선택지는 넘치지만 선택한 것은 없다. 부모들은 자꾸 묻는다. "다들 몇 학년 때 영어 시작하나요?" "수학 선행은 어느 정도가 적당할까요?" 하지만 그 질문엔 정답이 없다는 사실을 질문하는 이조차 알고 있다. 결국 어떤 결정을 내려도 '혹시 다른 선택이 더 좋았던 건 아닐까'라는 의심은 피할 수 없다.

더 많은 정보가 더 좋은 선택을 보장하진 않는다. 정보 과잉이 인지 부하를 증가시키고, 집중력과 기억력을 저하시킨다. 중요한 건 정보를 모으는 능력이 아니라 정보를 걸러내는 감각이다. 그러나 정보 선별 감각은 화면 안에서 길러지지 않는다. 불안을 안고 검색을 멈추지 못하는 뇌는 아이를 보는 대신 스크린 속 데이터와 싸운다. "다른 엄마들은 어떻게 했나요?" "후기가 더 좋은 데가 어디죠?" 누군가 지나간 길을 따라 걷는 것이 더 안전해 보인다. 하지만 그 길이 내 아이에게도 안전한 길일지는 장담할 수 없다. 부모가 불안해서 시작한 검색이 결국엔 아이의 성향이나 필요와는 무관한 '상위 노출된 콘텐츠'와 '베스트 후기' 속에서 끝나버린다. 아이를 향했던 시선이 알고리즘을 따라 흐르고 있다.

도파민 가족에게 정보는 도구가 아니라 목적 자체다. '지금 아이에게 필요한 것'은 물론이고 '다음에 줄 수 있는 더 나은 것'을 찾아 부모의 뇌는 오늘도 풀가동 중이다. 정보는 자녀 교육의 지도여야 하는데, 이제는 부모가 중독적으로 탐닉하는 목적지가 되었다.

쌓이는 정보, 사라지는 생각

전형적인 정보 중독 엄마인 나는 원고 작업의 바쁜 시간을 쪼개어 그놈의 대치동 학원 설명회로 향한다. 형광펜을 들고 밑줄을 치고 필기에 열을 올리는 것도 모자라 배부받은 유인물에 실리지 않은 내용은 꼼꼼하게 촬영한다. 그렇게 서너 시간을 훌쩍 보내고 돌아온 날이면 피곤함을 못 이겨 배달 앱을 뒤적거리고, 낮에 못 마친 원고 작업을 수습하느라 벌건 눈으로 모니터 앞에서 졸기 일쑤다. 심지어 어떤 날은 설명회 앞자리에 앉아 30분 넘게 조는 바람에 정작 듣고 싶었던 내용을 지나치기도 했다.

문제는 설명회 이후다. 허리를 뒤틀어가며 받아 적은 학원 자료와 정성스럽게 찍은 사진들은 지금 어디에 박혀 있는지 모르겠다. 책장에 쑤셔져 있다가 아이의 수능이 다 끝난 어느 이삿날, 무참한 쓰레기 더미와 함께 버려질 게 분명하다. 아이가 필요로 하는 건 엄마의 빈틈없는 정보가 아니라 학교와 학원에서 지쳐 돌아온 밤에 귀담아 들어줄 '엄마'라는 존재 그 자체였을지도 모른다. 내가 열심히 모은 건 정보가 아니라 불안의 증거물이었다. 아이를 위한 공부라 믿었지만 나만의 도파민 루틴이었음을 인정할 수밖에 없다. 그리고 그런 나에게는 나처럼 설명회에 참석한 후 자료를 안고 돌아가는 다른 엄마들이 가장 큰 위로였다.

내가 요즘 자주 찾는 대치동 학원 설명회장에는 늘 같은 얼굴들이 있다. 혹시라도 놓친 정보가 있을까 봐, 중요한 타이밍을 날릴까 봐 거의 모든 설명회를 빠짐없이 챙기는 부모들이다. 설명회를 마치고 내려오는 엘리베이터 안에는 "정보만 많으면 뭐 하나? 애가 공부를 안 하는데…"라는 푸념이 빠지지 않는다. 그러면서도 다음 주 설명회 일정을 챙긴다. 공부를 하는 건 아이인데 불안은 부모가 감당해야 한다.

정보는 생각을 돕는 존재여야 하는데 지금은 생각할 에너지를 온통 정보 수집과 정리에 쏟는다. 정보를 모으는 일 자체가 무언가 열심히 노력한 증거라는 착각을 불러일으키지만 실제로는 아무 판단도, 아무 변화도 없는 상태다. 학습보다 '탐색 중독'에 가깝다. 생각하는 대신 스크롤을 넘기고, 판단하는 대신 저장 버튼을 누르며 하루가 지나간다. 정보는 차곡차곡 쌓이는데 실제 정보량과 인사이트의 성장은 기대하기 어렵다.

사람들은 정보를 활용하기보다 찾는 행위 자체에 중독된다. 교육 콘텐츠에 "이거 정말 꿀팁이에요" 한마디가 나오면 열렬히 반응하며 저장해 두지만, 그것을 다시 꺼내어 정리하거나 복기해 우리 아이에게 어떻게 적용할지는 따져보지 않는다. 그 정보는 '찾았다'라는 이유만으로 뇌의 보상 회로를 충분히 만족시켰기 때문이다.

이런 상태에서 정보는 당연히 결정의 도구가 아니게 되었고, 결정 회피의 핑계가 된다. 도파민 시스템은 끝맺음보다 '계속'을 부추기기 때문에 뇌는 언제나 다음 정보를 향해 가속한다. 필요한 정보를 찾았는데도 또 다른 영상, 또 다른 글에 손이 가는 이유다. 와중에 정보는 더 자극적이 되어 간다. '필수', '손해', '꿀템', '꿀팁' 등 소비를 자극하는 몇 가지 키워드에 사로잡혀 진지한 고려 없이 소비를 반복한다. 정보의 연결보다 키워드 중심의 소비가 이어지고, '왜 이 정보가 필요했는지'보다 '요즘 어떤 교재, 어떤 수업이 핫한지'에 반응하게 된다. 결국 정보의 항해에 지친 부모는 온라인 속 누군가의 추천을 즉흥적으로 따라가는 맥락 없는 선택을 한다. 물론 이 선택은 '선택'이라 보기 어렵다.

정서적 소비

가짜 만족감에 길들여진 가족

기분이 울적하면 장바구니를 채운다. 옷, 간식, 새 취미 용품까지. 필요한지보다 '사는 순간'이 중요한 소비. 가족 모두가 각자의 방식으로 물건에 감정을 맡기기 시작했다. 도파민은 클릭 한 번에 반응하고, 뇌는 찰나의 쾌감을 위로로 착각한다. 그런데 정말 필요한 걸 산 걸까, 아니면 잠깐의 감정을 덮을 무엇인가를 고른 걸까.

친애하는 장바구니를 소개합니다

쇼핑의 이유가 필요가 아닌 기분 전환이었던 경험, 모두에게 있다. 특히 도파민 가족은 유튜브 쇼츠, 인스타그램 릴스 등 짧고 빠른 콘텐츠에 익숙한 만큼, 쇼핑에서도 자극적인 타이틀과 번쩍이는 이미지에 빠르게 반응한다. '3만 원 이상 구매 시 선물 증정', '오늘 안에 사야 이 가격!'이라는 문구는 도파민 회로를 자극하기에 충분하다. 이때의 소비는 합리적 판단의 결과가 아니다. 자극에 끌려간 선택이다. 오늘날 쇼핑은 물건을 고르는 과정이 아니라 나를 위로하고 싶은 감정을 다루는 제어 방식이 되었다.

육아 스트레스로, 교육에 대한 불안감으로 폭주했던 불필요한 쇼핑을 모든 부모가 경험한다. 당사자로서 나의 장바구니를 공개한다. 2025년 7월 21일, 내 쿠팡 장바구니엔 다음의 물건들이 담겨 있다.

1. 컵 정리용 2단 선반: 잘 쓰고 있는 멀쩡한 선반이 있지만 이 선반은 달라 보인다. 딱히 불편하지 않던 기존의 선반이 갑자기 마음에 안 들기 시작했다. 삶이 좀 구질구질하게 느껴질 때 가장 먼저 시도할 수 있는 것이 이 정도 사치이기 때문일지도 모른다.

2. 풀이 필요 없는 3D 인조 속눈썹: 기분을 좀 내고 싶은 날 붙여 보겠다는 핑계로 담았다. 두세 번 붙이고 서랍에 처박힐 게 분명하지만 뻔히 알면서도 장바구니에서 삭제하지 못한다.

3. 온열 안대 눈 찜질팩 스팀 아이 마스크: 눈 위에 올려두기만 해도 피로가 풀릴 것 같다. 사실 매일 원고에 시달리는 눈에 필요한 건 스마트폰 사용 시간 줄이기와 충분한 수면 시간 확보다. 아무래도 그건 안 될 것 같아 '대체 감각'을 찾았다.

4. 뽑아 쓰는 키친 타올: 찬장 맨 위 칸에 뜯어 쓰는 키친 타올이 다섯 롤이나 남아 있는데도, '뽑아 쓰는'이라는 말에 끌린다. 나의 삼시세끼가 조금 더 부드러워질 것 같다는 별 근거 없는 확신이 생긴다.

5. 크림 가득 곤약 젤리(망고맛): 식단을 조절해 보겠다는 결심은커녕 저녁마다 떡볶이를 해먹는 주제에, '곤약'이라는 단어에 안도하며 담아둔다. 입은 적당한 자극을 원하고, 뇌는 '건강한 선택'을 했다는 자기 위안 중이다. 물론 제아무리 곤약이라도 어림도 없다.

이 장바구니는 기분이 복잡했던 어느 날들의 감정 기록표에 가깝다. 필요해서가 아니라 위로받고 싶어서 담았던 것들. 여러 일들이 한꺼번에 몰아쳐 숨이 턱까지 찼던 날, 나도 모르게 장바구니에 담은 컵 선반. 하루가 다르게 처지는 눈꺼풀이 신경 쓰여 기분이 가라앉던 날, 붙이지도 않을 텐데 찾아본 인조 속눈썹. 일은 많은데 잠은 부족했던 날, 충동적으로 검색해서 본 안대. 결국 주문할지 안 할지도 모르지만, 클릭 몇 번으로 그날의 기분을 잠깐이라도 덜어냈던 흔적이다.

오늘의 하이라이트

등교하던 아이가 쿠팡 특유의 연회색 택배 봉지 두 개를 발견하고 현관 안으로 넣어준다. 그 발짓 한번 끝내주게 다정하다. 오늘도 어김없이 새벽 배송이 도착했다. 현관의 운동화들 사이에 놓인 봉지 두 개를 한참 노려본다. 저게 뭐였더라. 어젯밤, 최종적으로 주문한 게 뭐였더라. 이 묵직한 놈은 올리브 오일이었나, 디퓨저였나. 가벼운 요놈은 큰애 여름 양말이었던 것 같기도 하고, 나의 러닝용 스포츠 브라였던 것 같기도 한데 가물가물하다. 건망증 때문만은 아니다. 요즘 나는 훈제 닭가슴살을 사러 들어간 쇼핑몰에서 유기농 블루베리를 주문하고, 치약을 주문하려다 차량용 방향제를 산다.

멍청한 소비의 원인을 굳이 찾자면, 역시나 이번에도 도파민의 짓이다. 도파민은 물건을 실제로 받았을 때보다, 고르고 비교하고 장바구니에 담고 쿠폰을 적용해 결제를 누르기 직전, '곧 가질 수 있다는 기대'에 가장 강하게 솟구친다. 그래서 막상 택배 상자를 열었을 땐 생각보다 싱겁다. 상자를 뜯는 순간보다 전날 밤, 가격 비교 사이트를 오가며 '득템'을 좇던 시간이 훨씬 짜릿했다. 심리학자들이 말하는 '쾌락의 전진 효과pleasure of anticipation'가 바로 이 장면이다. 결국 내가 중독된 건 올리브 오일도, 디퓨저도, 양말도 아니라, 곧 가질 수 있다는 기대감이었다.

문제는 절정의 순간이 너무 짧다는 것이다. 전날 밤의 나는 그 물건이 없으면 큰일이라도 날 것처럼 조급하고 비장했지만, 다음 날 아침의 나는 주문한 물품이 무엇이었는지도 기억하지 못한다. 배송이 완료되었을 땐 이미 가파르던 감정의 파도가 지나간 뒤이기 때문이다. 전날 밤에는 그렇게 탐스러워 보이던 물건이 아침이 되자 당장 없어도 큰 상관없는 '예쁜 쓰레기'가 되었다.

MIT 행동경제학 연구팀의 분석에 따르면 디지털 소비자의 도파민 분비가 최고조에 달하는 시점은 구매 확정 직전 10초 이내라고 한다. 그 만족감은 평균 43분 이내에 급락하는 패턴을 보인다. 겨우 43분을 위해 지출한 돈과 에너지를 떠올리면 어이없기까지 하다. 연구팀은 이 현상을 '보상 기대anticipated reward'와 '실질 보상actual reward' 사이의 괴리에서 비롯된다고 설명했다. 결국 우리는 사기 위해 사는 것이 아니라, 고르기 위해 산다. 물건을 선택하고 상상하며 쾌감을 느끼는 동안만 뇌는 열정적으로 반응한다. 그래서 고르고 비교하는 시간이 길수록 반품률과 후회 지수도 함께 높아진다. 기분 좋아지려고 산 물건이 오히려 죄책감과 혼란을 유발하기 때문이다.

이런 반복은 뇌를 조금씩 바꿔놓는다. 외로우면 앱을 열고, 지치면 장바구니를 채운다. 결제 후 느껴지는 허전함은 다음 소비를 예고하는 신호가 된다. 이를 '기분 기반 소비'라고도 한다. 문제는 기분 기반 소비 구조에 익숙해진 뇌는 점점 더 빠른 보상에만 반응하게 된다는 것이다. 감정을 감지하고 조절하는 능력은 퇴화하고, 클릭으로 기분을 덮는 루틴만 강화된다.

진짜 필요한 건 소비를 단속하는 의지가 아니다. 내 감정의 리듬을 다시 읽어내는 감각이다. 언제 결제했는지, 어떤 기분으로 샀는지 되돌아보면 비정상적인 패턴이 드러난다. 유난히 외로웠던 금요일 밤에 쓸 일도 없는 키링을 장바구니에 담았고, 화가 나 있던 어느 날에는 온갖 향의 캔들을 사들였다. 스트레스가 잔뜩 쌓인 날일수록 필요하지 않은 물건을 꼭 사야만 했다. 나는 물건이 아니라 기분을 결제했다. 소비가 오늘 하루의 하이라이트가 되기 시작하면, 이상을 감지해야 한다.

그들의 마케팅 전략

넷플릭스 다큐멘터리 〈지금 구매하세요: 쇼핑의 음모〉는 소비자의 심리를 정교하게 조작하는 마케팅 전략을 폭로한다. 이 다큐멘터리에서 전문가들은 "지금 사야 이득", "매진 임박" 같은 메시지가 도파민 회로를 자극해, 합리적인 판단을 하기 전에 구매 버튼을 누르게 만든다고 말한다. 한 인터뷰이는 "아무것도 필요하지 않았는데 클릭 몇 번 만에 7개의 상품을 주문했어요. 그때는 행복했는데 받고 나니 허무했어요"라고 말한다. 도파민 시스템의 반응성을 보여주는 생물학적 현상이다.

마이클 샌델의 저서 『돈으로 살 수 없는 것들』 속 문장도 떠올려 보자. "시장 논리가 삶의 모든 영역에 스며들 때, 우리는 진정으로 소중한 것이 무엇인지를 잊게 된다." 문제는 단지 우리가 물건을 산다는 것이 아니다. 어떤 가치든 돈으로 사야만 의미 있는 것처럼 느껴지는 감각이 우리 안에 자리 잡았다는 데 있다. 예컨대 생일 선물이 얼마짜리였는지로 평가되고, 여행의 기억보다 몇 성급 호텔이었는지가 더 많은 반응을 얻는다. 마케팅은 이 허상을 더욱 공들여 연출한다. 진짜 감정이 아니라 감정처럼 보이도록 설계된 소비를 반복하게 만들고, 그렇게 우리는 돈으로 살 수 없는 것까지 구매하려 든다.

의류 플랫폼이 추천하는 '너를 위한 스타일'은 사실상 '너의 도파민을 자극할 목록'이다. 우리는 옷을 입기 위해 구매한다고 믿지만, 실은 '사는 감정'을 느끼기 위해 옷을 고르는 셈이다. MIT 소비 행동 연구팀은 패션 소비자 300명을 추적한 연구에서, 오래 고른 옷일수록 입는 횟수가 적다는 결과를 발표했다. 뇌는 고르는 동안 쾌감을 얻고 소유한 후엔 무관심해진다.

2023년 『월스트리트 저널』은 '디지털 쇼핑 피로'에 대한 분석 기사에서, 쇼핑몰 알고리즘이 제공하는 맞춤형 추천이 실제 만족도를 떨어뜨린다는 통계를 소개했다. 추천 알고리즘에 의해 구매한 상품일수록 반품률이 1.8배 높았으며, 소비자는 '선택한 기분'이 줄어드는 박탈감을 느꼈다. 선택의 자유는 줄고, 자극은 강해진다는 역설. 도파민은 '고르게 된 것'에 반응은 하지만 스스로 고른 것보다 훨씬 빨리 식어버린다.

최근에는 쿠팡과 11번가 같은 국내 이커머스 플랫폼의 이용자가 줄고, 테무나 알리익스프레스 등 중국 쇼핑 앱의 소비가 늘어났다. 테무 앱에 접속하면 가장 먼저 룰렛이 등장한다. 전형적인 도박형 시스템처럼 보이지만 사실은 무조건 '가장 좋은 쿠폰'이 당첨되도록 설계된 장치이다. 소비자는 '득템했다'는 착각 속에서 구매를 이어가게 되고, 이는 곧바로 지출로 연결된다. 실제로 공정거래위원회는 알리익스프레스와 테무의 '가짜 할인 행사'를 문제 삼아 국내 첫 제재를 내렸고, 2025년 알리익스프레스에는 21억 원, 테무에는 3억 원의 과징금을 부과했다. 하지만 여전히 소비자의 심리를 파고드는 과장된 이벤트와 허위 마케팅이 구조적으로 반복된다.

무엇보다 문제는 상품의 '품질'이다. 테무나 알리에서 구매한 제품은 가격은 저렴하지만 만족도가 떨어지는 경우가 많다. 그런데도 사람들은 '싸게 잘 샀다'는 자기 위안 속에서 쉽게 오류를 범한다. 같은 상품도 판매자마다 가격이 천차만별이기 때문에, 소비자는 자연스럽게 끝없는 '비교 과정'에 빠져든다. 이 비교는 합리적 선택을 위한 행위라기보다 더 싸고 더 좋은 것을 찾아내려는 도파민 자극의 게임에 가깝다. 결국 성공률은 낮고 품질은 불안정하지만, 소비자는 그 과정에서 오는 심리적 쾌감 때문에 다시 앱을 켜고 또 비교하는 악순환을 반복한다.

회피적 대처 전략, 정서적 소비

정서적 소비는 감정을 다루기 위해 소비를 선택하는 행동을 말한다. 생리적 필요나 실제 효용과는 무관하게, 마음의 공백이나 불편한 감정을 잊기 위해 지갑을 여는 방식이다. 충동구매와 비슷하지만 목적에 결정적인 차이가 있다. 충동구매의 목적이 순간의 욕망이라면, 정서적 소비는 '감정의 해소'라는 심리적 동기를 바탕으로 한다. 물건을 위한 선택이 아니라 감정을 위한 반응이라고 할 수 있다.

외로울 땐 쿠키를 고르고, 지루한 날엔 새 향수를 장만한다. 억울한 하루 끝에는 '그래도 이 정도는 괜찮아'라는 자기 위안으로 결제를 누른다. 소비는 그 자체로 기분을 바꾸는 행위가 되며, 작은 위로이자 방어 기제로 작동한다. 물건이 나를 채우는 게 아니라, 나의 감정적 결핍이 물건을 불러온다.

정서적 소비가 반복될수록 감정을 직접 들여다보기 어려워진다. 인지행동치료CBT에서는 이를 '회피적 대처 전략avoidant coping'이라고 부른다. 감정을 마주하기보다 다른 자극으로 감정을 눌러버리는 방식을 말한다. 순간적으로는 감정이 사라진 듯하지만, 실제로는 회피된 채 눌러져 있을 뿐이다.

정서적 소비는 감정을 처리하는 대신 밀어놓는다. 이 습관이 굳어지면 소비는 감정의 배출구가 되고, 일상 속에서 느끼기 어렵고 복잡한 감정들은 점점 더 억눌린다. 마음을 달래기 위한 방식이지만 결과적으로 마음을 들여다보는 감각 자체를 무뎌지게 만든다. 소비는 감정 해소가 아니라 감정 지연의 이름일 수 있다. 따라서 정서적 소비는 단순 지출의 문제로 바라보기보다 감정 다루기의 방식으로 다루어져야 할 주제이다.

정서적 소비가 반복되면 자기 인식의 회로가 변형된다. 어느 순간부터 자신을 '기분 따라 돈 쓰는 사람'으로 규정하고, 그런 낙인은 무력감과 자기혐오를 부른다. '나는 왜 또 이랬을까'라는 자책은 구매의 순간보다 훨씬 길게 머문다. 하지만 감정을 소비로 억눌렀다고 해서 나약하거나 의지가 부족한 사람이라는 뜻은 아니다. 도파민에 반응하는 것은 인간의 본능이며, 충동은 누구에게나 찾아오는 불청객이다.

정말 중요한 건 충동의 흐름을 감지하는 감각이다. 지금 이걸 왜 사고 싶은지, 나는 무엇을 물건으로 채우려 하는 것인지를 고민하는 순간 우리는 소비가 아닌 감정을 마주하게 된다. 회복은 통제력이 아니라 인식에서 시작된다. 감정을 들여다볼 수 있는 용기가 도파민의 지배에서 빠져나오는 첫걸음이다.

소비로 죄책감을 대신할 수 있을까

부모의 장바구니엔 죄책감 붙은 물건들이 들어 있다. 함께 놀아주지 못한 날, 감정이 상한 아이를 달래야 했던 순간, 어딘가 서툴렀던 하루의 끝에서 부모는 이렇게 중얼거린다. "그래, 이 정도는 사줄 수 있지." 그리고 결제 버튼을 누른다. 물건이 아닌 감정을, 보상이 아닌 안도를 산다. 아이가 갖고 싶어 하던 장난감이 아닌, 부모의 안도감이 장바구니에 담긴다. 죄책감을 덮는 도파민의 방식이 바로 이중 보상의 회로다.

죄책감의 소비는 일회성 진통제와 다르지 않다. 감정은 해결되지 않았는데 상황은 지나가고, 아이의 기억에는 사건보다 '그때 뭘 받았는가'만 남는다. 아이는 어느새 '감정➡보상'이라는 공식을 학습한다. "힘들었으니까 뭐 하나 사줄게", "속상했지? 이거 먹자". 부모는 위로라고 건넸지만, 아이의 뇌는 감정을 물건으로 처리하는 법을 배운다.

죄책감을 소비로 가리는 방식이 반복되면 감정은 없애야 할 불편함이 된다. 아이는 서운함이나 속상함을 느낄 때 그 감정을 설명하기보다 보상받을 준비부터 한다. 정서적 대처 능력은 키워지지 않고, 감정 언어는 사라진다. 소아정신과 의사 대니얼 J. 시겔은 말했다. "감정은 이름 붙일 수 있을 때 다룰 수 있다." 감정에 단어를 붙일 기회 없이 자극적인 보상으로 감싸는 습관은 결국 공감 능력과 자기 조절력을 약화시킨다.

남 이야기인 것처럼 굴고 있지만 사실 내 이야기다. 우리 둘째 아이는 도움반에 소속된 특수교육대상자다. 또래에 비해 지능이 낮아 학습이 어렵고, 친구 관계는 더 어렵다. 교실에서 느낀 소외감과 외로움을 초등학교 때부터 고등학생인 지금까지 자주 토로하는 편인데, 문제는 내가 그걸 항상 받아주지 못한다는 점이다. 바쁠 때도 있지만 피곤하거나 지겨울 때도 많다. 좋은 이야기도 10년을 들으면 질리는데, 해결책도 마땅찮은 이야기를 매일 듣고 있으니 아이의 감정이 충분히 해소될 때까지 기다려주는 것에도 상당한 인내심이 필요하다.

내 상황이 도저히 안 따라주는 날이면 학교에서 속상한 일이 생겨 전화한 아이에게 편의점에 가서 음료수를 하나 사 먹으라고 하고, 풀 죽어 들어온 아이의 손을 잡고 다이소로 향했다. 당시의 내게 최선이었을 수는 있지만 아이는 곧 그 방식에 길들여졌다. 죄책감 소비의 길들임은 예상보다 빠르고 확실했다. 감정이 힘든 날, 아이는 먼저 "오늘 편의점 가도 돼?"라고 물었다. "오늘 좀 많이 힘들었는데 초코우유 하나만 사주면 안 돼?" 슬픔이나 외로움을 느낄 때마다 감정을 이해받기보다 소비로 처리하는 방식에 익숙해진 것이다.

부모는 아이의 옷장을 채우는 일로 자주 불안을 달랜다. '이 정도는 사줘야지', '다른 아이들도 다 입는데'라는 생각은 정서적 소비의 또 다른 패턴이다. 사는 건 옷이지만 사고 싶은 건 '괜찮은 부모'라는 감정의 증명이다. 그렇게 도파민은 패션 속에 감추어진 불안과 보상 심리를 조용히 꿰뚫는다. "예쁘게 입히고 싶어서"라는 말은 진심일지 몰라도 그 말엔 '나도 괜찮은 부모가 되고 싶다'라는 바람이 숨어 있다.

부모가 부모 자신에게 던져야 할 질문은 아이에게 필요한 게 사탕인가, 마음을 말할 수 있는 언어인가이다. 소비를 줄이는 것보다 아이의 감정이 지나가는 동안 함께 그 리듬을 걸을 수 있는지 말이다. 감정은 사라져야 할 대상이 아니라 함께 머무를 수 있어야 할 감각이다. 아이는 감정을 말하는 법을 배워야 하고 부모는 아이의 감정을 견디는 법을 연습해야 한다. 부모에게 필요한 건 위로의 기술이 아니라 함께하는 감각이다. 소비는 잠깐의 위로일 뿐 감정이 진짜 안착하는 자리는 동행의 시간에 있다. 이 사실을 부모라면 누구나 선명히 알고 있다.

패스트 패션의 쓸모

환경부에 따르면 2023년 한 해 동안 국내 생활폐기물로 분리 배출된 폐의류는 11만 938톤으로, 하루 평균 303톤의 의류 폐기물이 쏟아졌다. 대부분은 패스트 패션 브랜드 제품이었다. 10~20대의 옷 구매 주기는 평균 3주, 어떤 옷은 세 번 입기도 전에 쓰레기봉투로 향한다. 한때는 개성을 표현하는 수단이었던 패션이 이제는 SNS 피드를 채우기 위한 소모용 콘텐츠로 바뀌었다. 입기 위해 산 옷이 아니라, 보여주기 위해 산 옷. 소비는 자기 표현이 아닌 외부 연결을 위한 장치가 되었다.

서울시가 청소년을 대상으로 진행한 2023년 소비 행태 조사에 따르면, 옷을 사는 이유로 가장 많이 꼽힌 건 '기분 전환'(72%)이었다. 반면 '필요해서'라는 응답은 28%에 불과했다. 소비는 이제 기능이나 실용성에 대한 반응이 아니다. 지루함을 달래고, 우울함을 밀어내고, 아무 감정도 없는 상태에서 무언가라도 느끼기 위한 자극으로 전환되고 있다. 그중 가장 빠르고 확실한 도구가 바로 의류 쇼핑이다.

패스트 패션은 1990년대 후반부터 본격적으로 등장한 의류 산업의 새로운 흐름이다. 기존에는 계절에 맞추어 옷을 출시하던 브랜드들이 점점 더 빠르게 신상품을 생산하고 유통하면서 주 단위로 유행을 갱신했다. 대표적인 글로벌 브랜드들이 매년 수백 가지 디자인을 쏟아내는 동안 소비자들은 더 빠르게 더 많은 옷을 구매하게 되었고, 옷이 소비재가 되는 시대를 열었다.

아이들의 옷을 사주려고 패스트 패션 매장에 들어서면 마음이 편안해진다. 부담스럽지 않은 가격에 최신 스타일을 꼼꼼히 반영한 디자인, 요즘 십 대들이 열광하는 다양한 패턴까지. 뭘 골라도 패션 테러는 피할 수 있겠다는 안도감, 두 장의 티셔츠 중 뭘 살지 고민된다면 둘 다 구입하는 것도 가능한 가격적 이점까지. 마다할 이유가 조금도 없다.

패스트 패션은 빠른 유행, 낮은 가격, 높은 접근성으로 도파민 회로를 자극한다. 패스트 패션이 자극하는 것은 옷에 대한 '욕구'가 아니라, 욕구가 즉시 충족된다는 '기대감'이다. 원하는 스타일을 지금 당장, 저렴하게, 여러 개 살 수 있다는 감각은 도파민 회로를 정조준한다. 특히 '신상품 입고', '1+1 행사', '주말 한정 할인' 같은 문구는 보상의 예측을 높이고, 고르는 순간의 쾌감을 극대화한다. 그래서 나는 그런 문구가 걸린 곳 앞에서 긴 시간을 보낸다. 그리고 말한다. "이거 진짜 괜찮다."

다이소와 올리브영이라는 놀이터

대한민국 초·중·고생들의 놀이터가 다이소와 올리브영으로 바뀐 것 역시 정서적 소비의 대표적인 모습이다. 다이소와 올리브영은 이제 필요한 걸 사러 가는 곳이 아니라 기분 전환하러 가는 곳이 되었다. 아이들에게 쇼핑은 물건을 사는 행위이기 전에 하나의 '놀이'다. 오프라인 매장을 천천히 걷고, 예쁜 문구류를 들었다 놓고, 립밤을 비교하고 향을 맡으며 친구와 조근조근 취향을 나누는 시간이 즐거운 것이다.

실제로 무언가를 사지 않아도 괜찮다. 그저 고르는 과정, 망설이는 순간, 결제 직전의 설렘 자체가 핵심이다. 단순한 일탈이나 과소비가 아니라 감정 조절을 위한 새로운 루틴이다. 지루하거나 스트레스받을 때 "올영 갈래?"라는 말 한마디에 굳었던 표정이 환해지는 풍경은 아이들의 감정 조절을 도파민 루트에 맡긴 가족의 초상이다.

아이의 서랍을 들추어보면 답이 나온다. 사 놓고 거의 쓰지 않은 화장품, 반쯤 쓰다 만 수첩, 자꾸만 모이는 스티커 팩이 가득하다. 단순한 낭비가 아니다. 무언가를 가질 수 있을 것 같은 찰나에 도파민은 가장 크게 분비되고, 순간의 쾌감은 사용이나 소유보다 훨씬 강렬하다. 그래서 열 개 넘는 틴트를 가지고 있으면서도 신상이 나왔다는 말에 또 올리브영으로 향한다. 이쯤 되면 소비는 반사적인 감정 반응이다.

이 감정 반응이 반복될수록 뇌는 선택하는 순간의 짜릿함을 진짜 보상으로 인식하게 된다. 결국 우리는 물건이 필요해서가 아니라 고를 수 있다는 감각을 유지하기 위해 쇼핑을 반복한다. 실질적인 사용은 뒷전이고, 소비는 과정만 남은 껍데기가 된다. 고르는 재미는 경험했지만 실제로는 아무것도 제대로 누리지 못하고 있는 셈이다.

부모는 "성적만 잘 나오면 괜찮아"라며 모른 척 눈감고, 감정 조절 능력과 자아 인식 능력이 서서히 낮아지는 아이의 뇌를 돌보지 못한다. 물건을 사는 행위가 감정을 다스리는 도구가 되는 순간, 소비는 위로가 아니라 불안을 잊기 위한 습관으로 남는다.

대학 입시가 끝난다고 꽃길만 펼쳐질 리도 없다. 대입 이후 아이 앞에 놓일 인생의 스트레스는 훨씬 복잡하고, 예측 불가능하며, 때로는 오로지 혼자 힘으로 견뎌야 한다. 만약 지금처럼 잠깐의 쇼핑으로 불안을 다스리는 습관이 굳어진 아이가 난관을 맞닥뜨릴 때마다 결제로 해결하려 든다면, 그때도 정말 괜찮다고 말할 수 있을까.

느린 소비라는 조용한 결심

느린 소비란 천천히 구매하는 것이 아니다. 무엇을 왜 사고 싶은지, 지금 이 감정은 어디서 비롯되었는지를 먼저 묻고 소비하는 과정을 말한다. 충동을 잠깐 억제하고 바라보는 순간에 우리는 비로소 감정과 다시 연결된다. 자극에 반응하지 않고 감정을 해석하는 능력. 그것이 느린 소비의 본질이며 감정적 자율성을 길러주는 훈련이다.

느림은 비효율이 아니다. 도리어 가장 깊은 효율이다. 감정을 오래 품고, 서서히 다루며, 한발 늦게 반응하는 일은 결국 내면을 단단히 쌓는 속도다. 물건을 살 때, 감정을 표현할 때, 누군가를 이해하려 애쓸 때조차 완만한 속도를 지키는 사람은 중심이 흔들리지 않는다. 그래서 느린 소비는 조용한 결심이다. '오늘은 안 사도 괜찮다' 하고 내 안의 리듬을 되찾는 일이다. 빠르게 흘러가는 세계 속에서 천천히 움직이는 나만의 감정 회로를 만드는 것. 도파민에 휩쓸리지 않고 나를 중심에 두는 가장 단단한 방식일지도 모른다.

도파민은 느린 소비를 싫어한다. 정확히 말하면 이해하지 못한다. 지금 당장 클릭하고, 구매하고, 결제하길 원한다. 망설임, 기다림, 충동을 미루는 행위 등은 비생산적이고 무의미하다고 받아들인다. 장바구니에 담기만 하고 사지 않는 상태, 마음속에서 천천히 선택을 숙성시키는 태도는 도파민의 속도와 충돌한다. 느린 소비는 도파민의 본능을 거스르는 감정적 저항이기도 하다.

　　물건을 사지 않고 버티는 경험은 감정의 재정비다. 장바구니에 담긴 물건을 며칠간 그냥 두는 일, 카드 결제를 누르기 직전 멈추는 일, 지금의 감정이 꼭 소비로 이어져야 하는지 잠깐 묻는 일. 작은 멈춤이 뇌에 새로운 회로를 만든다. 대부분의 사람이 채우는 데 익숙하지만 진짜 감정 회복은 비움에서 시작된다. 쌓인 장바구니가 아니라 정리된 내면이 나를 더 편안하게 만든다. 소비의 반복이 아닌 감정의 정리가 삶의 무게를 덜어준다.

　　가족이 함께하는 소비도 다르지 않다. 함께 온라인 쇼핑몰을 보며 "뭐 사고 싶어?"라고 묻는 대신 "왜 이게 갖고 싶었어?"라고 이유를 묻는 순간, 대화는 소비에서 감정으로 이동한다. 단순한 선택이 아니라 감정을 언어로 표현하고 서로를 이해하는 과정이 된다. 가족의 질문이 바뀌면 각자의 감정도 달라진다. 갖고 싶은 마음을 이해받은 경험은 '갖는 것'보다 훨씬 오래 남는다. 우리가 정말 필요로 했던 건 무엇이었을까. 그리고 내가 사려던 그 물건은 정말 필요한 것이었을까.

조절
: 스스로 조절하는 뇌,
회복하는 가족

거실 속 기기 조절력은 기기를 없애는 일이 아니라 함께 있는 시간의 우선순위를 재정립하는 일이다. 디지털은 이미 우리 일상의 일부로 자리 잡았으므로 완전히 배제할 수 없다. 그렇다고 내버려 두면 가족 사이의 경계도, 집중의 흐름도 무너진다. 중요한 건 기계를 통제하는 법이 아니라 서로를 방해하지 않는 방식으로 조절하는 감각이다. 억지로 빼앗거나 감시하는 대신 가족끼리 함께 설계한 규칙 안에서 자율성을 회복하는 것. 오늘부터 하나씩 시작해 볼 만한 거실 속 디지털 조절 아이디어를 소개한다. 나 역시 화면 너머로 흐려졌던 가족의 얼굴을 다시 또렷이 마주하고 싶기에 이 작은 훈련을 시작해 보려 한다.

화면 끄는 밤

하루의 끝, 무심코 켠 화면 대신 조용한 어둠에 머무른다. '화면 끄는 밤'은 아무것도 보지 않는 연습이 아니라, 감각을 재생하는 연습이다. 방법은 간단하다. 일주일에 하루, 잠들기 한 시간 전쯤 가족 모두 기기를 내려놓는다. 스마트폰도, 태블릿도, 티브이도 잠시 쉬는 시간. 대신 조용히 책을 읽거나, 이야기를 나누거나, 가만히 각자의 공간에 머무는 것만으로 충분하다. 처음엔 허전하고 어색하다. 무언가 놓치고 있는 것 같기도 하다. 하지만 그 불편함을 지나면 뇌가 조금씩 느려지고, 말수가 줄고, 마음이 조용히 가라앉는다. 그렇게 우리는 보지 않아도 괜찮은 밤, 잠들기 전에 서로의 말에 집중하는 시간을 만들어간다. 화면이 꺼진 자리에 생긴 고요 속에서 가족은 서로의 온기를 조금 더 느낄 수 있게 된다. 중요한 건 완벽하게 끄는 게 아니라, 화면 대신 서로를 마주하는 밤을 천천히 회복해 가는 것이다.

응용 조명이 밝으면 유혹이 커지므로 스탠드 하나만 켜놓고 조도를 낮추어도 좋다. 아이가 어리다면 '조용한 그림책 읽는 시간', '귀로 듣는 이야기의 밤'으로 응용해 볼 수 있다. 갑자기 모든 기기를 끄기 부담스럽다면 20분, 30분 제한으로 시작해도 된다. '화면 끄는 날'이라는 말 대신 '뇌 쉬는 밤', '눈에게 휴가 주는 밤'처럼 가족만의 이름을 붙여보면 더 자연스럽게 받아들여진다.

기기 사용 기록 차트 만들기

화면을 줄이기 위해 꼭 제한이 필요하지는 않다. 때로는 기록만으로도 인식이 바뀌고, 인식이 행동을 바꾼다. '기기 사용 기록 차트'는 가족 모두가 스스로의 패턴을 돌아볼 수 있도록 돕는 아주 단순한 도구다. 방법은 간단하다. 거실 벽이나 냉장고에 차트를 붙여두고, 각자 하루의 기기 사용 시간을 적는다. '몇 시간'처럼 정확하게 쓰지 않아도 좋다. 부담 없이 '티브이 2회, 유튜브 3편, 스마트폰 1시간 반'처럼 대략적인 사용 패턴만 기록해도 충분하다. 스스로 쓰는 것만으로도 '내가 오늘 꽤 많이 봤구나', '저녁엔 좀 줄여봐야겠다'는 감각이 생긴다. 다른 가족의 기록을 보며 자연스레 비교하고, 누가 줄였는지 응원하거나 함께 줄이기 위한 작전을 짜보아도 좋다. 감시는 없지만 서로의 리듬을 존중하면서 스스로 조절하는 힘을 기르는 출발점이 된다. 중요한 건 강요 없이 스스로 인식하고 행동을 조절하는 감각을 키우는 것이다. 이 작은 시각화는 가족이 각자의 뇌를 함께 돌보는 방식이 될 수 있다.

응용 차트는 숫자 대신 이모지나 색깔로 표현해도 좋다. '하루 만족도 스티커'처럼 기분에 따라 붙이는 것도 가능하다. 아이가 어리다면 '기기 사용 대신 한 활동'도 함께 적어보자(유튜브 2편 줄이고 엄마랑 산책, 30분 일찍 끄고 책 읽음 등 형식은 자유롭게).

가족끼리 '디지털 자율 선언문' 만들기

사용 시간 제한보다 더 중요한 건, 어떻게 쓰고 싶은지 스스로 정하는 감각을 갖는 것이다. 가족끼리 함께 만드는 '디지털 자율 선언문'은 강요가 아니라 약속이다. 누가 지켜보는 것도 아니고, 못 지킨다고 혼나는 것도 아니다. 그저 각자가 기기에 대해 어떤 태도를 갖고 싶은지 써보는 것이다. "나는 저녁 시간엔 스마트폰을 멀리 둘 거예요", "영상 보기 전 1분 쉬고 나서 시작할래요", "한 번쯤은 내가 먼저 스마트폰을 끄는 사람이 돼 볼래요" 같은 문장을 적는다. 선언문은 거실 벽 한쪽에 붙여두거나, 냉장고에 자석으로 고정해도 좋다. 매일 들여다보지 않아도 괜찮다. 다만 가족이 서로를 방해하지 않기 위해 어떤 노력을 해보았는지를 기억할 수 있으면 좋다. 중요한 건 기기를 덜 쓰는 게 아니라, 자신의 감각과 삶의 속도를 스스로 선택해 보려는 의지를 키우는 일이다. 그것이 진짜 자율의 시작이다.

응용 아이가 어리다면 말로 대신해도 된다. "나는 영상 보다가 엄마가 부르면 바로 멈출게요" 같은 한 문장도 의미 있다. 선언문 옆에 '지켜본 날 스티커'를 붙이는 놀이처럼 구성하면 자연스럽게 자율성과 동기를 동시에 키울 수 있다. 선언문이라는 말이 무겁게 느껴진다면 '화면 사용 다짐 카드', '나의 디지털 약속'처럼 가족만의 언어로 바꾸어도 좋다.

'하루 1템' 쇼핑 다이어트

장바구니는 채우되 하루에 하나만 구매한다. 나머지는 '내일 다시 보기'로 넘긴다. 중요한 건 자제보다 관찰이다. 물건보다 내 감정 상태를 먼저 확인해야 한다. 내가 왜 이걸 사고 싶은지를 묻는 루틴을 만들자. 스트레스 때문인지, 허전함 때문인지, 아니면 정말 필요한 것인지. 감정 점검이 습관이 되면, 내가 선택하는 소비의 감각이 돌아온다. 아이와 함께라면 놀이처럼 구성해도 좋다. "오늘은 어떤 물건이 나를 가장 끌리게 했는지 이야기해 볼까?" 하고 서로의 장바구니를 공유한다. 아이는 가상의 소비 속에서 진짜 욕구를 탐색하는 법을 배우고, 어른은 욕망을 유예하는 기쁨을 회복한다. 쇼핑은 줄이는 게 아니라 천천히 고르는 일이다. '하루 1템'은 느림을 위한 작은 선언이다.

응용 아이가 소비 결정을 혼자 내리기 어려운 나이라면 장난감이나 간식 고르기처럼 일상 속 선택에서부터 시작한다. "오늘은 이 중에서 하나만 골라보자"라는 말로 소비의 경계를 자연스럽게 알려준다. 아이가 고른 이유를 함께 이야기해 보는 것도 좋다. "왜 이게 가장 갖고 싶었어?"라는 질문은, 물건을 바라보는 시선을 감정과 연결 짓는 연습이 된다. 또, 장바구니에 담고 하루를 기다리는 동안 "내일도 여전히 이게 좋을까?"를 묻는 놀이를 해보자. 아예 '내일의 소비 후보'라는 이름의 보류 상자를 만드는 것도 방법이다.

4장

가속

느긋함의 멸종

: 방향 잃은 속도의 역설

도파민 가족은 바쁘다.
할 일은 많고, 쉴 틈은 없고, 쉬는 법은 잊었다.
뇌는 속도에 반응하고 도파민은 느린 리듬을 무시한다.
빠르게 고르고, 빠르게 먹고, 빠르게 웃고, 빠르게 잊는다.
반복되는 '빨리빨리' 속에서 가족 누구도 방향을 모른다.

4장에서는 식탁의 실종과 즉석식품의 만연,
느림을 잃고 피로해진 사회,
빠른 반응의 시대에 조급해진 일상,
서로를 기다려주지 못하는 가족을 들여다본다.

이토록 빠른 속도로 지금 우린 어디로 향하는 걸까.

사라진 식탁

배달 앱과 밀키트가 차려준 밥상

최근 5년간 배달 서비스 플랫폼 '배달의 민족'이 눈부신 속도로 성장했다. 2015년 1조 원대였던 거래액은 2023년 약 4조 원을 거뜬히 넘어섰고, 월간 사용자 수는 2000만 명을 돌파했다. 여기에 '쿠팡이츠'의 등장은 배달 전쟁에 불을 지폈다. '한 집 한 배달' 전략은 음식이 더 빠르게 도착한다는 단순한 만족으로 소비자의 도파민을 자극했다. 배달 서비스 플랫폼의 눈부신 성장 뒤에는 가족이 있다.

도파민이 사랑한 배달 앱

이제 우리는 먹고 싶은 걸 떠올리느라 고민하지 않는다. 배달 앱을 켜서 뇌에게 건네기만 하면 된다. 가장 먼저 보이는 메뉴, 가장 높은 별점, 가장 자주 주문된 음식에 따라 정교하게 설계된 선택지 안에서 결정이 이루어진다. 저녁 반찬을 고민할 시간도, 냉장고를 열어 잔반을 터는 기술이나 창의력을 발휘할 필요도 없다. 뇌는 몇 초 만에 가장 자극적인 음식을 '지금 내가 원했던 거야'라고 착각하게 만들고 결제의 과정은 익숙하고 순조롭다.

하지만 배달 음식은 생각보다 만족스럽지 않다. 이번에도 역시 먹는 순간보다 고르는 순간에 도파민이 더 많이 분비된다. 분명 우리를 설레게 만든 메뉴였는데, 배달 완료 알림이 떴을 때는 도파민 회로가 이미 한 차례 큰 파도를 넘긴 뒤다. '무엇을 먹을까' 고민하며 화면을 스크롤하고, 별점을 비교하고, 리뷰 이벤트와 쿠폰 금액을 따지는 짧은 시간. 그 예측과 기대의 순간에 뇌는 가장 활발하게 반응하고, 우리는 선택지를 보는 것만으로도 이미 절반쯤 만족한 상태에 이른다.

큰 기대를 안고 주문한 음식인데 막상 입에 넣으면 그저 그래서, 어쩔 수 없이 다음 자극을 찾는다. 배달 앱은 도파민에 최적화된 장치다. 클릭하기 전이 가장 행복한 시스템. 기다림이나 만족이 아니라 선택의 흥분 자체가 소비의 핵심이 된다. 온라인 쇼핑의 진짜 기쁨은 상품을 받았을 때가 아니라, 결제 직전 '예측의 순간'이 아닌가.[1] 심지어 어떤 연구는 기다리는 시간조차 행복감을 높여준다고 설명한다. 배달 앱은 이 심리를 정확히 알고 교묘하게 활용한다. 관계 속의 기다림은 실종되었는데 말이다.

나는 저녁 메뉴 고민을 핑계로 배달 앱을 자주 들춘다. 뭐 좀 맛있는 거 없나. 먹이를 찾는 정글의 동물처럼 어슬렁거린다. 알고리즘은 그런 나를 위해 클릭, 멈춤, 재주문 기록을 학습한 뒤, 뇌가 반응할 만한 자극을 효과적으로 배열한다. 기름지고, 매콤하고, 바삭한 음식이 상단에 위치하고, '지금 주문하면 20분 안에 도착'이라는 문구가 즉시 만족을 약속한다. 도파민이 환호하는 패턴이다. 빠르고, 확실하고, 반복적으로 보상되는 시스템. 먹이를 발견한 동물이 지체 없이 달리듯, 내 손가락 역시 빠르게 움직인다.

놀라운 건 어리석게도 우리가 그걸 선택했다고 착각한다는 점이다. 선택한 것처럼 보이지만 유도된 결정이다. 정확히는 뇌가 훈련받은 결과다. 앱은 나의 클릭과 망설임, 심지어 스크롤 속도까지 기록하며 나보다 나를 더 잘 아는 방식으로 다음 한 끼를 준비한다. 그러니 그 메뉴도 내가 고른 것이 아니라, 알고리즘에 따라 도파민이 미리 설계한 결과다. 음식이라는 가장 일상적인 루틴마저 도파민화 된다는 건, 일상이 자극의 농도에 따라 재편된다는 반증이다. 느림, 기다림, 계획이라는 식사의 미덕은 조용히 사라지고, 식탁에는 맛보다 속도와 자극이 남는다.

결국 문제는 기술이 아니다. 기술이 열어준 편리함 아래 우리의 선택이 점점 더 비슷해지고, 점점 더 중독의 방향으로 변해간다는 것이다. 우리는 식욕을 알고리즘에 맡기고 있는 셈이다.

가족의 또 다른 이름은 '식구'다. 말 그대로 함께 밥을 먹는 사람들을 말한다. 수많은 공동의 경험 중에서도 식사는 가족의 근원이자 출발점, 관계를 지탱하는 일상의 중심이었다. 그랬던 식사가 점점 희미해지고 있다. 도파민에 최적화된 구조는 식사를 빠르고 편리하게 만들었지만, 함께 차리고 기다리고 마주 앉아 나누는 과정의 의미까지 덜어냈다. 여전히 함께 먹고 있다고 믿지만, 그 식탁 위에서 '가족'이라는 감정은 사라지고 있다. 우리는 음식을 고른 걸까, 도파민이 설계한 회로 위에서 잠시 반응한 것일까. 그 질문은 식탁을 넘어 우리의 하루 전체에 던져야 한다.

식사 준비의 종말

변화의 중심에 배달 앱만 있는 게 아니다. 밀키트와 즉석식품은 주방의 풍경을 바꾼 또 하나의 주인공이다. 마트 냉장 코너에 가지런히 진열된 '20분 완성 집밥'과 '전자레인지 3분 완성 한식 정찬'은 가정집 주방까지 들어왔다. 요리는 무엇을 어떻게 만들어 먹을까를 고민하는 창의적 노동이 아니라 무엇을 얼마나 빨리 해치울까를 계산하는 소비 선택이 되었다. 정성의 자리에 들어온 시간 단축은 도파민의 설계도 위에 완벽히 들어맞는다.

배달 앱과 밀키트 시장의 성장은 식사 준비의 고단함을 해결해 준 구원임은 분명하다. 전 세계의 가정식 중 준비 시간, 조리 시간으로 최상위인 한국인의 집밥은 오랜 세월 주부들의 크고 무거운 짐이었다. 매 끼니마다 세 가지 반찬은 기본이고, 국이나 찌개가 빠지면 어쩐지 식탁이 허전했다. 한 끼가 끝나기도 전에 다음 끼니를 고민해야 했던 집밥의 전통은 사실 가정 내에서 가장 눈에 띄는 노동이었다. 그러니 배달 앱과 밀키트의 등장은 고단함을 단번에 덜어주는 해방의 기술이기도 했다. 하지만 그 구원은 대가를 요구한다. 편리함의 역설은 식탁을 함께하는 자리에서 각자 빠르게 채우는 자리로 바꾸었고, 식사라는 행위의 본질을 변화시켰다.

식사를 준비하는 수고로움은 빠르게 줄어들었지만 가족이 함께 부엌에서 나누던 대화, 칼질 소리, 음식 냄새 같은 감각적 기억들이 사라졌다. 음식의 조리 과정 자체가 기다림과 정성을 전제로 한다. 시간을 들이고, 식욕을 자극하는 냄새를 참고, 연신 국물을 떠보며 재료가 우러나는 속도를 가늠하는 행위가 음식의 일부였다. 저녁 식사를 준비하는 엄마 옆을 지키고 앉아 마늘을 빻고, 당근 한 조각을 얻어먹던 일들이 이젠 다시 보기 어려운 풍경이 되었다.

원래 가족에게 식사는 먹는 일 하나만을 의미하지 않았다. 상차림에 이르기까지의 시간과 대화를 포함한 가족만의 의식 같은 것이었다. "마늘 좀 다져줘", "젓가락 좀 놔줘" 같은 말들은 단순한 지시나 도움 요청이 아니라 감정이 오가는 작은 통로였다. 누군가가 상을 차리고, 누군가는 반찬을 나르고, 누군가는 물과 젓가락을 가져다 놓으며 서로 자연스럽게 말을 걸고, 답을 하고, 식사의 기대를 누렸다. 계획된 대화가 아니라 모두를 위한 행동 속에서 피어나는 정서적 교류였다.

그런 이유에서 요리를 함께하는 동안의 수고로움은 감수할 만한 것이었다. 엄마와 아이는 서로의 하루를 들려주고, 질문과 답을 주고받았다. 느리고 번거로운 식사 준비야말로 가족의 감정이 익는 시간이었다. 나는 여전히 엄마가 썰어둔 당근, 무, 고구마를 몰래 하나씩 집어먹던 시절이 떠오른다. 때로는 도마 위의 것들을 무엇인지도 모르고 입에 넣었다가 떫은맛에 놀라 뱉기도 했다. 누구에게나 이런 장면이 하나씩 있을 것이다. 떡볶이를 만들고, 산적을 꼬챙이에 끼우고, 배추를 절이는 엄마 옆을 기웃거리던 순간. 감정과 추억이 뒤엉킨 순간을 우리는 여전히 잊지 못한다.

지금의 식탁은 빠르다. 밀키트를 활용한 크림파스타, 에어프라이어에 잠깐만 돌리면 되는 냉동 만두. 가족은 이제 음식의 기원이나 이름에 담긴 의미를 이해하기보다, 유튜브에서 본 '먹방 조합'에 더 익숙해졌다. 익힘도, 말도, 감정도 모두 생략되었다. 문화는 기억을 타고 전해지는데, 그 기억의 통로였던 음식이 사라지면서 문화적·정서적 회로도 함께 끊어졌다.

"그래도 다 같이 먹으니까 괜찮지 않아?"라고 반문도 가능하다. 그렇다. 우리는 함께 먹는다. 하지만 시간과 정성, 과정이 빠진자리에는 감정의 교환이 아니라 품질의 평가가 시작되었다. 음식을 먹으며 별점과 리뷰를 궁금해한다. "평균 별점이 4.8점짜리니까 믿을 만해", "후기 보니까 양 많대". 이제 집밥은 우리가 함께하기 위한 정성스러운 수고가 아니라 대중이 검증한 데이터가 되고 정보의 소비로 전락했다. 도파민은 부드럽고 빠르게 식탁 위로

침투했다. 식구가 다 함께 둘러앉은 식탁일지라도, 이 식탁이 가족 식사로서의 기능을 가지고 있는지 이제는 확신하기 어렵다.

식사 준비 과정의 아련함과 함께 둘러앉은 식탁의 소중함에 관해 몇 페이지씩이나 할애하는 나는, 이 원고를 쓰고 다듬느라 소진해 버린 체력을 탓하며 '어쩔 수 없이' 배달 앱을 켤 작정이다. 딱히 뭘 먹고 싶은지 알 수 없으니 일단 앱부터 켜자. 배달 가능한 주변 식당의 메뉴들을 줄 세워놓고, 한 군데씩 정성스레 눌러봐야지. 계속된 원고 작업으로 잔뜩 피폐해진 나의 뇌에 도파민을 넉넉히 터뜨려 주어야겠다.

나 혼자 산다

한국의 대표 예능 프로그램 〈나 혼자 산다〉 속 혼자 사는 사람의 모습이 부러울 때가 있다. 이들은 혼자 살기 때문에 어쩔 수 없이 혼자 밥을 먹고, 어쩔 수 없이 재료를 사서 요리해 먹기보다는 배달 음식으로 끼니를 때우고, 혼자 밥 먹기 심심하니까 영상이 재생되는 큼직한 화면을 밥 친구 삼아 앞에 두고 먹는다. 그런데 매끼 밥상을 차려야 하는 주부의 눈에는 저기가 천국이다.

사실 혼자만의 공간은 원래 주부들만의 로망이었다. 혼자 먹을 음식을 간단히 차려 그릇 몇 개만 설거지하면 되는 일상. 하지만 이제 혼밥은 온 가족의 로망이 되었다. 함께 있어도 각자 먹고 싶을 때 먹고, 각자의 입맛대로 주문하고, 각자의 화면을 보며 조용히 식사하는 삶. 피곤한 관계로부터의 해방처럼 보이기도 한다. 식탁에서의 가족은 있으면 좋지만 없어도 괜찮은 존재가 되어가고 있기 때문이다. 혼자 있으면 취향의 영상을 마음껏 볼 수 있으니, 가족은 오히려 성가시기도 한 존재가 된다.

말 없는 식사, 감정이 흐르지 않는 시간. 관계 속 심리적 혼밥이다. 서로의 의견을 주고받으며 관계를 다지는 훈련장이던 공간은 도파민이 장악한 개별 좌석으로 바뀌었다. 옆자리에 앉아 있어도 대화는 댓글창 속 남의 이야기만큼 멀게 느껴진다. 해방처럼 보이는 풍경의 실상은 관계로부터의 후퇴이자 단절에 가깝다. 혼밥의 시대일수록 식탁 위의 느슨한 연결을 지켜야 한다.

가족의 식사는 감정을 확인하고, 하루를 정리하고, 시그를 읽어내는 시간이었다. 음식을 건네며 오가는 사소한 질문, 반찬을 덜며 느끼는 눈치, 웃음으로 넘어가는 농담들 속에 관계의 감도가 살아났다. 그 틈이 사라지면 갈등은 줄어들어도 관계의 밀도가 낮아진다. 서로의 시간을 맞추고 취향을 조율하며 얻었던 소소한 갈등과 웃음이 사라지며, 식탁은 관계의 연습장이 아니라 단순한 섭취 공간으로 축소되었다.

가족과 함께이지만 혼자 사는 듯한 모습과는 별개로 실제 1인 가구의 모습도 짚어볼 필요가 있다. 한국은 빠르게 '혼자 사는 사회'로 이동 중이다. 세 집 중 한 집이 '나 혼자 산다'. 혼밥, 혼술, 혼행이라는 단어들이 일상이 되고, 마트 대신 배달 앱, 식탁 대신 화면 앞이 주된 라이프 스타일이 되었다. 이들은 혼자 보내는 시간이 많기 때문에 더 많은 자극을 필요로 한다. 말할 상대가 없기에 영상 속 사운드에 기대고, 번거로운 외출보다 더 빠른 만족을 주는 음식에 손이 간다. 혼자라서 자유롭지만 혼자이기에 반복적으로 도파민을 호출할 구조에 깊이 노출되는 셈이다.

도파민은 예측 가능한 보상과 빠른 자극에 쉽게 반응하고, 혼자일수록 그 패턴을 제어하거나 교정해 줄 사회적 맥락이 줄어든다. 한 사람의 식사와 수면, 여가와 소비까지 모두 화면을 매개로 반복되며 도파민 회로는 점점 더 자극적인 것을 요구한다. 결국 고요함은 외로움이 되고, 외로움은 자극 중독으로 전이되는 위험을 안게 된다. 혼자 살아가는 사람들이 많아지는 시대, '함께 먹는 행위'의 회복은 비단 가족만의 문제가 아니라 사회의 회복 탄력성을 되살리기 위한 시도가 된다.

식탁은 관계의 메타포다. 누가 먼저 앉는지, 누가 상을 차리는지, 누구를 기다려주는, 대화가 얼마나 오가는지 이 모든 것이 식탁 위에서 드러난다. 식탁은 가족의 심리적 구조를 고스란히 보여주는 무대다. 대화가 부드럽게 오가는 식탁은 늦게까지 펼쳐져 있고, 서로가 어색해진 식탁은 가족 없이 혼자 끼니를 해결해도 외롭지 않다. 식탁의 분위기는 곧 관계의 분위기다.

그런데 식탁이 사라지고 있다. 식탁의 사라짐은 가족이라는 관계의 패턴이 무너져 간다는 뜻이다. 예측 가능하던 구조가 흐트러지고, 함께하는 루틴이 사라지며, 거실은 공동체의 중심이 아니게 되었다. 식탁의 변화에서 시작된 이 낯선 감각이 가족의 일상 전반을 지배하기 시작했다.

밥상머리의 멸종

한국 사회에서 '밥상'은 교실이자 심리 상담실이었고, 가족 회의 장이기도 했다. '밥상머리 교육'이라는 말이 괜히 생긴 게 아니었 다. 숟가락을 함께 드는 순간, 된장국을 휘저으면서도 서로의 안색 을 살피며 조심스레 위로와 충고를 건넬 수 있었다. 밥 한술 뜨는 짧은 시간 동안 오가는 대화 속에 감정, 습관, 가치가 어른에게서 아이에게로 시냇물처럼 흘렀다.

어른께 먼저 드리자, 어른이 먼저 드실 때까지 기다리자, 음 식을 휘젓거나 골라 먹지 말자, 숟가락은 바로 잡자, 밥풀은 남기 지 말자. 기본적인 식사 예절로 시작된 대화는 어느새 "오늘 학교 에서 별일 없었어?" 같은 질문으로 이어지게 마련이고, 대답 속엔 삶이 담겨 있었다. 밥상은 시간을 보내는 방식이 아니라 몸에 익 는 언어였고, 자연스럽게 체화되는 삶의 태도였다. '식탁은 가장 일상적인 설득의 장소'라는 문장을 읽은 적이 있다. 부모와 자녀 가, 가족이 가족을 설득하기에 식탁보다 적합한 장소는 없었다. 밥 상머리는 삶의 태도를 가르쳐주는 교실의 역할을 능히 해냈다.

그래서일까. 우리나라의 드라마나 영화 속에는 밥상머리가 관계와 가치가 흐르는 시간이자 공간임을 묘사하는 장면들이 눈에 띈다. 드라마 〈응답하라 1988〉의 덕선이네 가족은 좁은 식탁에 둘러앉아 서로의 반찬을 탐내고 쉼 없이 오가는 농담과 핀잔속에서 정을 나눈다. 한국만의 이야기는 아니다. 서양에서도 식탁은 단순히 음식을 먹는 자리가 아니라 삶의 태도와 관계를 배우는무대였다. 프랑스 철학자 미셸 세르Michel Serres는 "식탁은 가장오래된 민주주의의 연습장"이라고 말했다. 유럽의 가족 역시 저녁식탁에서 하루를 정리하고, 서로의 이야기를 듣고, 아이가 어른을설득하는 법을 익혔다. 식탁은 세대 갈등이 드러나는 전장이었고,동시에 서로를 이해하기 위해 끝내 대화를 이어가야 하는 화해의장이었다. 동서양을 막론하고 식탁은 관계를 지탱하는 최소한의공간이었다.

우리 가족에게도 식탁은 중요한 가족 회의장이다. 두 아이가고등학생이라 하루가 다르게 바빠지기도 하고, 함께하는 외출이나 여행을 부담스러워하니 대화를 나누려면 식탁이 반드시 필요하다. 해야 할 중요한 이야기가 있는 날, 꼭 듣고 싶은 아이의 의견이 있는 날이면 반찬에 신경을 쓴다. 고기의 양이 푸짐할수록 식탁에 선뜻 다가와 오래 머물고, 그런 날의 대화는 훨씬 부드럽게끝난다. 주제가 험난하겠다 싶은 날에는 치킨을 주문한다. 그렇게라도 이 식사를 통해 순조롭게 쌍방 합의에 도달해야 한다. 아슬아슬하게나마 붙잡고 있는 우리 집의 밥상머리다.

모두가 바쁜 시대, 정확히는 바쁘다고 주장하는 시대다. 친구와 채팅할 시간은 있어도 함께 밥 먹을 시간은 없다고 통보한다. 각자의 스케줄이 우선이 되면서 식사는 점점 개인화된다. 대충 끼니를 챙겨 방으로 들어가고, 냉장고 앞에 선 채로 단백질 쉐이크를 뜯어 후루룩 마시고 식사를 끝내기도 한다. 밥상이 아닌 책상 앞에서, 가족이 아닌 알고리즘과 함께 밥을 먹는다.

돌봄의 감각이 흐려지고 있다. 식사는 입맛과 식습관, 감정 변화까지 섬세하게 드러낸다. 그 장면이 사라지자 돌봄 역시 사라지고 있다. 부모는 겉보기엔 문제없어 보이는 아이의 기분과 상태를 식사 시간이라는 창을 통해 읽어낼 수 없다. 끼니는 챙겼지만 마음은 확인하지 못한 채 흘려보내는 날들이 쌓인다. 그렇게 돌봄은 보이지 않는 방식으로 결핍된다.

빈 식탁 위에는 대화와 감정의 공백, 관계의 느슨한 해체가 남는다. 저녁을 함께 먹다가 알게 된 아이의 고민은 우연이 아닐 것이다. 각자의 하루를 보내고 함께할 시간은 잠깐 밥 먹을 때뿐인데, 이마저 함께하지 않으면 서로의 기분과 일상을 읽어낼 수 없다. 같이 먹는 것이야말로 우리가 가장 쉽게 시도할 수 있는 연결이건만 가장 쉬운 연결을 가장 먼저 포기해 버린 건 아닐까. 그리고 뒤늦게 걱정을 시작한다. 아이가 무슨 생각을 하는지 도통 알 수가 없다고. 아이는 사실 하고 싶은 말이 많다.

하루를 보내고 다시 모인 밥상머리에서 경험하는 건 '내가 가족 안에서 중요한 존재다', '내 편이 여기에 있다'라는 정체감과 안도감이다. 도파민은 그 역할을 대신해 주지 않는다. 아무리 맛있는 음식을 30분 만에 배달 받아 먹을 수 있어도, 한 번의 끄덕임, 한마디의 진심 어린 질문을 대신하지 못한다. 식사는 사람을 먹이고, 관계를 기르고, 세대를 잇는 가장 느리고 가장 인간적인 방식이다. 그리고 우리는 그 소중한 느림을 잃어가고 있다.

즉시 만족의
시대

요리 하나를 완성하려면 장을 보고, 재료를 다듬고, 기다려야 한다. 글쓰기는 하루아침에 되지 않고, 독서는 문상을 곱씹으며 천천히 의미를 쌓아야 한다. 예전에는 이 모든 과정이 당연했다. 하지만 지금은 기다림이 비효율로 취급되고, 느림은 답답한 것이 되었다. 식사는 배달로 해결하고, 긴 글보다 영상 요약을 선택하고, 몇 페이지 읽다 지루하면 SNS로 이동한다. 그렇게 우리는 느리게 축적되는 경험에서 멀어진다.

느림을 잃은 뇌, 피로해진 사회

2019년 영국의 유니버시티 칼리지 런던의 인지과학 연구팀은 흥미로운 실험을 하나 진행했다. 피실험자들에게 음악 작곡, 책 읽기, 퍼즐 풀기, 쇼츠 영상 보기 같은 활동을 시킨 후, 도파민 분비량과 뇌 활성도를 측정한 것이다. 결과는 명확했다. 쇼츠 영상이나 모바일 게임처럼 즉시 보상이 주어지는 콘텐츠는 단기간에 도파민이 급격히 치솟았지만 곧바로 하강했고, 집중력도 오래 유지되지 않았다. 반면 독서나 작곡 같은 몰입형 활동은 초기 자극은 낮았지만, 일정 시간이 지나자 도파민 분비가 안정화되었고 뇌의 집중 영역은 꾸준히 활성화되었다.

이 실험은 단순히 콘텐츠 소비 방식의 차이를 보여주는 데 그치지 않는다. 뇌가 즉시성 자극에 반복적으로 노출될수록 점점 더 긴 호흡이 필요한 몰입을 회피하게 된다는 사실을 드러낸다. 반대로 느린 몰입을 경험한 그룹에서는 정서적 안정감, 문제 해결 능력, 자기 효능감이 유의미하게 높았다. 이는 우리가 단순히 순간의 쾌락에 반응하는 소비 기계가 아니라, 시간을 들여 의미를 구축하고 그 안에서 방향을 찾는다는 사실을 뒷받침한다. 결국 차이는 속도가 아닌 깊이를 견디는 능력의 문제였다.

느림은 뇌의 본래 속도다. 도파민은 빠르게 솟구치지만, 옥시토신은 천천히 스며든다. 뇌는 순간적인 보상보다 관계 속에서 생성되는 정서적 유대에 훨씬 깊은 안정감을 얻는다. 천천히 흐르는 감정은 늦은 것이 아니라 깊은 것이다. 느림은 감성적인 취향의 문제가 아니라, 사고력과 회복력, 그리고 지속적인 집중의 전제 조건이다. 빠름이 쾌락을 남긴다면 느림은 의미를 남긴다.

우리는 집 밖에서 늦지 않기 위해 달린다. 학교 종이 울리기 전까지 뛰어가야 하고, 출근길 전철은 분 단위로 촉박하다. 회의와 마감은 고정되어 있고, 약속의 시작은 언제나 정각을 기준으로 한다. 그렇게 종일 속도에 쫓기던 사람들이 문을 열고 들어와 비로소 숨을 고르는 공간이 집이다. 집은 늦어도 괜찮고, 멈춰도 괜찮고, 아무 일이 일어나지 않아도 괜찮은 곳이어야 한다. 가정은 단순한 거주지 이상으로 느림이라는 인간의 본래 리듬을 회복하는 피난처 역할을 한다.

그런데 가정에서 느림의 경험이 일어나지 않는다면 어떤 일이 벌어질까. 느린 대화를 해본 적 없는 사람은 타인의 감정에도, 자신의 감정에도 서툴다. 말이 늦어지면 답답하고, 설명이 길어지면 따분하다. 감정의 여운은 불편하고, 침묵은 메워야 할 빈칸이 된다. 누군가가 머뭇거리면 대답을 대신해 주고 싶고, 말끝을 고르는 상대 앞에서 내가 할 말부터 준비한다.

천천히 흘러야 할 감정의 공간이 비효율로 여겨지는 가정에서 자란 이들은 관계 속 느림을 감당하지 못한다. 감정은 나누지 않고 회피하고, 이해는 생략하고 빠르게 정리한다. 관계는 깊어지지 않고 소모된다. 느림을 견디지 못하는 사람은 관계 자체를 버티지 못한다. 갈등의 순간에도 머뭇거림을 기다리지 못하고, 침묵 속에서 감정을 헤아릴 줄 몰라 대화는 단절로 끝난다.

이 리듬은 업무로도 이어진다. 긴 설명보다 요약을 요구하고, 정확한 이해보다 즉각적인 실행을 원한다. 짧고 강한 자극에 익숙한 뇌는 복잡하고 모호한 문제 앞에서 금세 피로해지고, 장기 과제에 쉽게 권태를 느낀다. 집중력은 흩어지고, 회복 탄력성도 기대하기 어려운 데다가, 정확한 피드백보다 빠른 피드백을 요구한다. 아이는 긴 글을 끝까지 읽지 못하고, 부모는 직장에서 생각이 필요 없는 단순한 업무를 선호하게 된다. 느림 없는 가정에서의 경험이 누적된 사람은 조급한 사회 구성원이 되고 그런 구성원들이 모인 조직은 더 바쁘고 피로해진다. 거실의 속도가 결국 사회의 속도를 결정한다.

우리가 거실에서 놓쳐버린 느림은 사회가 감당해야 할 피로로 되돌아온다. 가정은 사회의 속도를 되돌리는 마지막 쉼표다.

통계가 말해주는 것들

문화체육관광부가 발표한 2023년 국민독서실태조사에 따르면 성인의 독서율은 43%로, 2년 전 대비 4.5% 감소한 수치였다. 이는 10년 전과 비교했을 때 40% 이상 감소한 것이다. 스마트폰 사용자 중 52.7%가 배달 앱을 사용하고(2025년 3월 기준), 방송통신위원회가 조사한 유튜브의 1인당 일평균 사용 시간은 80.8분에 이르렀다. 숫자만 봐도 숨이 차오른다.

또한 2023년 통계청에 따르면 국내 10대의 하루 숏폼 소비량은 장편 영상 대비 6배 이상이다. 문제는 이 수치가 10대의 일탈이 아니라 가족 전체의 일상이라는 점이다. 집안 곳곳에서 가족 모두가 약속이라도 한 듯 각자의 리듬으로 짧은 영상을 소비한다. 누가 먼저 봤는지, 어디까지 봤는지 자랑하거나, "이거 봤어? 대박이야"라며 소리 지르고, "아 그거 알고리즘에 떴는데 안 봤어?"라며 지루해한다.

엄마는 요리 영상을 '재료보다 편집'으로 평가하고, 아빠는 골프 꿀팁 영상을 자막만 보고 넘긴다. 아이는 15분 공부 요약 영상에만 반응한다. 요즘 영상은 7초 안에 핵심을 보여줘야 한다. 유튜브 쇼츠와 틱톡의 평균 전환 속도는 2.8초. 이 짧은 시간에 얼마나 웃긴지, 감동적인지, 유용한지가 결정된다. 사람들의 감정도, 관심도, 집중도 그 안에 담기기를 요구받는다. 긴 문장은 피곤하고, 복잡한 감정은 귀찮고, 서사는 번거롭다. 짧은 여행, 빠른 쇼핑, 즉각 반응. 모든 것을 '빨리' 경험하고 '바로' 반응해야 한다는 압박을 느낀다.

뇌는 긴장하고 있다. 도파민은 자극의 내용보다 빈도에 반응한다. 자극이 잦을수록 뇌는 더 많은 보상을 기대한다. 그리고 지금의 디지털 환경은 보상에 관한 기대를 단 한 번도 쉬지 않고 충족시킨다. 문제는 이것이 특정한 '진단을 받은 아이들'만의 이야기가 아니라는 점이다. 성인도, 부모도, 교사도 '잠깐의 스킵'과 '빠른 피드백'에 길들여졌다. 안정이 아니라 자극을 찾는 뇌로 재훈련되고 있다. 집중은 퇴보하고, 기다림은 낯설고, 일상은 깊이 없는 긴장 상태에 가까워진다. 그 결과는 조금 씁쓸하다. 모두가 서로의 감정을 빠르게 캐치하고, 빠르게 이해하는 듯 보이지만, 정작 아무도 깊이 들여다보지 않는다. 지루함은 실패 같고, 멈춤은 불안 같다. 느림은 감정의 언어지만 뇌는 과속을 원한다. 그렇게 우리는 옆에 있는 사람의 마음을 외면한 채 재미만 찾는다.

이런 변화는 아이들의 일상에 그대로 나타난다. 학교에서는 독서 시간에 책장을 넘기기보다 눈으로 그림만 훑고, 가정에서는 음식을 기다리기보다 전자레인지 앞에서 초조하게 발을 구른다. 유튜브 영상을 배속으로 보고, 드라마는 조금만 원하는 전개가 아니어도 스킵하며 본다. 기다림은 사라지고 감정의 밀도는 느슨해진다. 기다리는 능력이 줄어들수록 감정을 누르고 회피하는 패턴이 강화된다. 느림은 감정과 삶의 태도를 형성하는 깊이인데 말이다.

깊은 사랑, 진짜 몰입, 글을 쓰며 발견하는 자기 이해 같은 소중한 가치들은 즉시 반응과 거리가 멀다. 지금 가족이 회복해야 할 가치는 도파민의 속도에서 한 걸음 물러나 느림을 견디는 근육을 다시 기르는 일이다. 필사하며 단어 하나에 머무는 연습, 30분 동안 재료를 다듬어 끓이는 국, 스마트폰을 꺼내지 않고 하는 산책. 때로는 아주 느리게 아무 일도 하지 않고 시간을 흘려보내야 한다. 기다릴 줄 아는 사람만이 더 깊은 감정을 만날 수 있고, 즉시 반응에 길들지 않은 사람만이 자기만의 속도로 살아갈 수 있다. 도파민의 시대에도 천천히 여무는 삶이 가능하다. 그 느린 속도를 통과하고 난 후 진정한 가족의 이야기가 시작된다.

말이 끝나기도 전에 대답이 돌아온다. 더 빠르게, 더 정확하게 반응하는 것이 경청이라 믿는 시대. 가족의 대화도 속도 싸움이 된다. 빠른 반응은 공감을 앞지르고, 느린 감정은 대화의 바깥에 남는다. 도파민은 생각하는 시간 대신 당장 눈앞에 보이는 반응을 선호한다. 그래서 궁금해진다. 정말 저들은 내 말을 잘 들었을까? 그냥 빨리 반응하고 싶어서 들은 '척' 하는지도 모른다.

기다려 봐, 네이버가 설명해 줄 거야

아이들이 어렸을 때, 질문을 쏟아내는 아이들에게 나는 곧장 대답하지 않았다. "뭘 것 같아?" "왜 그렇게 생각했어?" 질문이 질문을 불러오는 방식으로 한없이 답답한 대화를 주고받았다. 처음엔 아이들도 어리둥절했다. 엄마는 왜 정답을 알려주지 않냐고 물었다. 하지만 시간이 지나며 아이들은 작은 단서를 붙잡고 스스로 추론하는 방법을 몸에 익혔다. 내가 건넨 건 힌트가 아닌 기다림이었고, 기다림은 곧 신뢰였다. 네가 네 힘으로 답을 찾을 수 있을 거라는 믿음이었다.

아이들은 점차 알게 된다. 세상엔 아는 것보다 모르는 것이 훨씬 많고, 답은 늘 바로 주어지지 않는다는 사실을. 하지만 잠시 멈추어 생각해 보면 정답에 가까워질 수도 있다는 가능성도 함께 알아차린다. 질문 앞에서 당황하기보다 생각하려는 태도, 곧장 포기하지 않고 단서를 찾아보려는 습관. 그건 그대로 삶을 대하는 자세가 된다. 세상의 모든 지식을 다 알 수도, 알 필요도 없지만, 모르는 문제를 만났을 때 혼자 힘으로 생각할 수 있으면 미지의 세계가 조금은 덜 두려워진다.

질문에 질문으로 답하는 방식은 아이들의 학습 태도에도 뚜렷한 흔적을 남겼다. 정답을 외우기보다 질문의 맥락을 이해하게 되었고, 문제를 풀기 전에 '왜 이런 문제가 나왔을까'부터 생각했다. 교과서에 없는 질문도 두려워하지 않았고, 실수했을 때도 쉽게 무너지지 않았다. 무엇보다 정답을 알 수 없는 상황에서도 쉽게 포기하지 않았다. 불안이 증폭되는 입시 제도 앞에서 그 태도는 더 큰 능력을 발휘했다. 스스로 계획을 세우고 방향을 점검했고, 가보지 않은 길을 덤덤히 걸어갔다. 정답보다 질문이 중심이 되었던 습관이 결국 사고를 지탱해 주는 단단한 뿌리가 된 것이다. 그 뿌리는 성인이 된 후에도 쉽게 흔들리지 않는다.

하지만 요즘 가족의 속도라면 이런 식의 거북이 대화는 환영받지 못한다. 아이가 모르는 내용, 당장 궁금한 것을 물어보면 부모는 습관적으로 말한다. "네이버에 쳐봐." 맞는 말이다. 부모라고 세상만사를 정확하게 설명할 순 없으니 애매한 스무고개보다 네이버 검색이 정확하다. 그래, 부모도 지쳤고 아이도 익숙해졌다. 질문은 곧 검색이 되었고, 대화는 링크로 대체되었다. 그런데 부모가 꼭 다 알고 아이에게 정답을 제시해야 하는가. 무언가를 함께 궁금해하고, 추측하고, 맞히며 웃는 순간은 그 자체로 소중하다.

그 어떤 어른보다 정확한 정보, 대화보다 더 빠른 결과를 제공해 주는 기술의 시대다. 생성형 AI의 등장은 부모가 도와주지 못했던 숙제도 단숨에 해결해 준다. 아이들의 정보량은 폭발하고 있다. 정확한 정보는 많아졌지만, 대화 속에서 함께 헤매고 웃으며 도달했던 짜릿한 순간은 줄었다. 우리는 더 똑똑해졌지만, 더 가까워졌다고는 말하기 어려워졌다. 아직 글씨를 읽을 줄 모르거나, 스스로 검색할 줄 모르는 아이가 퍼붓는 질문 세례가 부담스러웠던 요즘 부모들에게도 생성형 AI는 듬직한 파트너가 되었다. 아이의 질문을 그대로 입력한 후, '이 내용을 일곱 살의 눈높이에 맞게 설명해 줘'라고 요청하는 방식이다. 아이가 궁금해하는 어떤 것이든 바로 이해할 수 있도록 빠르게 설명해 주겠다는 의지다. 가속의 시대는 과감하게 과정을 생략하기 시작했다.

아이들에게 질문은 여전히 유효한 감정 표현이다. 아이들은 여전히 궁금하다. 다만 그 호기심을 받아줄 어른이 줄어들며 질문은 자취를 감춘다. 질문이 사라진다는 것은 관계가 얄아진다는 신호다.

경청의 다른 이름은 '가족'

바깥세상이 도파민의 속도로 흘러간다면, 집은 옥시토신의 속도로 숨 쉬어야 한다. 그 호흡의 리듬 안에 '경청'이라는 내면의 귀가 자라난다. 경청은 말하는 사람의 속도와 감정에 맞춰 끝까지 함께 머물겠다는 조용한 의지다. 말이 더뎌도, 맥락이 엉켜도, 논리가 부족해도 '나는 네 이야기를 끝까지 들을 준비가 되어 있어'라는 태도다. 그래서 집 밖에서는 좀처럼 경험하기 어렵다. 집 밖의 시간은 촘촘하고, 대화는 효율을 요구하며, 감정보다는 결론이 중요하기 때문이다.

경청은 대화를 잘 이끄는 기술을 넘어, 관계의 질을 결정짓는 본질적인 요소다. 최근 연구에 따르면 부모가 자녀의 말을 끊지 않고, 고르게, 진심으로 들어주는 '고품질 경청'은 자녀의 정서적 안정감과 자기 표현력을 높이고, 부모와의 친밀감을 깊게 만든다. 특히 아이가 실패하거나 혼란스러울 때 판단하지 않고 끝까지 들어주는 태도는 아이에게 '내 감정은 수용될 수 있다'는 심리적 안전감을 심어준다. 이는 자기결정이론self-determination theory에서 말하는 자율성과 관계성 욕구를 충족시키는 핵심 조건이며, 결국 아이가 가족이라는 공간 안에서 편안히 말할 수 있는 사람으로 자라게 만드는 힘이 된다.

가정에서 경청을 경험하지 못한 아이는 친구의 감정에도, 선생님의 말에도 자연스럽게 반응하지 못한다. 정서적으로 눌린 채 앉아 있고, 눈치를 살피며 조심스레 답변을 고른다. 자신의 의견을 말하기를 겁내고 말문을 닫는다. 말하지 못하는 아이는 결국 들을 줄도 모른다. 가정 안에서 기다림 속의 대화를 경험하지 못하면 어느 곳에서도 경청의 기술을 체득하기 어렵다.

우리 가족의 대화는 무척 느린 편이다. 느릴 수밖에 없다. 지능이 평균 이하인 둘째 아이는 대화마다 사뿐히 브레이크를 건다. 적절한 어휘가 생각나지 않고, 문장의 의미가 선명하지 않고, 발음의 정확도도 떨어지기 때문에 어쩔 수 없이 대화의 속도가 나질 않는다. 한 문장마다 브레이크가 반복적으로 사용된다. 처음엔 엄마인 나도 답답하고 불만스러웠다. 성질 급한 나는 탁구공 주고받듯 빠르게 이어지는 대화를 좋아했는데 아이의 속도에 맞추다 보니 느림보가 되었다. 그 느림 속에서 나는 관계가 어떻게 깊어질 수 있는지를 배우는 중이다.

경청은 감정을 천천히 받아들이는 용기이며, 마음에 여백을 허락하는 태도다. 여백을 지켜주는 유일한 공간이 바로 가족이다. 그래서 경청의 다른 이름은 가족이다. 듣는 사람이 있다는 확신만으로도 가족의 말은 조금씩 길어지고, 마음은 그 길이만큼 천천히 열린다. 둘째 아이 덕분에 느려진 대화의 리듬 속에서 비로소 우리는 서로를 이해할 수 있었다. 빠름이 놓쳐버린 것들을 느림이 끝내 품어냈다. 아이는 빠르게 핵심만 간결히 말해야 하는 집 밖에서 하루를 보내고 들어와, 한없이 늘어지는 속도로 자신의 하루를 이야기하며 종일 쌓인 긴장을 푼다.

속도전이 되어버린 가족의 대화

그런데 가족끼리의 대화마저 속도전이 되고 있다. 누가 먼저 말하느냐, 누가 더 정확하게 요점을 말하느냐가 중요해진 분위기 속에서 말이 느린 사람의 감정은 쉽게 묻힌다. 혀끝을 맴돌다 타이밍을 놓친 감정, 용기 내어 꺼내려다 분위기에 눌린 마음, "괜찮아"라는 말로 다급히 덮은 진심이 식탁과 거실 사이를 먼지마냥 떠돈다. 반응은 빠를수록 좋고, 감정은 짧고 명확해야 한다는 속도 중심의 문화가 끝내 느린 감정을 밀어낸다.

　　가족 사이에서도 이런 말을 주고받을 때가 있다. "그땐 말 못했지만 사실은 나도 서운했어." 아이들은 어른의 빠른 판단과 훈육 앞에서 제 감정을 말할 여유를 얻지 못하고 "왜 그랬어?", "그러니까 네가 잘못했잖아"라는 질책에 고개를 숙인다. 시간이 흐른 뒤에야 조심스레 말한다. "그땐 무서웠어요", "속상했는데 아무도 내 말을 안 들어줬어요".

아이들은 원래 감정 표현에 버퍼링이 있다. "지금 말해"라는 압박은 아이에게 위협이 된다. 말 없는 시간이 필요하고 말이 엉키는 순간을 지나야 비로소 마음이 정돈된다. 하지만 부모는 조바심에 그 틈을 빼앗는다. "왜 말을 못 해?", "지금 당장 말해봐" 재촉해서 아이의 입을 닫게 만든다.

도파민의 속도에 잠식되면 누군가가 조심스레 감정을 말할 때 상대의 말을 듣기보다 자신의 말부터 하고, 끝까지 들어주기보다 "요점이 뭐냐"고 다그친다. 그러다 보니 가족끼리도 감정의 리듬이 자주 끊긴다. 감정을 다루는 방식은 대화가 아닌 정리나 판단으로 흘러버린다.

실제로 청소년 우울증 환자의 대다수는 정서적 위기가 닥쳤을 때 가족에게 말할 기회를 얻지 못했다. 서울대학교병원의 한 연구에 따르면 청소년 우울증 초기 증상자 중 74%가 "가족과 대화 시간이 부족했고, 감정을 편하게 표현할 수 있는 분위기가 아니었다"고 답했다. 특정 세대만의 현상인 줄 알았던 정서적 엇갈림이, 사실은 가족 전반의 흐름이었다.

연로한 부모님은 생각을 정리하고 말로 표현하기까지 오랜 시간이 걸린다. 심사숙고 끝에 한마디씩 건네는 말에는 삶의 무게가 담겨 있지만, 자녀나 손주 세대는 "그래서 하고 싶은 말씀이 뭐냐"고 다그친다. 결국 부모 세대는 말문을 닫고, 자녀 세대는 답답하다며 거리를 둔다. 감정과 생각은 전달되지 않은 채 서로의 바깥을 맴돈다. 한때 나이 든 부모의 느린 말에 조급해하던 자녀 세대는, 이제 자신의 아이들에게 같은 방식으로 대우받는다. "엄마 말 너무 길어", "아빠는 왜 그렇게 말이 느려?" 하고 다시 돌아온다. 도파민에 끌려가는 조급한 대화는 세대에 걸쳐 오해와 단절을 남긴다.

감정 표현은 누가 더 빠르냐의 문제가 아니라, 누가 더 기다려줄 수 있느냐다. "그때 못 했던 말을 지금 해줘서 고마워"라는 대답이 가족을 다시 연결한다. 정서적 안전감은 '천천히 말해도 괜찮은 관계'에서 자란다. 누군가의 감정이 내가 기대한 속도로 도착하지 않아도 흘려보내지 않고 기다려주는 것. 바로 그 태도가 가족을 다시 가족으로 만든다.

빠른 반응이 전부일까, 느린 사랑은 없을까

식사는 10분 안에 끝내고 대화는 생략하거나 이모지 한 줄로 대체한다. 오늘의 감정은 요약되고 사랑은 하트를 누르는 걸로 갈음된다. 우리는 가족을 위한 시간을 만들고 있다고 믿지만 그 시간은 점점 더 압축되고 더 즉흥적이며 더 빨라진다. 천천히 알아가야 할 감정들이 속도의 파도에 휩쓸린다. 느린 관계는 퇴물 취급당하고 천천히 가까워지는 사이는 게으름으로 해석된다. '지금도 서먹하다고?', '그걸 아직도 이해 못 해?' 몰이해를 드러낸다. 감정은 반응 속도로 평가받고 유대는 효율로 점검당한다. 어느새 가족도 느긋한 관계가 아닌 기능적 협업체처럼 느껴진다. 우리는 시간을 함께 보내는 법을 완전히 놓쳤다.

느려도 괜찮다고 말해주는 사람이 없다. 모두가 바쁘게 사는 세상에서 잠시 멈추어 숨을 고르면 뒤처진 것 같아 금세 조급해진다. 심지어 아이들도 안다. 빨리 끝내야 칭찬받고 빨리 답해야 똑똑한 거라고. 느긋함은 배움의 기회가 아니라 비효율적인 태도로 여겨진다. 아이에게 천천히 해도 괜찮다고 말하고 싶지만 "빨리해"라는 말이 익숙하게 나온다. 가족이 서로의 감정을 기다려주는 공간이 되지 못하고 속도 맞추기에 바쁜 시스템이 되어버린 이유다. 감정 표현에는 시간이 필요하다. 특히 아이들에게 말 없는 시간은 침묵이 아니라 '준비 중'인 과정일 수도 있는데 우리는 그 흐름을 견디지 못하고 중단시킨다.

도파민 가족이 나누는 대화의 중심에는 부모의 걱정과 불안이 깔려 있다. "공부는 했니?", "숙제는 왜 안 했어?", "그렇게 해서 되겠니?" 등의 질문은 사랑과 관심을 핑계로 한 닦달이다. 부모도 지치고 불안하다. 하루를 겨우 버텨낸 피곤한 몸으로 귀가해 아이의 마음까지 보살필 여유가 없으니 눈에 보이는 결과와 신속한 대답을 요구한다. 그렇게 도파민의 속도와 현실의 피로가 맞물리며 가족의 대화는 조급하고 얕아진다.

빨리 말하고, 빨리 판단하고, 빨리 마무리한다. 하지만 감정은 곱씹고, 맴돌고, 망설이다가 비로소 나온다. 때로는 말문이 막히고, 그 감정이 언어가 되기까지 몇 시간이 걸릴 수도 있다. 어떤 감정은 하루가 지난 뒤에야, 어떤 감정은 며칠을 지나야 정확히 정리된다. 감정에는 저마다의 속도가 있다. 그것도 사람마다, 상황마다 다르다. 속도의 차이를 인정하지 않고 당장 말하라고 다그치는 순간, 감정은 영영 찾기 힘든 곳으로 숨어버린다.

나는 우리 네 식구를 식탁에 끌어모으기 위해 애쓴다. 모여서 이야기를 나누면 해결되는 일이 생각보다 많다. 하지만 모이기가 쉽지는 않다. 바빠서는 핑계고 귀찮은 게 맞다. 그래서 서로의 의견을 교환하고 더 나은 방법을 찾아야 하는 주제를 앞두고는 치킨을 시킨다. 치킨이 오면 다들 모인다. 치킨 뜯는 소리가 대화의 신호가 되고, 양념 묻은 손끝으로 삶의 조각들이 오간다. 바쁘다는 이유로, 피곤하다는 핑계로 흩어져 있던 마음들이 조금씩 느슨해진다. 무거운 대화도 조금 더 가볍게 꺼낼 수 있다. 누구의 잘못을 묻기보다 "그럼 어떻게 하면 좋을까?"라는 말이 먼저 나온다. 회의라기에는 느슨하고 수다라기에는 진지한 시간. 우리 가족은 이 시간을 '가족회의'라고 부르지 않는다. 그냥 '치킨 먹는 날'이라고 부른다.

가족마다 가족을 모으는 저마다의 방식이 있다. 형식은 다르지만 본질은 같다. 빠르게 지나가는 일상 속에서 감정을 붙잡을 수 있는 기회다. 그 자리에선 모든 말이 환영받는다. 잘 모르겠다는 말도, 오늘은 그냥 힘들었다는 말도, 아직 언어가 되지 못한 한숨도 괜찮다.

가족이 느림을 환대하는 가장 실용적인 방법은, 사소하지만 반복 가능한 약속을 만드는 것이다. 루틴 없는 감정은 흘러가고 기다림 없는 대화는 멀어진다. 도파민의 속도에서 한 발 물러서기 위해 우리 집엔 '치킨 먹는 금요일'이 있다. 누군가가 해소되지 않은 감정을 들고 집으로 돌아왔을 때 그 이야기를 맞이할 자리를 마련해 두는 것. 그것이 요즘 시대 가족이 만들어야 할 가장 느긋하고도 단단한 의식이다.

속도에 밀린 사소함

"그냥 좀 서운했어" 같은 작은 표현이 대화에서 자리를 잃어가고 있다. 크고 명확한 감정만 주목받고, 사소한 감정은 조용히 증발한다. 별일 아니라고 무심코 넘긴 감정들이 차곡차곡 쌓이지만 도무지 꺼낼 타이밍이 보이지 않는다. 속도는 높아졌지만 가족의 감정은 우두커니 멈추었다.

사소한 감정의 역습

사소한 감정은 설 자리가 없다. "그때 서운했어"라고 말하려던 찰나, 대화는 이미 다른 주제로 넘어가 있다. 타이밍을 놓치면 말의 온도는 내려가고 감정의 진심은 흐릿해진다. 그래서 결국 혼잣말로 중얼거린다. "뭐, 그 정도는 아니야." 하지만 그건 아닌 게 아니라 머물러주지 않아서 꺼내지 못한 감정이다. 말하지 못한 감정은 말할 가치도 없었던 일처럼 퇴색되고 만다.

우리는 말한다. "별일 아닌데 그냥 내 기분이 좀 그랬어." 하지만 별일 아닌 줄 알았던 감정이 쌓이고 겹치다 어느 날 갑자기 무너진다. 사람을 무너뜨리는 건 거대한 사건이 아니라 아무렇지 않은 척 넘겼던 작고 사소한 감정일 때가 많다. 뒤끝이 없다면 다행이지만 뒷맛이 쓴데도 아무렇지 않은 척 자신의 감정을 지우는 일은 회복이 아니다.

하지만 사소한 감정을 꺼내는 사람은 소심한 사람으로 여겨진다. 무거운 이야기를 본론부터 꺼내기 어려워서 가벼운 말부터 해보려는 것인데 그마저도 유난으로 치부된다. "예민하다" "별일 아닌 걸로 왜 그래" 같은 반응 앞에서 침묵을 배운다. 감정은 더이상 설명되지 않고, 유머로 덮이거나, 무관심으로 위장된다. 괜히 말을 꺼냈다가 오히려 더 멀어질까 봐 진심 어린 말 대신 간편한 웃음을 선택한다.

더구나 우리는 모두 바쁘다. 잔뜩 지쳐 있고, 지나치게 할 일이 많고, 감정까지 챙길 여유는 더더욱 없다. 사소한 감정을 털어놓을 공간도, 사람도, 타이밍도 없다. 그래서 감정은 결국 스스로 해결해야 할 무언가가 된다. '지금 얘기하면 분위기 깨겠지', '아직 타이밍이 아니야' 하며 미루다 보면, 말하고 싶었던 감정은 끝내 말할 수 없는 감정이 되어버린다.

감정을 털어놓는 대신 캔 맥주를 따거나, 유튜브 알고리즘 속으로 들어간다. 잠깐 웃고 잠깐 잊으며 스스로를 달랜다. 내가 아는 어떤 엄마는 저녁마다 소주를 곁들이고, 또 다른 엄마는 와인을 텀블러에 담아 아이가 공부할 때 옆에서 홀짝인다. 어디서부터 어떻게 털어놓아야 할지 엄두조차 나지 않는 감정의 무게가, 어느새 일상의 습관이 된다.

어지간한 감정은 스킵하는 게 미덕이 된 시대. 빠르게 털고, 금세 회복하는 것이 '성숙'으로 받아들여지는 시대. 습관적 스킵은 가족을 무너뜨리고, 회복의 가능성을 삭제한다.

뭐든 괜찮아, 회복하기만 한다면

교육에 조금이라도 관심 있는 부모라면 귀에 박히게 들었을 '회복 탄력성'에 잠시 불만을 표하고자 한다. 이 키워드는 학부모를 비롯한 교육계와 연결된 사람들의 관심을 집중시켰다. 이를테면 '전교권 학생들의 공통된 특징, 회복 탄력성', '결국 성공하는 사람들의 비밀, 회복 탄력성' 등 유튜브나 SNS 피드에서 한 번쯤 보고 들었을 것이다.

사소한 감정을 표현하지 않게 된 사회적 분위기에는 회복 탄력성이라는 메가 키워드의 등장이 영향을 미쳤다. 좋다, 좋은 것이다. 회복 탄력성은 좋은 것이고 유익한 것이고 갖고 싶은 것이고 가져야 마땅한 것이다. 하지만 회복 탄력성을 향한 과도한 칭찬과 학습은 가족 간의 사소한 감정을 소홀히 하는 분위기를 만들어냈다. 어떤 감정이었고 어떤 문제였는지보다 얼마나 빠르고 완벽하게 회복했는지에 점수를 주는 분위기가 형성되었다.

"힘들었다"는데 "그래도 잘 버텼네"가, "화가 났다"는데 "그래도 빨리 풀어서 다행이야"가 돌아온다. 언젠가부터 감정은 서사가 아니라 회복의 속도로 평가된다. 누구보다 빨리 추스르고 금세 웃으며 털어냈다는 걸 증명해야 한다. 그 과정에서 특정 감정이 왜 생겼는지, 어떤 의미였는지는 대체로 지워진다. 감정은 '느낀 것'이 아니라 '얼마나 빨리 복구했는가'로 환원된다. 어느덧 회복 탄력성은 속도의 잣대가 되어 감정의 질감 자체를 지우고 있다.

물론 본래 의미는 중요하나. 회복 탄력성이란 고통과 스트레스를 이겨내는 심리적 복원력을 뜻했고, 회복의 힘을 길러야 한다는 논의는 무력감에 빠진 시대를 위한 처방이기도 했다. 하지만 지금은 조금 달라졌다. '회복하라'가 아니라 '빨리 회복하라'는 압박이 되고, 그 속도가 곧 성장의 척도로 오해된다. 천천히 회복하는 사람은 미숙한 사람, 오래 힘들어하면 약점이 된다. 느리게 아파하는 시간은 배움의 과정이 아니라 결함의 증거로 취급된다. 회복 탄력성은 본래의 의미에서 벗어나, 또 하나의 속도 경쟁으로 전락해 버렸다.

가족은 서로에게 감정을 드러내기 힘들어진다. 아무 문제 없다고 말하는 얼굴, 괜찮다고 반복하는 어투 속에서 가족끼리도 숨겨야 할 것이 된다.

'회복만 하면 된다'는 메시지는 그 자체로 감정의 무효화를 부른다. 아팠던 이유, 힘들었던 정황, 느꼈던 감정의 결이 중요한 게 아니라, 지금은 잘 지내고 있다는 사실만이 부각된다. 마치 '결혼했으니 행복하겠지', '좋은 대학 갔으니 만족하겠지'와 같은 사회적 도식처럼 '회복했다니까 문제없겠지'라는 새로운 도식 속에서 감정의 실체는 자리를 잃는다. 남겨진 것은 회복의 속도에 대한 평가일 뿐, 그 회복이 어떤 상처 위에 쌓인 것인지는 누구도 서로에게 묻지 않는다. 안 그래도 바쁜데 그럴 시간이 어디 있겠는가.

섬세한 감정 어휘의 소멸

최근 김애란의 소설집 『안녕이라 그랬어』를 읽었다. 자본주의 사회의 틈에서 필연적으로 마주하게 되는 씁쓸한 삶의 단면들이 김애란 소설가 특유의 섬세한 문체로 쓰여 있었다. 문장을 따라 내려갈 때면 심장이 천천히 조여들었고, 감정이 안개처럼 서서히 스며들었다. 큰 감명을 받은 나는 책을 덮자마자 다른 독자들의 후기를 찾아보았다. 예상대로 칭찬 일색이었지만 독자평을 읽으며 묘한 공허함이 밀려왔다.

"정말 재미있었어요", "뭐라 설명할 수 없는 작가님만의 멋

짐 폭발", "김애란 작가님 최고", "미쳤음… 사서 읽길 잘했습니다". 책을 향한 진심 어린 칭찬이었다. 하지만 아무도 그 이야기의 결을, 문장에 묻어 있던 감정의 층위를, 인물의 숨죽인 슬픔을 구체적으로 언급하지 않았다. 모두가 감동했지만 감동을 표현하는 언어는 없었다. 대신 '찢었다', '대박이다', '레전드' 같은 단순하고 흔한 표현들이 반복되었다.

우리는 감정 표현이 가장 자유로운 시대를 사는 듯하지만 사실 감정을 가장 단순하게 축약하여 표현하는 시대를 산다. 단어는 넘쳐나는데 섬세한 생각과 감정을 설명할 언어는 사라졌다. 감정은 여전히 살아있는데, 감정을 담을 어휘는 점점 빈곤해진다. 그래서 우리는 서운하다는 말 대신 "노잼"이라 쓰고, 불편한 감정은 "좀 그랬다"로 축약한다. "씁쓸했어"라는 말은 "이거 맞아?"로 통치고, "기대와는 조금 달랐어"라는 문장은 "ㅂㄹ(별로)"라는 한 단어로 통친다. '할많하않'이라는 표현이 대표적이다. 할 말이 많은데 굳이 하지 않겠다는 뜻인지, 혹은 할 말이 너무 많아서 감정이 뭉치고 얽혀버려 도저히 표현할 수 없다는 것인지, 이 세상에서 가장 복잡한 감정이 네 글자 안에 봉인된다.

"그냥 그렇다고"라는 말을 가족에게서 들어본 적 있을 것이다. 답을 한 건 맞는데 대답하지 않은 것과 다름없다. 감정의 윤곽은 대략적으로 보이는데 알맹이가 보이지 않는다. 깊이 묻지 말라는 신호로, 할 말은 많지만 그 감정들을 조리 있게 정리할 자신도, 누군가 진심으로 들어줄 거라는 기대도 없는 상태라는 의미이다.

복잡하고 애매한 감정의 결이 '그냥'이라는 단어 안에 매몰된다.

우리의 감정은 더 단순해지고, 압축되고, 삭제된다. "미쳤음" 세 글자에 모든 감정이 가려진다. 어떤 부분에 감명이 깊었는지, 그것이 나에게 어떤 감정을 불러일으키고 어떤 기억을 소환하는지, 지금 나의 사정과 얼마나 알맞은지는 증발한다. 어휘력이 줄어든 게 아니라 정서의 밀도가 낮아진 것이다. 감정을 담을 말 그릇이 사라졌기 때문이다.

과장되고 자극적인 어휘의 시대

유튜브 앱을 열어 보자. '폭풍 오열', '충격 실화', '인생 영상' 같은 워딩이 쏟아진다. 별일 아닌 일상 브이로그에도 '힐링 그 자체', '현실 웃음주의' 같은 문구가 빠지지 않는다. '슬펐어요', '좋았어요', '감사했어요' 같은 순한 감정으로는 클릭을 유도할 수 없는 시대. 감정은 더 과장되어야 하고, 표현은 더 자극적이어야 한다. 반응을 끌어내지 못한 감정은 관심을 받지 못한 채 유튜브 알고리즘에서 멀어진다. 도파민은 이 흐름을 누구보다 사랑한다. 간지러운 농담, 잔잔한 서운함, 은은한 감동처럼 느리고 섬세한 감정들은 뇌의 보상회로에서 밀려난다. 자극이 없는 표현들은 이제 각자의 일기장에나 어울릴 법한 밋밋한 어휘로 전락한다.

요즘 유튜버들은 초조하다. 지금부터 내가 할 이야기는 지난

8년 동안 유튜브 채널을 운영해 온 입장에서 서술하는 솔직하고 생생한 경험담이다. 유튜브 초창기, 일반인 유튜버가 막 등장하던 시절엔 영상 하나만 올려도 "귀한 경험을 무료로 나눠주셔서 감사해요. 커피라도 한잔 사드리고 싶어요"라는 댓글을 받았다. 영상의 길이는 중요하지 않았고, 한 번 틀면 끝까지 보는 것이 일반적이었다. 대단한 정보나 비밀 폭로가 아니어도 내가 좋아하는 채널에 새 영상이 올라왔다는 이유만으로 일단 누르고 보던 시절이었다.

생각해 보면 그때가 호시절이었다. 지금은 영상 초반 5초 안에 임팩트가 없으면 바로 이탈한다. 이탈률을 줄이기 위해 감정도, 서사도, 갈등도 압축해서 욱여넣는다. 조회 수가 터진 인기 영상을 따라 하느라 유튜버들의 영상은 갈수록 유사해지고, 썸네일은 점점 더 강렬해진다. 이제 유튜버는 콘텐츠 제작자가 아니라 끊임없이 알고리즘의 눈치를 보는 곡예사가 되었다. '구독자들이 3분 안에 떠나지 않을까?', '썸네일이 충분히 자극적이지 않나?', '포인트 자막과 효과음이 더 자주 터져야 하나?' 매 업로드마다 치밀하게 계산해야 한다. 긴 호흡으로 풀어가던 영상은 사라지고, 모든 장면이 클라이맥스처럼 편집된 짤막한 영상이 대세로 자리 잡았다. 도파민을 자극하는 즉시성과 알고리즘의 가속도가 결합하면서, 유튜버는 창작자가 아니라 도파민 공급자가 되어간다.

한 번은 초등학생의 자기주도학습에 관한 영상을 정성껏 만들었다. 제목은 '아이의 속도에 맞춰 기다리는 공부 습관'. 담백했다. 엄마와 아이가 나란히 앉은 사진 위에 "습관은 기다림으로 자란다"는 문구를 넣었다. 진심이었다. 아이의 성장은 조급함이 아닌 신뢰에서 시작된다는 메시지를 전하고 싶었다. 그런데 조회 수는 무덤처럼 고요했다. 며칠 뒤, 제목을 바꾸었다. "초등 자기주도 꿀팁 3가지(공부하란 말 안 해도 알아서 한다고요?)". 썸네일도 다시 만들었다. '쏘옥 빠져드는 비법', '엄마가 놀란 변화' 같은 문구로 도배했다. 효과는 즉각적이었다. 조회 수는 눈에 띄게 상승했고, 추천 알고리즘이 움직이기 시작했다.

문제는 그 이후였다. '무엇을 전할 것인가'보다 '어떻게 보일지'가 더 고민이 되기 시작했다. 아이의 자기주도란 소소한 실패를 반복하며 형성되는 힘이다. 그 과정에서 부모가 어떤 태도로 버티는지가 더 중요하다. 하지만 내가 담고 싶었던 내용은 제목에 담기지 못했고, 영상 안에서도 잘려 나갔다. 나는 결국 "절대 실패하지 않는 공부 습관 만들기", "하루 10분이면 성공하는 집 공부 비법" 같은 자극적인 문구 제작에 점점 더 익숙해졌다.

정답을 강조하는 말투, 변화 전후를 명확히 보여주는 편집, 빠르게 자극을 끌어오는 단어. 나는 변해갔다. 섬세한 감정을 꺼내고 싶지만, 그런 건 클릭을 유도하지 못한다는 사실을 너무 잘 알고 있기 때문이다. 결국 남는 건 짧은 요약과 확실한 반응. 도파민은 그렇게 알맹이를 도려내고 껍데기만 남긴다.

구독자들의 사정도 딱하다. 유튜브 앱을 열었다가 당장 눌러보지 않으면 큰일 날 것만 같은 자극적인 썸네일에 낚이고, '별거 없네', '이번에도 썸네일은 과장이었구나'를 깨닫기를 수차 반복한다. 결국 어지간한 어휘에는 무감각해진다. 감정의 감도가 낮아진 것이다. 그럴수록 유튜버들은 더 자극적인 어휘를 찾고 먹고살려면 어쩔 수 없다는 핑계를 댄다.

　이 모든 변화의 중심엔 '속도'가 있다. 빨리 클릭시키고, 빠르게 반응하게 만들고, 짧은 시간 안에 강한 자극을 쏟아부어야 살아남는다. 우리 가족이 전보다 헐거워졌다는 느낌을 받은 적이 있는가? 제대로 보았다. 우리에겐 대화가 다시 시작될 틈 따위 없다.

균형
: 도파민과 공존하는
거실 속 일상 루틴

속도를 늦추면 방향이 보인다. 균형은 빠름과 느림 사이, 반응과 기다림 사이에 있다. 느긋함은 단순한 여유를 넘어 서로를 지키는 시간이다. 가족의 리듬도 마찬가지다. '같이 밥 먹는 시간', '함께 치우는 루틴', '정해진 시간의 산책'처럼 예측 가능한 반복은 뇌를 안심시키고, 정서를 보호하는 작고 든든한 구조물이 된다. 도파민에 휘둘리지 않는 삶은 자극을 차단하기보다, 자극 사이에 숨 쉴 틈을 만든다. 이제 그 연습을 다시 시작해 보자.

느린 놀이의 시간

빠르고 편리한 것에 익숙해진 뇌는 천천히 반복되는 활동을 금세 지루해한다. 하지만 그 지루함을 조금만 견디면, 뇌는 머무는 감각을 다시 떠올리기 시작한다. '느린 놀이의 시간'은 감각을 되찾는 연습이다. 정답도, 경쟁도, 목표도 없는 활동, 바느질, 블록 맞추기, 그림 그리기, 종이접기처럼 손을 반복적으로 움직이는 조용한 놀이는 전전두엽을 안정시키고 주의의 흐름을 붙잡아주는 데 큰 효과가 있다. 무엇보다 함께하면서도 말이 필요 없다는 점이 좋다. 나란히 앉아 각자 무언가를 만드는 시간 속에서 감정의 리듬이 맞추어진다. 중요한 건 완성도가 아니다. 그 시간 동안 뇌가 어디에 머물러 있었는지다. 도파민은 자극에 반응하지만, 몰입은 반복과 여백 속에서 자란다. 그 여백 속에서 가족은 감각을 되찾고, 다시 가족이라는 이름을 쓴다.

응용 아이가 어리면 색칠, 찰흙, 스티커북처럼 단순한 놀이로 시작해도 좋다. 바느질은 느린 리듬을 익히는 데 탁월한 도구다. 짧게는 10분, 길게는 지루하다고 느껴질 때까지 해보고, 끝난 뒤 함께 만든 걸 보여주거나, "뭐 만들었는지 이야기해 줄래?"라고 가볍게 물어보자.

느린 산책 챌린지

걸음에도 리듬이 있다. 그런데 우리는 어느 순간부터 그 리듬을 운동량과 만보기 숫자로 측정하고 있다. '느린 산책 챌린지'는 잃어버린 리듬을 회복하는 작업이다. 목적지도, 목표 걸음수도 없다. 단 하나의 기준은 '시간'이다. 10분이든 20분이든, 정해진 시간 동안 천천히, 가까운 거리라도 느긋하게 걸어보는 것이다. 걷는 동안은 풍경을 유심히 살펴보거나, 발걸음 소리에 집중하거나, 아무 생각 없이 걸어도 좋다. 중요한 건 '더 빨리'보다 '잠시 멈춤'을 택한 내 감각을 다시 만나는 일이다.

뇌과학 연구에 따르면 초록색 풍경을 바라보는 것만으로도 스트레스 호르몬인 코르티솔 수치가 낮아지고, 주의력과 집중력이 회복된다고 한다. 감각 자극에 지친 뇌는 느린 움직임과 자연의 리듬을 통해서만 진짜 회복의 신호를 받는다. 이 챌린지는 운동이 아니라 회복을 위한 연습으로 자극에서 벗어난 자리에서만 감정이 다시 연결될 수 있음을 알려준다.

응용 가족이 함께할 땐 '누가 더 느리게 걷나' 게임처럼 진행해도 재미있다. 중간에 잠시 멈추어 하늘 보기, 나뭇잎 만지기, 바람 소리 듣기 같은 감각 포인트를 정해두면 산책의 밀도가 훨씬 높아진다. '산책 시간표'를 만들어 매주 한 번씩 가장 기억에 남는 느림의 순간을 기록해도 좋다. 기록이 쌓이면 가족의 리듬이 된다.

함께 만드는 느린 식탁

빠른 배달, 간편한 밀키트, 전자레인지 3분 완성 요리. 식사는 점점 '먹는 행위'로 축소되고, 준비하고 기다리는 과정은 사라졌다. '함께 만드는 느린 식탁'은 그 사라진 시간을 다시 식탁 위로 불러오는 연습이다.

토요일 오후, 단 한 끼라도 즉석식품 없이 가족 모두가 참여해 요리하고 식탁을 채워보자. 누군가는 채소를 다듬고, 누군가는 상을 차리고, 누군가는 국을 데우다 보면 구태여 대화를 하지 않아도 접시 위에는 '함께 만든 시간'이 담긴다. 음식의 맛이 아니라 속도의 밀도가 식탁의 분위기를 바꾼다. 느린 식탁은 속도를 줄이는 것뿐만 아니라, 기다림, 협동, 감사, 대화를 데운다. 그렇게 완성된 한 끼는 입이 아닌 기억에 오래 남는 따뜻한 맛이 된다.

응용 아이와 함께라면 '내 반찬 하나 만들기' 미션으로 참여도를 높일 수 있다. 요리를 잘하지 않아도 괜찮다. 오히려 소박한 재료일수록 함께하는 재미가 커진다. "당근 내가 썰었어!", "우리 가족 김치볶음" 같은 참여의 말이 오가는 순간, 음식은 먹는 것을 넘어서 이야기의 중심이 된다.

우리 가족 타임캡슐

시간이 흘러도 변하지 않는 것이 있을까? '우리 가족 타임캡슐'은 현재의 마음, 말, 물건, 그리고 웃음을 미래의 우리에게 건네는 작은 의식이다. 만드는 방법은 간단하다. 작은 상자를 하나 준비해 저마다 넣고 싶은 것을 담는다. 손 편지, 요즘 좋아하는 것, 서로에게 하고 싶은 말, 그날 찍은 사진, 쪽지에 적은 고민, 좋아하는 간식 포장지 하나까지. 거창하지 않아도 괜찮다.

타임캡슐은 1년 뒤, 아이가 중학생이 되는 날, 아빠 생일 3년 후처럼 가족이 함께 약속한 날에 열기로 한다. 상자 위에 개봉 날짜를 크게 써두고 잊힌 듯 보관한다. 시간이 흘러 약속한 날 타임캡슐을 열어보면 "이때 이런 생각 했었어?", "이거 네가 쓴 거야?", "너무 귀엽다" 하고 기억보다 생생한 감정이 돌아온다. '정서적 리플레이emotional replay'가 일어나는 순간이다. 단순히 과거를 떠올리는 게 아니라, 그때의 감정을 다시 체험한다.

심리학에서는 이를 '재구성적 회상reconstructive recall'이라 부른다. 과거의 정서를 다시 떠올리고 재구성하는 과정이 현재의 정서 조절과 자기 이해에 긍정적인 영향을 준다. 특히 감각적 회상은 단순한 기억 재생을 넘어, 나를 돌아보는 자기반성과 앞으로를 상상하는 미래 시뮬레이션 기능을 함께 자극한다. 타임캡슐은 단순히 물건을 넣어 보관하는 상자가 아니라, 우리 가족이 같은 시간에 머물렀다는 증거가 된다.

응용 아이가 어리면 그림을 넣어도 좋고, 소리를 녹음한 파일을 USB에 담아 넣는 것도 재미있다. 비밀 쪽지를 넣고 나중에 누가 썼는지 맞히는 이벤트로 만들어도 된다. 상자의 이름도 가족만의 표현으로 정해보자. '우리 집 기억 상자', '나중에 웃자 상자', '잠깐 멈춘 마음 박스'처럼. 감정도 기억처럼, 잘 포장해 두면 다시 꺼내어 나를 따뜻하게 해줄 수 있다.

5장
불안

비교의 시대
: 가족의 일상은 왜 불안해졌을까

가족만의 방식으로 살아도 괜찮았던 시절이 있었다.
SNS 전성시대 우리는 가족의 주말, 식사, 휴가, 심지어 행복마저
타인의 피드와 비교하며 채점한다.
비교라는 행위는 보상을 즉각적이고 반복적으로 만들어낸다.
'좋아요'가 더는 좋지 않다.

5장에서는 '가족여행'에서 시작된 쉼의 불안,
'추억과 계정'으로 변질된 관계, '인증'이라는 도파민 공식,
'비교적 행복하다'라는 말에 담긴
씁쓸한 아이러니를 따라간다.

이 모든 질문의 끝에서 결국 묻는다.
진짜 우리 가족의 삶과 행복은 어디에 있는지.

가족여행이라는
스펙

잘 쉬기 위해 지치는 가족

휴식이라는 목표로 시작했지만 시험 준비 계획처럼 여행 일정이 빼곡하다. 맛집, 액티비티, 인증샷까지 빠짐없이 챙겨야 '잘 다녀온 여행'이다. 도파민은 짧고 강한 자극을 반복하게 만들고, 가족은 기대에 맞추어 움직인다. 분명 카메라 앞에서는 웃었는데 카메라 뒤에서는 왜 이리 피곤할까. 쉬러 간 게 맞는데 왜 쉬고 온 느낌이 없을까. 뇌는 이미 지쳐 있다.

괌 바람을 아십니까

누군가를 가장 부러워했던 경험이 언제였는가? 대개 내가 미처 자각하지 못했던 욕망, 숨겨둔 결핍과 정면으로 마주치던 순간이다.

두 아이가 초등학생이던 시절, 나를 미치게 만들던 단어는 '괌'이었다.

평범하고 무난했던 경기도 용인의 어느 마을에 소리 없이 괌 바람이 불기 시작했다. 네 식구가 마음껏 먹고, 사고 싶은 거 다 사면 이천만 원이 훌쩍 사라진다던 그곳. 물론 알뜰한 가성비 여행을 시도하는 집들도 없지 않았다. 그럼에도 괌은 타미 힐피거 반팔 티셔츠를 한국의 반값으로 살 수 있는, 사지 않고는 못 배긴다는 전설 속의 쇼핑 천국이었다. 그런 이유에서 다른 집의 괌 여행 후기를 듣고 돌아온 저녁이면 쌀을 씻는 손끝에 짜증이 맺혔다. 분명히 별일 없는 무탈한 하루였는데, 그놈의 괌 때문에 식식거리다 잠들었다.

하루쯤 속이 뒤집혀도 종종거리며 저녁을 차리다 보면 풀리던 시절. 감정은 물에 헹군 쌀겨처럼 금방 흘러가 버렸고, 우리 가족은 숟가락을 부딪치며 시끄러운 속을 달랬다. 그러다 막 시작한 SNS에서 하와이를 보았다. 연예인이나 가는 곳인 줄 알았던 호화 여행지에 나처럼 애 둘 앞세운 가족이 턱턱 잘도 다녀오고 있었다.

하와이. 당시 우리 동네엔 하와이에 다녀온 가족이 없었다. 4인 가족이 하와이 한 번 다녀오려면 얼마가 드는지를, 그런 곳에 돈을 무서워하지 않고 다니는 가족이 존재한다는 사실을 SNS로 배웠다. 우리 동네에 괌 바람이 불던 시절, 나를 붙잡아준 유일한 방패는 '모름'이었다. 제아무리 샘이 많아도 모르는 세상을 질투

할 순 없었다. 어쩌다 한 집이 큰맘 먹고 다녀온 가족여행 이야기에 수시로 흔들리던 내가 요즘 같은 실시간 비교의 시대에 어린아이를 키우지 않는다는 것은 큰 행운이었다. 그러나 지금의 가족에겐 무지의 기쁨이 허락되지 않는다. SNS가 비교의 경계를 완전히 허물었다.

이 사실에 주목해야 하는 이유는 누군가의 가족여행 게시물이 한 장면에서 그치지 않고 공식이 된다는 점 때문이다. 놀거리로 가득한 워터파크에서 아이가 신나게 물놀이하는 장면, 방금 체크인한 호텔의 하얀 침구 위에서 뒹구는 가족, 유명 레스토랑에서 감탄사를 내뱉는 짧은 영상들. 내 뇌는 그 장면들을 일종의 규칙으로 받아들이고, 반드시 나를 기분 좋게 만드는 공식으로 인식한다. '나도 언젠가 저걸 하면 행복해질 거야.'

우린 너무 많이 보고, 너무 많이 안다. SNS가 없던 시절에는 놀이터에서 동네 아줌마들과 안면을 트고 이런저런 이야기를 나눈 끝에야 겨우 알게 되었을 남의 집 속사정이 손바닥 위에서 자동 재생된다. 비슷한 또래의 아이를 키우는 가족의 공항 패션, 수영장, 맛집, 원피스, 선크림 정보가 실시간으로 도착한다. 속도는 빨라지고 거리는 좁혀졌다. SNS 속 가족이 하와이 5성급 호텔에서 늘어지게 쉬고 있는 모습을 보니 내가 조바심이 난다. 우리는 어느새 서로를 조용히, 그리고 끊임없이 또 성실하게 채점하기로 합의했다. 누구도 시키지 않았지만 모두가 참여하는 '좋아요 배틀'을 시작한 것이다.

비교는 마음을 불편하게 만드는 감정 문제만이 아니다. 뇌가 작동하는 방식, 더 정확히는 뇌의 보상 예측 시스템이 반응하는 방식이다. 누군가의 여행, 아이의 수상 소식, 아침부터 운동을 마친 사람의 인증 사진. 처음엔 '저런 것도 있구나' 하던 장면을 계속 반복 학습하다 보면 뇌는 그것을 '하면 기분 좋을 듯한 것'에서 '반드시 해야 할 것'으로 바꾸어 저장한다. SNS 시대의 비교는 결국 뇌가 강제하는 생리적 습관이 된다.

결과는 비극이다. 뇌는 과잉 자극을 나름의 방식으로 받아들이기 시작한다. 타인의 삶에 반응하며 살아가는 뇌로 재편된다. 내가 원한 것도 아니고 선택한 것도 아니지만 이렇게 살아야 할 것 같다. 그 구조 안에서 우리는 삶의 모든 요소를 비교한다. 다른 가족의 여행이 내 가족의 현재를 평가한다. 그 비교는 단순한 감정이 아니라 습관화된 신경 회로로 작동한다. 결국 우리의 뇌는 타인의 삶을 살아내느라 정작 자기 삶을 돌아볼 힘을 잃어버린다. 그러니 피곤하다. 정말이지 피곤해 죽겠다.

가족여행이라는 스펙

바야흐로 가족여행이 스펙이 되었다. 우리만의 추억이 아니라, 남에게 보여줄 만한 장면이 되어야 여행에 의미가 생긴다. 여름휴가 장소에 따라 이 집, 저 집이 평가받는다. 블랙핑크 공연이 해외에서만 열리던 시절, 아들의 친구 중 하나는 오직 공연을 보기 위해 가족과 미국에 다녀왔다. 그 사실 하나로 그 가족의 여러 상황을 짐작할 수 있었다.

은밀하고 사적인 감정이었던 부러움은, '좋아요'와 조회 수라는 이름의 공개된 평가 시스템으로 구조화되었다. "우리 가족만 맨날 집에 있네?", "다른 집 보니까 우리 애들한테 미안해"라는 푸념은 비교의 피로가 의무로 작동하기 시작했다는 신호다. 어딘가 가고 싶어서가 아니라 안 가면 불안해서 여행을 떠난다. 가족의 휴식과 행복이 온전히 보장되어야 할 시간이 타인의 평가 대상이 되고, 피드 속 경쟁의 소재로 변한 것이다.

가족여행은 일상을 잠시 멈추고 서로의 온도를 재조정하는 시간이었다. 어디를 가느냐보다 누구와 함께 가느냐가 더 중요했고, 특별한 무언가를 하지 않아도 집이 아닌 새로운 공간에 함께 머무는 것만으로도 충분한 위로가 되었다. 그 위로는 고급 리조트에서 일어날 필요가 없었다. 오래된 펜션 창문 틈 사이로 들어온 햇살일 수도 있었고, 냉장고에서 막 꺼낸 캔 맥주 하나를 돌려 마시며 나눈 실없는 농담일 수도 있었다. 여행에서 얻어오고 싶었던 건 풍경도 체험도 아닌 느슨해진 가족의 시간이었다.

하지만 도파민 가족의 여행은 본래의 의미를 상실했다. 쉼이 아니라 기획이 되었고, 감정이 아니라 성과로 측정되었다. "이번에 어디 다녀왔어?"라는 질문은 안부가 아니라 검열처럼 들리고, SNS에 올릴 마땅한 사진이 없으면 실패한 여행처럼 느껴진다.

유명 맛집에 줄을 서고, 일정표대로 빠듯하게 움직이고, 사이사이 다 함께 인증 사진을 찍는다. 웃는 척, 신난 척, 먹고 있는 척. 두고 두고 떠올릴 그 순간의 감정 대신에 SNS 게시물에 달릴 다른 사람의 반응만 살아남는다.

일본 드라마 〈고독한 미식가〉의 주인공 고로는 혼자 식당을 찾아가 말없이 음식을 음미한다. 어떤 미사여구도 없이, 누구에게도 인증하지 않은 채 조용히 자신만의 식사에 집중하고 만족한다. 그 장면이 자꾸 떠오르는 이유는 그가 무언가를 증명하거나 어딘가에 남기기 위해 먹는 것이 아니라 자신의 리듬으로 현재에 집중하기 위해 먹기 때문이다. 자신의 취향과 눈앞에 놓인 음식에 집중하는 장면은 우리가 잊고 사는 쉼의 민낯을 보여준다. 말없이 음미하는 맛처럼 사진 한 장 남기지 않아도 좋았던 가족의 대화, 일정을 놓치고 잠깐 길을 헤매던 중의 산책, 계곡에서 놀던 아이가 반쯤 덜 마른 수건을 들고 깔깔거리던 순간이야말로 진짜 위로였다. 누군가에게 보여주지 않아도 우리에겐 충분히 좋았던 기억이 있었다.

우리 가족은 틈나면 여행을 다닌다. 가장 최근의 여행은 충북 진천에서의 1박이다. 고등학생들과 무슨 가족여행이냐 하겠지만 우리는 아이들이 싫다면 안 가고, 좋다면 가는 식으로 여행을 이어오고 있다. 경제적으로 여유가 생긴 몇 년 전부터는 종종 해외여행을 다닌다. 하지만 이 모든 여행을 나는 SNS에 올리지 않았다. 꽤 바람이 불던 시절 나는 남들 다 가는 여행을 우리만 못 가는 것 같아 속이 끓었다. 그런 이유에서 가족여행을 스펙으로 만들고 싶은 내 욕망에 죄 없는 다른 가족이 불행해질 수 있음을 안다. 행복을 누리면서도 감추어야 하는 아이러니는 도파민 시대 가족이 겪는 새로운 모순일지 모른다.

여행을 감추는 사람은 나만이 아니다. 요즘 부모들은 여행 사진을 올릴지 말지를 두고 진지하게 고민한다. 자랑처럼 보일까 두렵고, 누군가를 괜히 초라하게 만들까 불편하다. 묘한 건, 이 숨김조차 또 다른 경쟁의 형태로 작동한다는 사실이다. "저 집은 SNS에 올리지 않아도 여유가 넘치는 집"이라는 평판이 따라붙는다. 지인과 대화를 나누다 얼마 전 다녀온 홍콩 여행에서 스마트폰을 잃어버렸다고 했더니, 왜 SNS에 홍콩 이야기가 없었냐며 몰래 다녀왔다는 핀잔을 들었다. 거짓말을 하다 들킨 듯한 묘한 기분이 들었다. 딱히 내가 뭘 속인 적은 없는데 말이다.

이러한 아이러니 속에서 가족은 여행의 본질을 잃는다. 휴식과 추억이 아니라, '올릴까 말까'의 줄다리기가 되고 감추려는 선택조차 하나의 이미지 관리 전략이 된다. 보여주는 사람도, 숨기는 사람도 도파민 시스템의 법칙 안에서 움직인다. 행복은 이미 가족 안에서 충분히 있었음에도, 우리는 여전히 그것을 어떻게 '보여줄지' 고민한다.

잘 쉬기 위해 지치는 가족들

여행 계획은 업무가 되고, 부담이 된다. 떠나기 전부터 핫한 숙소, 체험형 코스, 리뷰 좋은 맛집이 빼곡히 정리된 일정표가 공유된다. 캐리어에는 옷이 아니라 콘셉트가 담기고, 여행지의 날씨보다 인스타그램 피드의 톤 앤 무드가 중요하다. 마주 앉은 대화와 함께 보는 풍경보다 사진이 잘 나올 앵글이 먼저다. 일정표를 따라 수학여행 온 학생들처럼 움직이며, 빡빡한 일정 속에서 SNS에 올릴 만한 사진을 많이 남길수록 더 알찬 여행처럼 여겨진다. 덕분에 이번 여행도 건졌다. 추억은 모르겠고 SNS용 사진은 확실히 건졌다.

물론 SNS용 사신은 딘 흰 장도 그냥 거져지지 않는다. 순간을 잘 담아내고 있는지를 수시로 상호 점검한다. 찍은 사진은 곧장 보정해 올리고, 영상 편집은 숙소로 돌아가자마자 처리할 숙제로 남는다. 부모는 아이의 손을 잡으며 화면 속 구도를 계산하고, 아이는 부모의 얼굴이 아니라 까만 렌즈를 바라보며 웃는다. 여행은 아직 끝나지 않았는데, 마음은 이미 편집 모드에 들어가 있다. 지금 이 장면이 좋은지를 느끼기도 전에 잘 나올지를 걱정하는 가족들. 계획했던 핫플레이스도 다녀왔고, 유명 맛집에 들어가 사진도 건졌고, SNS에 실시간으로 업로드한 끝에 부럽다는 댓글과 좋아요도 제법 많이 받았는데 몸이 무겁고 마음이 허전하다. 쉬고 왔는데 피로하다. 이거 진짜 휴가 맞나. 이상하다.

기록하지 않으면 존재하지 않는 도파민 시대 가족으로 살아간다는 것. 도파민은 성과 있는 쉼을 가장한 또 다른 노동을 설계했고 우리는 그 틀 안에서 놀다가 지쳤다. 정신과 전문의 수 바르마는 『합리적 낙관주의자』에서 이 현상을 '기술 사용의 주도권 상실'이라고 표현한다. 단지 SNS를 보는 것이 아니라 SNS에 내가 어떻게 보일지를 끊임없이 계산하는 상태이다. 가족은 그 성과를 위한 모델이자 연출팀이 되었고, 쉼은 피드에 올릴 장면을 수확하는 미니 프로젝트가 되었다.

오래 기대해 온 여행, SNS에서 미리 봐두었던 황홀한 풍경, 도착하자마자 얻은 완벽한 구도의 가족사진, 맛집 오픈 런 성공까지. 이 모든 순간마다 도파민이 솟구친다. 문제는 그 도파민이 생각보다 훨씬 빠르게 증발한다는 점이다. 강한 자극을 경험한 뇌는 그 자극을 기준선으로 삼고, 그보다 약한 자극에는 점점 무뎌진다. 예약이나 대기 없는 식당의 밥맛은 왠지 심심하고, 평범한 경치는 사진으로 남기기에는 무언가 아쉽다.

그래서 여행의 절정이 지나가면 뇌는 금세 다음 보상을 찾아 헤맨다. '다음 핫 플레이스는 어디지?', '저녁엔 또 뭘 하지?' 묻고 또 묻는다. 쉬러 갔지만 뇌는 쉴 틈이 없다. 휴식을 위해 출발한 여행이 계속해 뇌를 자극하는 마라톤이 된 것이다. 그때 찾아오는 피로함은 단순한 과로가 아니라 감각의 과잉에서 비롯된 탈진이다. 쉬고 왔는데 더 지친다. 휴가에 쉼이 없고, 가족여행에 가족이 없다.

쉼을 흉내 내는 중입니다

주말 오후, 여유롭다. 그런데 여유로우니 불안해진다. 아무것도 하지 않는 가족이 거실에 함께 머무는 시간이 낯설어지고 있다. 도파민은 우리에게 아무것도 하지 않고 함께 있기만 한 관계를 허락하지 않는다. 무언가를 반드시 해야만 그 시간이 의미 있다고 믿게 만든다. 결국 우리는 가족끼리도 편히 멈추지 못하고, 거실에서도 편히 뒹굴지 못한다. 휴식은 사라지고 함께의 의미를 증명해야 하는 새로운 노동이 추가되었다.

요즘은 가족의 쉼도 근사해 보여야 한다. '주말 브이로그', '가족과 함께하는 힐링 캠핑', '아이와 만드는 감성 홈 카페' 같은 콘텐츠가 넘쳐나고, 평범했던 하루는 '소소한 하루, 일상 브이로그'라는 이름으로 편집된다. 마당에 돗자리 하나 펴놓고 라면을 끓이는 장면에도 슬로우 모션과 자막, 배경 음악이 더해지고, 소파에 누워 티브이를 보며 뒹구는 오후조차 '노 플랜 패밀리 데이'라는 태그가 바짝 따라붙는다.

문제는 이 모든 콘텐츠가 '우린 이렇게까지 잘 쉬고 있다'는 신호를 끊임없이 외부로 송출하고 있다는 점이다. 아무것도 하지 않는 시간은 게으름으로, 무언가 하지 않은 주말은 게으른 부모가 된 것 같다는 불안으로, 빈 시간의 여유를 즐겨야 할 아이는 뒤처진 것 같아 보인다. 잘 쉬는 가족처럼 보이기 위해 더 바쁘게 움직인다. 쉬기 위해 뛰고, 멈추기 위해 경쟁하는 기묘한 역설 속에서는 쉼마저 시끄럽다.

도파민은 그 과정을 칭찬하듯 뇌를 쓰다듬는다. '좋아, 이번 주말도 의미 있었어!' 짧은 뿌듯함이 스쳐간 뒤에는 어김없이 허전함이 밀려온다. 도파민은 다시 새로운 의미를 요구한다. 우리는 욕망에 끌려가면서도 필요한 쉼이라 착각한다. 이쯤 되면 쉼마저 가족 프로젝트가 된 셈이다.

우리는 왜 휴식조차 증명받으려 안달일까. 답은 단순하다. 쉼이 도파민의 회로 위에서 작동하기 때문이다. 누군가의 시선을 얻을 때 뇌는 보상을 받고, 짧은 쾌감은 '잘 쉬었다'는 착각을 불러일으킨다. 그 순간이 지나면 다시 허전함이 몰려오고, 더 많은 인증과 더 그럴듯한 연출을 요구한다. 결국 가족의 평범한 쉼은 휴식이 아니라 또 하나의 경쟁이 된다. 멈추는 순간조차 달려야 하니 가족은 계속해서 지쳐간다.

쉼은 타인의 '좋아요'가 아니라, 내 안의 회복감에서 시작된다. 가족과 함께한 낮잠, 산더미 같은 설거지를 미루고 마신 커피 한 잔, 누구에게도 보이지 않았던 순간들이 진짜 쉼이다. 아무것도 하지 않아도, 어떤 것도 올리지 않아도 괜찮다. 기록되지 않은 시간 또한 가족의 삶이다. 쉼은 연출이 아니라 회복이어야 한다.

내게 쉼은 머리를 감지 않아도 되는 아침이다. 강연, 촬영, 미팅이 빼곡한 날엔 부지런히 씻고, 감고, 두드리고, 그려야만 한다. 그래서 머리를 감는 행위는 곧 긴장되는 하루의 시작을 뜻한다. 반대로 머리를 안 감아도 되는 아침은 그 자체로 쉼이다. 밀린 원

고와 씨름하느라 마냥 늘어질 수는 없지만 외부 일정의 압박이 없
는 것만으로 충분하다. 마침 오늘도 머리를 감지 않았다. 자랑하고
싶은 행복한 날이지만, 굳이 게시할 생각은 없다. 보여주지 않아도
충분한 쉼이 있다는 사실만으로도 이미 회복이다.

　　회복의 조건은 간단하다. 보여주지 않아도 되는 시간, 설명하
지 않아도 되는 관계. 도파민 가족에게 가장 부족한 것이기도 하
다. 그 결핍을 인정하는 순간, 회복은 시작된다. 우리 진짜 쉼으
로 돌아가자. 천천히 돌아오기를. 그곳에서 여러분을 기다리고 있
겠다.

추억
경쟁

가족 중심 SNS 계정의 민낯

아이가 뛰노는 초호화 리조트, 오픈 런 맛집, 캠핑장 한편에서의 영화 같은 풍경들. 근사한 장면들 앞에서 평범한 일상은 업로드할 가치를 잃어간다. 우리의 일상이 초라해 보이는 것이 못마땅해 더 빛나는 장면을 연출하려 하고, 웃음마저 기획한다. 연출된 가족의 추억이 어떻게 SNS 위에서 경쟁하게 되었는지, 그 속에 숨은 피로와 자기 검열의 민낯에 관한 이야기를 시작해 보자.

요즘 좋은 엄마의 조건

가끔 친정에 들를 때면 가족 앨범을 펼친다. 초등학교 졸업식장에서 꽃다발을 들고 어색한 표정을 짓고 있는 나와 옆에서 활짝 웃고 있는 엄마. 여름마다 찾았던 망상 해수욕장의 모래사장에서 까무잡잡하게 그을린 나와 언니, 동생들. 필름 카메라로 찍고 현상해 사진첩에 차곡차곡 넣어둔 사진들. 그 사진을 스마트폰으로 촬영해 디지털 파일로 보관할 수 있지만 그러지 않고 있다. 그 사진들은 낡은 앨범 속에서 가장 빛이 난다. 빛바랜 색감과 낡은 종이 냄새까지가 그 시절이고, 그게 아니라면 그때의 특별한 추억이 평범해져 버릴 것 같다.

가족의 추억이 물성으로 가득한 커다란 앨범 속에 조용히 저장되던 때가 있었다. 하지만 스마트폰과 SNS 계정이 필수가 되면서 가족의 추억은 보여주어야 할 이미지로 바뀌었다. 가족 단위 계정은 하나의 브랜드처럼 운영된다. 아이의 일상, 엄마의 정성, 아빠의 참여. 모두 접속 중이다. 문제는 추억 전시가 지속적이고 정교한 연출을 요구한다는 점이다. 사회학자 어빙 고프먼이 말한 '인상 관리'*는 이제 가족 전체가 감당해야 할 집단적 피로가 되었다. 가족은 더 자주 웃고, 더 자주 함께 있어야 하고, 더 자주 행복해 보여야 한다.

최근 한 연구는 글로벌 온라인 사이트 레딧Reddit에서 사람들이 어떤 방식으로 자기 경험을 노출하는지, 그리고 그것이 참여

---

* 인상 관리는 사람들이 사회적 상호작용에서 정보를 조절하고 통제함으로써 다른 사람들의 사람, 사물 또는 사건에 대한 인식에 영향을 미치려는 의식적 또는 잠재의식적 과정이다. 1956년 어빙 고프먼이 『자아 연출의 사회학』에서 처음 사용했고, 1967년에 확장되었다.

와 반응에 어떤 영향을 미치는지 분석했다.[1] 연구 결과, 일상적인 사소한 고백부터 깊이 있는 감정의 토로까지 다양한 자기 노출은 단순한 정보 교환을 넘어 타인과의 정서적 연결을 촉발했다. 누군가의 진솔한 이야기는 댓글과 반응을 불러내고, 물리적으로 전혀 만나지 못하는 사이에서도 함께 있는 듯한 사회적 친밀감을 형성했다.

그러나 이 구조가 SNS 속 가족 계정에 적용될 때는 뜻밖의 현상이 발생한다. 가족은 가족이 아닌 사람들 사이에서도 함께 있는 듯한 사회적 친밀감을 만들기 위해 노력한다. 그 대상을 가족으로 삼고 가족과 함께 있으면서도 같이 있음을 증명하려 한다. 웃음은 사진을 위해 조율되고, 식탁의 대화는 영상으로 편집된다. 따뜻한 순간을 오래 음미하기보다 누군가에게 보여줄 만한 순간으로 가공해야 비로소 의미가 생긴다. 결국 가족은 '같이 있음'을 느끼기 위해서가 아니라, '같이 있음'을 증명하기 위해서 모이게 된다. 타인에게 더 친밀해 보일수록 가족 간의 친밀함은 느슨해지는 구조에서 우리는 각자의 쳇바퀴를 숨이 가쁠 정도로 굴리고 있다.

누가 봐도 행복해 보이는 사진을 찍기 위해 실랑이를 벌이고, 파스타가 식어갈 때까지 앵글을 바꾸며 찍고 또 찍는 초조한 눈빛. 기억은 흐릿해도 사진은 선명하고 그날의 대화는 잊혀도 '좋아요'는 남는다. 도파민은 우리가 무언가를 '진짜로' 즐기는지보다 즐기는 '모습'을 얼마나 잘 만들었는지를 중요하게 여긴다. 그리고 우리는 이 방식에 길든다.

　알뜰살뜰 차려놓은 식탁, 정갈하게 정돈된 아이의 방, 감성 가득한 여행 일지. 모든 게 SNS에 잘 담기기만 한다면 좋은 엄마에서 핫한 인플루언서로 단숨에 변신한다. 아내의 대박을 기원하는 남편들이 아내에게 은근슬쩍 말한다. "이런 거 올려봐. 반응 좋을 것 같은데." 기록용이던 SNS 게시물이 팔로워를 모으고, 협찬이 붙고 광고 수익이 생기면 어느새 가족의 부업이 되고, 서서히 생계가 된다. 가족의 삶이 '살아가는 이야기'가 아니라 '팔리는 이야기'가 되는 순간이다. 평범해 보이던 일상이 돈이 되는 시대, 엄마의 정성스러운 기록이 콘텐츠가 되고, 콘텐츠가 수익을 안겨주기를 바라는 마음을 탓할 수만은 없다. 돈 되는 일엔 늘 노력과 전략이 필요하니까. 문제는 가족의 일상마저 점점 '잘 팔리는 장면'으로만 남게 된다는 것이다. 그 과정에서 팔리지 않는 순간들은 삭제되고 적당히 보기 좋은 장면들만이 반복 재생된다.

　요즘 좋은 엄마는 다정하기보다 능숙해야 한다. 감정을 돌보는 손보다 감성을 담아내는 앵글에 더 익숙해야 한다. 아이의 표정보다 조명의 방향을 먼저 챙기고, 하루를 잘 살아내는 것보다 근사하게 기록하는 것이 중요하다. 식탁이 비어 있어도 피드는 꽉 차 있어야 하고, 진짜로 잘해주는 것보다 잘해주는 모습을 노출할 줄 알아야 한다. 도파민은 잘 보여주는 엄마를 칭찬한다. '이번 콘텐츠, 반응 좋았어.'

조용한 엄마의 딜레마

문제는 SNS 활동을 좋아하지 않는 가족(이하 '조용한 엄마'로 통칭하겠다)이다. 조용히 움직이는 조용한 가족은 아무것도 안 한 가족이 되어버린다. "어린이날에 어디 갔었어?"라는 질문에 다녀온 곳에 관한 이야기를 조심스레 꺼내기 무섭게 요청을 받는다. 사진 좀 올려보라고. 왜 그렇게 좋은 곳에 다녀왔으면서 아무 말도 없고, 인스타에도 안 올렸냐고, 코스 좀 공유해 달라고. 조용한 엄마는 숙제를 못 끝낸 셈이다.

조용한 엄마는 딜레마에 빠진다. SNS 계정을 활발히 운영하지 않으면 게으른 데에서 나아가 "뭔가 사연이 있나 봐"라는 뒷말까지 따라붙는다. 아이와의 일상을 올리지 않으면 육아에 덜 헌신한 듯 보이고, 자기 삶을 공유하지 않으면 폐쇄적이거나 비사교적인 사람으로 분류된다. 가족 콘텐츠의 SNS 계정 운영은 이제 성실함 혹은 모성애의 상징이 되었다.

'디지털 침묵자social media lurkers 낙인'이라는 개념이 있다. 온라인에서의 활동, 일상을 공유하지 않는 사람은 무언가를 숨기거나 감정 표현을 회피하는 사람이라는 오해를 받는다는 의미이다. 이 개념을 읽는 순간, 떠오르는 주변인이 있을 것이다. 단체 채팅방에서 하트만 누르는 사람, SNS는 비공개 계정인데 맞팔에 성공하고 보니 풍경 사진 몇 장이 전부인 사람. 그들은 공개하지 않았다는 이유로 깊은 비밀을 오래 간직한 사람으로 인식된다.

육아 커뮤니티나 부모 모임에서도 조용한 엄마는 언제나 약간의 거리감을 감수해야 한다. 온라인에 존재감을 드러내지 않는다는 이유만으로 성향까지 평가받는 시대. SNS는 사람을 있는 그대로 받아들이는 공간이 아니라 얼마나 자주, 얼마나 감각적으로 소통하는지를 기준으로 인간관계를 관리하는 플랫폼이 되었다.

조용한 엄마들은 알고 있다. 보여지는 육아에 드는 심리적 비용을. 부모가 SNS를 통해 육아 정보를 공유하고 다른 부모의 양육 방식을 접하는 과정은 양육 효능감에 부정적인 영향을 미치며 양육 스트레스를 심화시킨다.[2] 인스타그램 피드 속 캐릭터 모양의 도시락, 아이와 함께한 근사한 주말 사진은 순간의 참고 자료라기보다 비교의 잣대가 된다. '나는 저렇게까지 못 해'라는 불안이 '나도 뭔가 보여줘야 한다'는 압박으로 번지고, 결국 아이를 돌보는 시간보다 기록하고 연출하는 시간이 길어진다. 보여주지 않으면 존재하지 않으니, 조용한 엄마들의 불안은 커진다.

비교는 조용한 엄마에게 더 은밀하고 깊이 침투한다. '나만 너무 무심한 건 아닐까?', '나는 왜 저런 기록을 남기지 못할까?', '우리 아이는 너무 평범한 건 아닐까?' 자책한다. 조용한 엄마는 비교를 거부하는 대신 자신을 채점하며 자기 검열의 악순환에 빠진다. 보여주지 않았다는 이유로 '잘하지 못했다'고 잘못 채점한다. 동동거리며 내 아이 하나 바지런히 먹이고 입히면 백 점이던 시절로 돌아갈 순 없을까.

성실한 엄마의 고충

SNS에 성실하게 일상을 공유하는 엄마들도 고민은 있다. 일정을 짜고, 동선을 고려하고, 날씨를 체크하는 것만큼 피드 구성에도 정성을 쏟아야 한다. 찍는 건 남편, 올리는 건 엄마, 태그는 빠짐없이 챙긴다. '#가족여행 #주말체험학습 #아이와함께' 정도면 적당하다. 이제 여행은 다녀온 사람이 아니라 올린 사람의 몫이니까.

성실한 엄마의 고충은 디테일에 있다. 사진 하나를 올릴 때도 눈치를 본다. 너무 자주 올리면 피로하다는 말을 듣고, 뜸하게 올리면 "요즘 무슨 일 있어요?"라는 메시지가 온다. 아이가 등장하는 사진은 신경을 두 배로 써야 한다. 아이가 흐릿하게 찍히면 센스 없는 무심한 엄마가 되고, 지나치게 잘 나온 사진은 보여주기식 육아로 비칠까 불안하다. 좋은 추억을 나누려는 순수한 의도조차 "좀 과한 건 아닌가요?"라는 기준선에 걸릴까 봐 망설이게 된다.

SNS는 결코 거실 서랍에 넣어 두고 이따금 꺼내 보는 가족 앨범이 아니다. 기억을 저장하는 공간이 아니라 비교와 평가가 실시간으로 작동하는 공개 심사장이다. 엄마는 그 무대 위에서 '적절히 헌신적인 사람', '과하지 않게 정성스러운 사람', '공감받을 만큼 적당히 힘든 사람'처럼 보이기 위해 톤과 매너를 성실하게 조율한다. 그러나 무너질 것처럼 힘든 날에는 아무것도 쓰지 못하고, 정말 행복한 날에는 자랑으로 비추어질까 올리지 못한다.

성실함 뒤엔 또 하나의 불안이 숨어 있다. 바로 큐레이션의 불안이다. SNS에 올릴 만한 괜찮은 순간을 고르는 일조차 부담이 되어간다. 오늘 하루도 분명 무언가 있었는데, 막상 올릴 만한 장면이 없어서 불안하다. 아이의 웃음도, 남편과의 대화도, 집밥 한 끼조차 괜찮은 구도와 괜찮은 조명으로 포착되지 않으면 무의미하다.

SNS에서의 '좋아요'는 더 이상 단순한 반응이 아니다. 일종의 성과 지표다. 누군가는 주말에 아이와 공룡 박물관에 다녀오고, 감각적인 영상으로 일상을 엮어 올린다. 몇 백 개의 '좋아요'와 댓글이 달린다. 그 장면은 다른 엄마에게 무언의 메시지가 된다. "주말을 이렇게 보내는 게 아이에게 좋대요", "이런 방식이 요즘 대세 육아래요". 아이와 무엇을 했는지보다 그 체험을 올려 얼마나 좋은 반응을 끌어올렸는지가 더 중요해진다. 육아는 경험의 총합이 아닌, 보여줄 수 있는 무언가로 환원되기 시작한다.

성실한 엄마들은 멈출 수도, 계속할 수도 없는 어정쩡한 경계를 마주한다. 처음엔 소소한 기록이었고, 아이의 성장을 두터운 사진첩마냥 남기고 싶은 마음이었다. 이제는 피드가 너무 예쁘게 쌓여서, 팔로워가 제법 생겨서, 중간에 그만두면 불성실한 엄마가 되는 것 같아서 멈추지 못한다. 가족의 일상을 기록한 수년의 정성이 쌓여 하나의 아카이브가 되었지만 그 정성에 도리어 발목 잡혔다. 시작은 사랑이었지만 지금은 관성이고 어쩌면 의무다. 성실하게 기록한 육아의 흔적은 갈수록 더 많은 성실함을 요구한다. 이쯤 되면 묻고 싶다. 이 모든 과정을 통해 남는 건 진짜 추억일까, 계속해서 의미를 덧칠해야만 유지되는 '성실한 엄마'라는 가면일까. 성실한 엄마는 오늘도 무엇을 찍고, 무엇을 남길지를 고민하며 늦게까지 잠을 이루지 못한다.

따라 하는 건 죄가 아니니까요

SNS에 올릴 목적의 사진 촬영은 경험의 몰입도를 낮추고, 기억의 정확성과 감정적 연결을 약화시킨다. 감정은 체험 속에서 탄생하는데, 감정을 설계하고 정돈하느라 진짜 감정이 들어올 틈을 만들지 못한다. 우리가 어쩌다 SNS에 올릴 목적이 분명한 사진을 찍기 시작했는지, 이제 내 탓 말고 남 탓을 좀 해보자.

외부적 요인으로는 연예인 가족 콘텐츠를 꼽을 수 있다. 티브이 예능이나 SNS에서 보던 스타 가족의 여행 사진, 아이의 첫 해변 방문기, 깔끔한 옷차림과 잘 연출된 웃음은 보통의 가족들에게 '우리도 저렇게 찍고 싶다'라는 심리를 자극한다. 자연스럽게 연출된 장면, 감탄사가 절로 나오는 숙소, 감성적인 배경음악이 한데 어우러진 영상은 우리 가족의 현실과는 거리가 멀고 그래서 더 닮고 싶다.

물론 이러한 자극은 연예인에만 국한되는 것이 아니다. 연예인 외에도 평범해 보이는 가족들이 미치는 영향도 상당하다. 비슷한 또래, 비슷한 동네, 비슷한 가족 구성, 심지어 옷차림이나 말투까지도 그리 다르지 않은 엄마들이 수만 팔로워를 거느린 인플루언서가 되어 일상을 공유한다. 아이를 유치원에 데려다주고, 집안일을 하고, 주말엔 가족 나들이를 가는 일상을 영상으로 풀어내는데 그 평범함이 SNS 속에서는 유난히 빛나 보인다. 일상 브이로그 속 거실은 깔끔하면서도 따뜻하고, 아이는 적당히 귀여우면서 똘망하고, 남편은 조용하고 듬직하게 미소 짓는다. 식탁 위는 또 어떤가. 같은 부침개도 저 집 식탁 위의 저 부침개가 더 맛있어 보인다. 어디서 샀는지 궁금한 식기와 용품들, 모든 것이 과하지 않게 완벽해 눈을 떼기 어렵다. 내 일상과 80%쯤은 겹치는 것 같은데, 나머지 20%의 여백(정돈됨과 여유로움, 감성적인 편집과 감탄을 부르는 순간들)이 포인트다. 조금만 더 노력하면 나도 저렇게 살 수 있을 것 같아서 더 불편하다.

우리는 점점 더 타인의 연출을 모방하는 방식으로 자신의 추억을 구성한다. 연예인이 휘감는 명품과 스포츠카를 당장 모방할 방도는 없지만 그들 못지않게 귀여운 내 아이의 사진과 영상을 스마트폰에 담고 편집 어플로 이어 붙여 완성하는 것은 가능할 것도 같다. 문제는 그 순간이 아이의 성장 기록을 위해서가 아니라, 타인의 '좋아요'를 상상하며 기획된 콘텐츠가 된다는 점이다. 웃음소리보다 자막이 먼저 붙고, 아이의 표정보다 필터가 더 선명해진다.

따라 하는 건 죄가 아니다. 더 나은 무언가를 꿈꾸고, 더 예쁘게 남기고 싶은 마음은 자연스러운 욕망이다. 문제는 그 욕망이 점점 더 남처럼 보이기 위한 추억으로 흘러간다는 점이다. 지금 이 순간을 기억하고 싶어서가 아니라, 이 장면을 이렇게 남겨야 할 것 같아서 사진을 찍는다. 그렇게 남의 연출을 베끼는 방식으로 기억을 설계한다.

요즘 들어 유튜브 쇼츠와 인스타그램 릴스가 식상하고 재미없게 느껴진다면 내가 너무 많이 본 탓도 있겠지만 그게 전부는 아니다. '이 장면을 이렇게 남겨야 한다'는 공식이 이미 짜여 있어서다. 아이와의 주말 산책조차 특정 음악에 맞추어 영상을 찍는 챌린지 형식을 따라야 하는 순간, 기억은 자발적 기록이 아니라 과제 수행이 된다.

모두가 크리에이터인 시대

연예인과 인플루언서를 핑계 삼았지만 진짜 이유는 따로 있다. 지금의 가족이 예전과 달라진 결정적인 원인은 우리가 단순한 소비자이기를 거부했다는 것이다. 우리는 경험을 소비하는 데서 그치지 않고, 일상을 콘텐츠로 생산하는 크리에이터가 되기를 자처했다. 밥상 앞에 앉아도 누군가는 카메라를 들고, 놀이공원에서 웃는 순간에도 누군가는 앵글 먼저 잡는다.

한때는 포토샵이 깔린 컴퓨터를 사용하기만 해도 디자인 전공하셨느냐는 질문이 따라왔지만 이조차 머나먼 옛이야기가 되었다. 편집 앱 뭐 쓰냐는 질문은 더 이상 전문가들의 대화가 아니다. '필터는 3번, 글씨체는 감성체' 같은 조언이 일반인에게서 일반인으로 확산되고 있다. 프로와 아마추어의 경계가 모호해지며 모두가 기획자 겸 편집자가 되어간다.

잘 만든 콘텐츠는 누가 어떤 의미와 목적으로 만들었느냐보다 얼마나 눈에 띄게 편집되었느냐가 결정한다. 아이의 사진을 찍은 엄마도, 반려견과의 산책을 영상으로 남긴 아빠도, 혼공(혼자 공부) 브이로그를 편집한 고등학생도, 누구나 자연스럽게 사진을 보정하고 영상을 화려하게 편집한다. 자막을 다는 것은 기본 중의 기본이다. 밥 한 끼, 휴가 하루도 그냥 지나가는 법이 없다. 모두가 일상을 영상으로 기록하기 시작했고, 크리에이터가 되었다.

글로벌 시장 조사 업체인 데이터인텔로Dataintelo에 따르면 전 세계 이미지 편집 소프트웨어 시장은 2023년 약 32억 달러 규모였고, 2024년부터 2032년까지 연평균 성장률은 8.5%로 2032년 무렵에는 67억 달러에 이를 것으로 보인다. 영상 편집 시장도 비슷하다. 2023년 22억 달러에서 2032년에는 36억 달러로 성장할 것으로 전망된다. 전문가용 툴이던 프리미어나 파이널 컷이 이제는 흔한 편집 프로그램으로 자리 잡았고, 감성 자막과 리듬감 있는 음악은 기본 옵션이 되었다.

이러한 변화는 모든 순간은 저장되어야 하고, 모든 경험은 다른 사람에게 보일 준비가 되어야 한다는 믿음이 배경이 되었다.

'기획➔실행➔피드백'이라는 일련의 흐름은 도파민 시스템이 열광하는 루트다. 무언가를 찍고, 올리고, 반응을 얻고, 더 잘해보고 싶어지는 순환 속에서 결국엔 보기 좋게 정돈된 버전만 살아남는다. 우리는 경험을 체험하는 대신 연출하고, 감정을 느끼기보다는 기록을 목적으로 움직인다. 도파민이 만든 현란한 무대 위에서 우리는 가족 크리에이터로 활동 중이다.

인증
중독

성취 강박과 인정 욕구의 시대

일상의 수많은 행위가 SNS 피드를 채우기 위한 미션이 된 요즘, 가족도 예외는 아니다. 아이는 빠른 성장을, 부모는 교육에 관한 관심을, 저녁 식사는 요리 실력 혹은 보유 식기를, 여행은 라이프스타일과 경제력을 증명하는 콘텐츠가 된다. 우리는 누구에게, 왜 이렇게까지 '잘 살고 있다'는 걸 입증하려 할까?

도파민이 환호하는 성취 강박

나 이러고 있어도 되나? 지금 뭐라도 해야 하지 않나? 휴식의 틈으로 자책이 끼어든다. 아무것도 하지 않는 것이 무능 혹은 게으름으로 다가오는 상황 속에서 가족은 항상 도파민에 쫓긴다. 누워 있어도, 멍을 때려도, 스마트폰을 내려놓아도 아무것도 못 했다는 불안이 끈질기게 따라붙는다. 쉬는 중에도 두리번거리고, 알람이 없는데도 습관처럼 스마트폰을 확인한다. 그러곤 스스로에게 묻는다.

'지금 시간 낭비하고 있는 거 아니야?'

도파민은 원래 목표를 향한 에너지를 만드는 신호다. 하지만 자극에 중독된 뇌는 목표 없는 정지 상태를 무가치하다고 간주한다. 우리는 쉴 때조차 초조해지고, 멈춤이라는 행위에도 성과를 요구한다. '그래도 명상은 했지', '책 몇 장은 넘겼지' 따위의 자기 위안이 하나쯤은 붙어야 안심이 된다.

휴식은 무언가를 '한' 흔적이 있어야만 제대로 쉰 것처럼 보이고, 쉬는 것도 하나의 할 일 목록으로 올려야 안심이 된다. 휴식은 본래 아무것도 하지 않겠다는 선언이어야 하는데, 이제는 그 선언조차 인증이 필요하다. 요가 매트 위에서 셀카를 찍고, 읽던 책의 표지를 인스타그램에 올리며 '나를 위한 시간'이라는 문장을 덧붙인다. 쉼이란 아무것도 하지 않으면서도 괜찮다고 느끼는 상태인데 말이다.

멈춤을 무가치하게 느끼는 건, 잠시도 가만히 있지 못하는 성격 탓이 아니다. 반복적인 자극에 익숙해진 뇌는 일정 수준 이상의 흥분 상태를 당연하게 받아들이고, 그보다 낮은 자극 상태, 이를테면 멈춤이나 정적, 그냥 있음 등을 '공허'로 해석한다. 뇌는 공허를 피할 대상으로 판단하고, 자동적으로 새로운 자극을 탐색하려는 반응을 일으킨다. 그 결과, 가만히 있는 동안에는 불안해진다. 아무것도 하지 않는 상태를 견디는 일이 오늘보다 내일 더 어려워진다. 뇌는 멈추지 못하고, 몸은 쉬는 법을 잊었다. 그런데도 가족은 안심하고 기꺼이 휴식을 잃는다. 도파민에 쫓기는 것은 바로 그런 상태다. 당당히 쉬어도 되는 시간에 끊임없이 자극을 찾아 헤매는 반사적 반응, 일종의 강박이다.

이런 현상을 반영하듯 등장한 말이 '생산적인 휴식'이다. 휴식이 목적이지만 독서나 운동처럼 기록에 남거나 피드에 올릴 만한 활동을 했을 때에야 비로소 생산성을 획득한 듯하다. 하지만 '생산적'이라는 수식어가 붙는 순간부터 휴식은 과제가 된다. 가만히 누워 빈둥거린 시간은 허비로 취급되고, 산책이나 요가 같은 행위는 인증샷을 남겨야만 의미가 생긴다. 결국 쉬는 순간조차 소비와 기록의 회로에 편입되며, 쉬는 법을 잊어버린 세대가 되어간다. 도파민의 환호가 들리지 않는가. 오늘도 우리는 쉬기 위해서 무언가를 해내는 주말을 보내고 있다.

도파민이 자극한 부모의 죄책감

성장기 자녀가 있는 가정이라면 이 강박은 더욱 교묘한 방식으로 스며든다. 주말 오후, 거실에 늘어져 아이와 과자를 나누어 먹고 티브이를 보며 보낸 하루. 겉으로는 평온했지만 그날 밤 부모는 '이번 주말엔 아무것도 안 했네. 뭐라도 같이 했어야 했는데'라는 죄책감에 시달린다. SNS 속 다른 집 아이들은 주말마다 박물관과 과학관에 가고, 아빠랑 나무 만들기 키트를 조립하고 엄마와 클래식 공연장을 찾는다. 그에 비하면 우리 집은 거의 교육 결손 아닌가 싶다. 부모에게 '아무것도 한 게 없다'라는 말은 자기비판의 코드가 되었다.

정말 아무것도 안 했는지 짚어보자. 세수도 안 한 얼굴로 온 가족이 드러누워 뒹굴며 시간을 보내고, 라면에 계란을 잔뜩 풀어 끓여 먹으며 큰 뜻 없는 농담에 웃었다. 흔히 아무것도 안 했다고 표현하는 시간이자 남들에게는 보여줄 수 없는 가족만의 시간이다. 그런데도 내보일 게 없었다는 이유로 다음 주말 계획을 세운다. 쉬기만 했던 시간을 반복하지 않으려 검색창을 켠다. 쉬기 위해 노력해야 하는 휴식의 역설이다.

하지만 생각해 보자. 아무것도 안 한 하루야말로 가족의 감정이 가장 편안하게 머무는 시간이었다. 말투가 느슨해도, 표정이 엉성해도, 안 감은 머리에 잠옷 차림이어도, 라면에 찬밥을 말아먹고, 아무 계획이 없어도 괜찮았던 오후였다. 어디 내놓을 수 없다고 없었던 건 아니다. '좋아요'는 없었지만 마음은 있었다.

그런데 도파민은 무언가를 만들어야만 의미 있다고 착각하는 부모를 주말 내내 괴롭힌다. '지금 모습은 남들에게 보여줄 수 없어. 그 정도의 가치가 없어'라고 보여줄 만한 행동을 부추긴다. 뇌가 좋아하는 것과 마음이 필요한 것이 늘 일치하지는 않는다는 점을 놓친 것이다. 뇌가 좋아하는 것을 쫓아다니기 바빴던 주말은 즐거운 주말과는 구분되어야 한다.

요즘 육아는 계량화된다. 아이가 몇 시에 자고 몇 시간 잤는지, 오늘 책을 몇 페이지 읽었고 학원은 몇 군데 다니는지, 심지어 하루 동안 몇 번 웃었는지까지 수치와 그래프로 관리된다. 원래는 성장 과정을 세심히 살피려는 의도였지만, SNS가 개입하는 순간 이 숫자들은 '보여주기식 지표'로 전환된다. 타임라인에 올라온 표와 그래프는 아이의 발달을 기록한 것이 아니라 부모의 성실함을 인증하는 증거다.

이 원고의 마무리 작업을 위해 집중해야 했던 지난 며칠 동안, SNS에 단 한 개의 게시물도 올리지 않았다. 그럴 마음의 여유가 없었다. 그렇다고 원고만 붙들고 있었던 건 아니다. 일하는 엄마이기에 할 건 했다. 아이들과 새우를 구워 먹었고, 둘째 아이와 러닝을 했고, 큰아이와 병원에 다녀왔고, 남편과 마트에서 장을 보았고, 주말엔 짬을 내어 가족여행도 다녀왔다. 오늘은 아이들과 보려고 두 달 전에 예매해 두었던 공연이 있는 날이기도 했다. 하지만 난 이 모든 일상을 SNS에 올리지 않았다. 그렇다고 내가 아무것도 안 한 건 아니다.

지난 주말, 딱히 한 게 없었다는 당신의 가족에게 묻고 싶다. 당신은 정말 아무것도 안 했는가. 혹시 아무것도 올리지 않았을 뿐이었던 건 아닌가.

인정 욕구의 시대, '좋아요'에 중독된 사회

성취 강박만큼이나 가족을 못 살게 구는 놈이 있다. 어김없이 등장하는 그놈의 '좋아요'다. 나는 나를 '쓰고, 읽고, 달리는 사람'이라고 소개한다. 허세처럼 느껴질 수 있지만 거짓은 아니다. 실제로 매일 쓰거나 읽거나 달린다. 가끔이지만 세 가지를 다 해내는 날이 있는데, 그런 날에는 왠지 모르게 뿌듯해져 티를 낸다. 가족도, 친구도 아닌 SNS 계정에. 키보드와 마우스를 찍어 올리거나, 책 표지나 밑줄 친 문장을 찍어 올리고, 어쩌다 제대로 달린 날이면 운동화 사진을 올린다. 왜 올리냐고? 자랑하고 싶고, 인정받고 싶어서. "와, 대단하세요, 정말", "저도 열심히 써야겠네요. 반성합니다", "책 추천 감사합니다. 꼭 읽어볼게요", "저도 선생님 따라 달리기 시작했어요". 이런 댓글이 달리면 한껏 고양된다. 평범한 삶에도 잘하고 있다는 지지는 필요하다. 그런데 이 감정, 단순히 기분 좋은 수준만은 아니다. '좋아요' 개수가 늘어나는 찰나의 쾌감은 뇌의 보상 회로가 작동한 결과다. 사회적 인정은 중뇌변연 도파민 경로를 자극해 도파민 분비를 촉진한다. 도파민은 즐거움만 주는 것이 아니라, 계속하게 만드는 힘, 바로 욕망의 스위치가 된다.

문제는 이 시스템이 예측 가능한 보상보다 무작위적 보상에 훨씬 민감하다는 것이다. '이번엔 좋아요가 몇 개일까?', '왜 이 글엔 반응이 적지?', '댓글이 계속 달리네'. '좋아요'의 타이밍과 숫자가 불규칙할수록 뇌는 더 강한 예측 오류 신호를 감지하고, 다음 보상을 향한 갈망은 폭주한다. 이 폭주는 단순한 쾌락 대상의 사용이 아닌 중독의 첫 단계로 봐도 무방하다.

결국 이 구조는 '인정받기➡콘텐츠 올리기➡다시 인정받기'의 피드백 루프를 정교하게 설계해 뇌의 도파민 반응을 극대화한다. 잘 살고 있음을 보여주기 위해 더 자주, 더 많이, 더 나답게 무언가를 찍어 올린다. 인정받는다는 감각, 누군가가 나에게 관심 있다는 확신이 들어선다. 하지만 이 만족은 오래가지 않는다. 뇌는 갈수록 같은 자극에 무뎌지고, 반드시 더 강한 자극을 요구한다. 반복되는 도파민 자극은 더 이상 축복이 아니다.

영국의 과학 학술지 『네이처Nature』에 따르면 SNS 사용 초기에는 도파민 수치가 평균 82%까지 상승한다. 하지만 반년 이상 지속되면 같은 자극에 대한 반응은 40% 가까이 감소한다. 도파민 수용체의 감수성이 점차 떨어지기 때문이다. 쉽게 말해 내성이다. 한두 번의 칭찬, 몇 개의 '좋아요'로는 더 이상 뇌가 반응하지 않는다. 결국 우리는 점점 더 자주, 더 강한 자극을 만들어내려 애쓴다. 말투는 과장되고, 사진과 영상엔 더 강렬한 필터가 사용되며, 평범한 일상조차 드라마틱하게 연출한다. 일상은 그렇게 덕지덕지 꾸며진다.

인정 욕구는 습관을 넘어 중독의 단계로 진입한다. SNS 사용을 잠시만 제한해도 불안감이 밀려오고, 집중이 안 되고, 무의식적으로 스마트폰을 집어 든다. 최근 시스템 오류로 인스타그램 계정을 차단당했던 지인의 사례가 떠오른다. 그녀는 반강제로 SNS 디톡스를 하게 되었는데, 그 며칠간 불안감과 허전함을 호소했다.

"내가 사라진 것 같아. 아무도 나한테 관심 없는 기분이야."

최근 우리가 점점 더 타인의 반응을 읽는 데에 뇌의 용량을 쓰고 있음을 선명히 보여주는 대목이다.

여기까지 읽으면 의문이 든다. 원하는 게 곧 좋아하는 거 아닌가? 원함과 좋음 사이에는 미세한 간극이 있다. '원함'은 갈망에 가깝고, '좋음'은 만족에 가깝다. 원하는 것은 더 가지려는 충동에서 나오고, 좋은 것은 이미 충분하다는 감각에서 비롯된다. 원함은 결핍을 기반으로 하고, 좋음은 충족을 기반으로 한다. 그래서 원하는 것은 반복될수록 피로하고, 좋은 것은 반복될수록 평온해진다. 지금 이걸 정말 좋아서 하는 것인지, 누군가의 반응을 원해서 멈추지 못하는 것인지 곰곰이 짚어보자.

사실 나는 누구보다 SNS 계정을 활발히 운영 중이고, 중독에 가까울 만큼 '좋아요' 개수에 집착한다. 이 글이 현실적으로 다가왔다면 실제로 나의 현실이기 때문이다.

아무것도 하지 않는 가족

아주 그냥 피곤해 죽겠다. 나만 그런가 싶어 둘러봤더니 다들 비슷하다. 그래서 요즘엔 '아무것도 하지 않기'를 연습하는 사람들이 늘어난다. 명상이 대표적이다. 단순히 가부좌를 틀고 눈을 감는 행위가 아니라 자극을 끊고 감각을 복원하는 시간. 최근엔 디지털 디톡스를 위해 명상을 시작한 사람도 많아졌다. 외부의 소리에 반응하지 않고 내면의 흐름에 집중하는 훈련이다. 명상을 처음할 때는 오히려 더 산만하고 머릿속이 시끄럽다. 하지만 그 불편함을 견디면 노이즈를 제거한 음악처럼 감정의 목소리가 선명하게 들린다. 도파민이 잠잠해진 자리에서 비로소 마음은 '지금 여기'로 돌아온다. 고요 속에 오래 머물수록 외부의 소란에도 덜 흔들리게 된다. 멈춤은 도피가 아니라 회복의 시작일 수 있음을 비로소 깨닫는다.

문제는 가족과의 공동생활에서 명상은 혼자 속 편한 소리일 수 있다는 점이다. 명상이 좋다는 건 엊그제 태어난 신생아도 알지만 여럿이 분주하게 오가는 가족의 거실에서 홀로 가부좌를 틀 순 없다. 따라서 며칠 못 갈 거창한 시도가 아니라 우리 가족의 라이프 스타일을 해치지 않으면서도 조심스레 실천할 수 있는 '생활 속 멈춤'이 필요하다.

거실 소파에 비스듬히 기대어 앉아 어딘가를 한동안 바라보는 것이 현실적인 시작일 수 있다. 우리 가족이 식물을 키우고, 고양이를 키우는 이유이기도 하다. 제법 오래 멍하니 바라볼 작고 사랑스러운 대상이 필요했다. 우리 가족은 이제 서로를 바라보기엔 부담스러운 덩치와 나이인지라 마주 보기보다는 함께 보기를 선택했다. 초록색 잎을 함께 보고, 고양이의 회색 털을 함께 쓰다 듣는다. 누가 먼저 입을 열지 않아도 괜찮고, 그래도 어색하지 않다. 이런 침묵은 각자의 화면에 빠져 있을 때와 얼핏 비슷해 보이지만 화면이 아닌 같은 방향을 바라볼 때의 침묵은 다르다. 책을 읽어도 되고, 수다를 떨어도 되고, 아무것도 하지 않아도 되는 느슨한 시간. 장난감을 만지작거리고, 이불을 덮어 몸을 말고, 차를 마시거나 드러누워도 좋다. 중요한 건 서로에게 무엇도 요구하지 않는 상태를 가족이 함께 견디는 것이다. 용기가 필요하다. 스마트폰 없이 모일 자신이 있는가. 이런 순간은 서로에게 대단히 특별하게 기억되기는 어렵겠지만, 각자가 숨 가쁜 하루를 보낸 어느 날에 문득, 이날의 경험이 '이상하게 좋았던 감각'으로 되살아난다.

성취 강박에 빠진 가족에게 필요한 건 그럴듯한 명상의 기술이 아니라 어디서든 잠시 멈추어도 되는 가족의 분위기다. 그 분위기는 자잘하게 반복되는 '괜찮음'에서 만들어진다. 그리고 괜찮음은 가족의 정서적 면역력이 된다. 지금 뭘 해야 하는지 묻지 않고 함께 있는 것만으로 채워지는 특별한 우주. 우린 그 관계를 가족이라 부른다. 아무것도 하지 않아도 아무렇지 않은 유일한 공동체다.

우리들의 비교적
행복한 하루

행복은 절댓값이 아니라 상대 순위가 되었고, 나의 하루는 매 순간 등급 심사 중이다. 도파민은 새로운 자극보다 더 강한 자극을 원하고, SNS는 그 욕망에 항상 친절히 응답한다. 행복은 느끼는 것이 아니라 측정되고 증명되어야 할 대상이 되었다. 그래서 타인과 비교 끝에 우리는 이런 결론을 내린다. "뭐, 나쁘진 않았어."

도둑맞은 행복

내가 지금까지 한 길고 긴 이야기는 끝내 행복으로 귀결된다. 가족이란 결국 행복을 확인하고 되새기는 가장 작은 단위이자, 가장 오래 남는 풍경이다.

가족을 꾸리는 것이 선택이 된 시대, 굳이 이 번거롭고, 비용이 많이 들고, 감정 노동까지 따라오는 가족을 꾸려야겠다고 결심한 이유는 무엇일까? 내 대답은 단순하다. 행복 때문이다. 매일은 아니더라도 일상에서 가장 확실하게 행복을 느낄 수 있는 거의 유일한 관계가 나에겐 가족이다. 나는 가족을 통해 행복을 경험하고 다시 그 행복을 기대하며 정성과 에너지를 쏟아붓는다. 그러고 나서야 비로소 전쟁 같았던 하루가 마무리된다.

우리에게 그토록 소중했던 행복이 도둑맞고 있다. 멈출 새 없이 쏟아지는 콘텐츠는 더 많은 기대를 심어주고, 더 빠른 속도를 요구한다. 실시간 비교가 가능한 불안의 시대, 좋은 부모와 행복한 가족의 이미지는 또 하나의 성과가 되었다. 행복마저 증명과 갱신이 필수적인 과제가 되었다. 여행지의 랜드마크 앞에서 찍은 가족 사진 한 장, 생일상을 차린 릴스 영상, 아이의 상장 옆에 적힌 감동 멘트. 모든 것이 결국 하나의 신호다. "우리 가족, 무척 행복해 보이죠?" 다른 가족보다 아직은 뒤처지지 않았다는 증거다.

모두가 행복을 원하지만, 정작 그 감정의 본질을 느끼기도 전에 '행복해 보이기'에 지쳐간다. 행복해 보이는 게 뭐가 문제냐고? 행복해 보이기라도 하면 다행 아니냐고? 솔직해지자. 우리는 행복을 증명하느라 허덕인다.

행복이고 뭐고 남편은 여전히 양말을 거실 한복판에 벗어놓고, 사춘기 아들은 아픈 데도 없으면서 허리가 비틀어지도록 침대에 붙어 있다. 이게 정말 내가 꿈꾸었던 행복한 가정이 맞는지 의

문이 생기는 순간이 온다. 인스타그램에 올릴 수 없는 가족의 현실은 대부분 구질구질하고 초라하다. 하지만 보이는 것이 전부가 아니라는 사실을 모두가 알고 있다.

비교와 불안으로 흐려지는 가족의 행복을 어디서 다시 찾아야 하는지에 관한 답을 모색하는 일이야말로 우리 앞에 남겨진 숙제다. 나는 이 묵직한 숙제를 '너구리'로 시작해 보려 한다.

콘텐츠가 되지 못한 너구리

각자의 행복은 그 자체로 아름답다. 우리 가족은 냄비가 넘칠 만큼 넉넉한 너구리 라면을 보글보글 끓여 먹을 때, 모두의 행복감이 균일하게 정점을 찍는다. 아이들이 초등학생이던 시절, 우리 가족은 갑작스러운 어려움으로 일 년을 캐나다에서 지냈다. 낯선 땅에서의 생활은 불안했고, 심리적으로도 지쳤다. 작은 한국 식료품점은 고추참치 한 캔도 눈물 날 만큼 비쌌다. 내 요리 실력은 그때나 지금이나 볼품없었고, 한국에서 들고온 레토르트 카레와 짜장은 지겹다 못해 신물이 날 지경이었다. 그럴 때마다 빠르게 우리를 구해 준 건 너구리였다. 갓 끓인 라면을 앞에 두고 앉으면, 우리 넷이 여전히 함께라는 사실에 새삼스럽게 감사했다. 그 국물 속에는 단순한 위로를 넘어서는 힘이 있었다. 너구리는 우리 가족에게 뭉클함이자 버팀목이고, 서로를 이어주는 끈이었으며, 말로 다 표현할 수 없는 위로였다.

　오래 몸담았던 안정된 직장을 그만두고, 잠이 오지 않는 불안 속에서 더듬더듬 시작했던 것이 유튜브 채널이었다. 아무리 영상을 올려도 반응이 없고, 아무리 열심히 찍어도 댓글 하나 달리지 않던 시간을 버티고 나서야 수익이 발생했다. 일별 수익 창에 선명하게 찍힌 2.5달러. 웃어야 할지 울어야 할지 모를 액수였지만, 나에겐 분명 새로운 가능성이었다. 돌아와 남편에게 그 소식을 전했다. 환한 표정의 남편은 배고프다는 내 하소연에 너구리를 끓였다. 태연한 척 그릇을 내밀었지만, 그 안에는 표고버섯이 하나 얹혀 있었다. 그 작은 마음에 웃음이 터졌고, 우리는 오랜만에 한참을 깔깔거렸다. 아빠, 엄마의 웃음소리가 반가웠던 아이들이 달려 나왔고 네 식구가 함께 면발을 주고받았다. 우리에게 너구리는 언제나 그런 놈이었다. 숫자보다 확실하고, 불안보다 따뜻하며, 우리를 한데 모으는 소울 푸드.

　나는 오랫동안 유튜브와 SNS를 운영하면서도 우리 가족의 소울 푸드가 너구리라는 사실을 언급한 적이 없다. 왜냐고 묻는다면 답은 간단하다. "애들 한창 클 나이인데 라면이 밥이 되겠냐"는 지적, "고기 없으면 소시지라도 얹어주라"는 참견, "라면이 몸에 얼마나 해로운지 아냐"는 훈계, "그 집은 라면만 먹어도 애들이 잘 크네"라는 질투까지. 예상되는 반응이 가득 차려질 게 뻔했다. 내 소중하고 확실한 행복은 공개하는 순간 작은 난장판이 된다. 그렇게 둘 순 없기에 나는 너구리를 감춘다. 행복을 온전히 누리기 위해서는 드러내지 않는 쪽이 안전한 시대가 된 것이다.

말을 아끼는 또 하나의 이유는, 굳이 부족해 보이고 싶지 않아서도 있다. 라면이나 끓여주는 엄마로 보이고 싶지 않다는 것이 더 정확한 표현일 터다. 나도 안다. 아니, 매일 목격하고 있다. 인스타그램 속 누군가의 부엌에선 화려한 요리의 향연이 펼쳐진다. 그들은 "이건 진짜 쉬워요", "재료도 간단해요"라고 말하며, 속도감 넘치는 1분짜리 영상에서 근사한 음식을 뚝딱 만들어낸다. 하지만 그 쉬워 보이는 요리도 내 손에서는 어려워졌다. 일단 재료부터가 간단치 않았다. "냉장고에 이런 거 하나쯤은 다들 있으시죠?" 하는 재료가 우리 집 냉장고엔 없었다. 훌륭한 요리가 콘텐츠로 소비되는 시대에 라면이 웬 말인가. 전문가 못지않게 솜씨 좋은 요리사들이 넘쳐나는데 너구리를 들이밀기는 민망하다. 라면만의 문제가 아니다. 내 삶의 대부분은 차라리 올리지 않는 게 나을 만큼 불완전하다. 하지만 그 불완전함이 진짜 나의 일상이다.

가족의 일상에는 나름의 이유와 사연이 있고, 그 안에서 나름대로 행복하다. 다만 일상의 순간들을 불특정 다수 앞에 내놓으면 상대적으로 부족해 보이는 콘텐츠로 전락할 위험이 크다. 한 장의 사진, 몇 초의 영상 속에서 우리는 순식간에 다른 가족들의 장면과 나란히 놓인다. 행복마저 끊임없이 평가되는 콘텐츠가 되어버렸다.

행복 배틀의 시대. 도파민은 이번에도 역시 들썩인다. 타인의 일상에 반응하며 느끼는 자극, '좋아요' 숫자에서 오는 인정 욕구,

휘발성 높은 감정의 잔불들. 뇌는 이 패턴을 빠르게 학습하면서 더 자극적이고 더 눈에 띄는 행복을 요구한다. 행복이 보여주어야 하는 퍼포먼스로 변모한다. 더 감성적인 가족, 더 예쁜 배경, 더 똑똑한 자녀, 더 부드러운 말투로 포장된 일상을 최선을 다해 연출한다. 그런데 연출에 쏟은 에너지만큼 행복이 줄어든다.

오랜 역사와 전통을 자랑하지만 우리 집의 너구리는 사진첩 속에 없다. 정말 소중한 것, 오래 지켜가기로 한 것에는 굳이 기록이 필요하지 않기 때문이다. 사는 게 왜 이렇게 힘든가 싶은 날 밤, 우리는 어김없이 너구리 앞에 모여 앉는다. 말없이 서로의 그릇에 면을 덜어주고 국물을 퍼주는 순간만큼은 설명이나 연출이 필요 없다. 너무 소중해 어디에도 말하고 싶지 않은 우리 가족의 행복이다. 가족이 아니고서는 불가능한 장면이다.

가족에게는 가족만의 일이 있다. 가족은 가족만의 일을 해야 한다. 여러분 가족의 너구리는 무엇인가.

행복 인플레이션

SNS에서 가족 콘텐츠를 자주 소비하거나 공유하는 사용자일수록 가족 만족도가 낮아지고, 자녀 교육·부부 관계·경제적 수준 등에 대한 불안감이 상승한다. 특히 자녀와의 사진이나 교육 관련 게시글을 자주 게시하는 부모는 '비교 대상이 된다'라는 압박감과 함께 자존감 저하를 경험한다. 정보를 얻는 줄 알았고, 정보를 얻기 위해 접속하던 플랫폼 속에서 실상은 우리마저 우리를 평가하고 있다.

거창한 연구 결과를 들이밀지 않아도 나는 이 경향을 잘 안다. SNS를 '독자 소통'이라는 명목으로 시작한 지 벌써 8년. 내 피드의 90%는 가족 콘텐츠다. 아이의 성장 기록, 교육 정보, 소소한 집안 이야기들. 그런데 그 기록은 늘 비교의 무대가 되었다. 게시물을 올리려고 들어간 SNS에서 정신을 차려보면 어느새 한 시간이 사라져 있다. 이유는 단순하다. 나에게 없는 것들을 가진 다른 가족의 계정을 기웃거리다 빠져버린 것이다. 그 집은 늘 번쩍거린다. 믿기 힘든 요리가 나오고, 하와이에 갔다가, 샤넬을 걸치고, 심지어 딸도 있다. 화면 너머 그녀의 행복은 내 눈을 자석처럼 끌어당긴다. 아이러니한 건 누군가는 내 계정에서 똑같은 감정을 느낄 거라는 사실이다.

이 모든 현상을 꿰뚫는 개념이 있다. 이름하여 '행복 인플레이션happiness inflation'. 원래는 심리학과 행동경제학에서 소비와 만족의 역설을 설명하는 용어였다. 물건을 더 많이 가질수록 만족감이 커지기는커녕 오히려 만족감이 줄어드는 현상을 말한다. 그런데 SNS가 일상을 파고들고, 도파민 보상 시스템이 삶을 지배하면서 이 개념은 훨씬 넓게 쓰이게 되었다. 이제 행복은 더 많은 소비가 아닌 더 강한 자극을 요구한다. 기준선은 끝없이 높아지고, 행복은 계단처럼 자꾸만 위로 밀려 올라간다. 행복을 더 많이 추구할수록 행복이 멀어진다.

예전엔 가족과 공원에 나가 돗자리 펴고 김밥을 먹는 것만으로도 하루가 특별해졌다. 그러나 지금은 호텔 조식의 사진, 제주 감성 숙소의 전경, 해외 가족여행의 인증샷이 아니면 감흥조차 없다. 도파민은 자극에 금세 적응해 버린다. 어제의 설렘은 오늘의 기준선이 되고, 뇌는 더 높은 파도를 찾아 나선다. 결국 행복은 더 많은 돈과 더 멋진 연출, 더 큰 이벤트를 먹고서야 유지되는 고비용 취미처럼 변해간다. 값비싼 공연의 VIP 좌석에 한번 앉고 나면 다시 일반석으로 돌아가기 힘든 것처럼 말이다.

이 현상을 설명하는 또 다른 개념이 '쾌락의 쳇바퀴hedonic treadmill'다.[3] 복권에 당첨되거나, 직장에서 승진하거나, 값비싼 명품을 손에 넣었을 때 우리는 짜릿한 행복을 맛본다. 하지만 그 감정은 오래가지 않는다. 뇌는 놀라울 만큼 빠르게 새 환경에 적응하고, 결국 행복은 서서히 줄어든다. 결론은 언제나 같다. 아무리 속도를 올려도 매번 같은 자리에 멈춘 것 같다. 마치 햄스터가 쳇바퀴 속을 쉬지 않고 달리지만, 결코 우리 눈앞에서 벗어나지 못하는 것처럼 말이다.

도파민 시스템은 쳇바퀴의 속도를 미친 듯이 끌어올린다. 도파민은 새로운 자극, 변화, 보상에 민감하게 반응하는 뇌의 가속 페달이기 때문이다. 쾌락의 쳇바퀴와 도파민 시스템은 현대인의 '행복 인플레이션'을 돌려대는 이중 엔진이다. 오늘의 작은 기쁨은 항상 초라해지고, 행복의 임계점은 하루하루 비싸짐과 동시에 빠르게 멀어지고, 더 과장된 이벤트여야만 충족된다. 오늘의 행복은 어제의 이벤트를 반드시 넘어야 한다. '그때는 그것만으로도 좋았는데…'라는 회상은 정말 '그때'에만 존재한다.

더 근사한 여행, 더 감성적인 이벤트, 더 똑똑하고 예쁜 무언가를 좇으며 가족은 서로를 만족시키려 애쓰지만, 끝에는 피로만 남는다. 화면 속 행복 배틀은 멈출 줄 모르고, 누군가는 계속 보여주고, 누군가는 끊임없이 비교한다. 그 싸움이 이어지는 한 진짜 감정은 계속해서 멀어진다. 결국 선택지는 하나다. 더 보태지 않고 덜어내는 것. 자극 대신 연결을, 과장 대신 진심을 고르는 것. 행복을 '만드는' 게 아니라, '느끼는' 쪽으로 다시 발걸음을 돌려야 할 때다.

과시형 행복 교육

이제 우리는 자신만 전시하지 않는다. 아이도, 배우자도, 친구도 함께 무대에 올린다. 생일 케이크 앞에서 눈을 반짝이는 아이, 팔짱을 끼고 걷는 연인의 뒷모습, 어버이날 꽃을 들고 웃고 있는 부모님의 얼굴. 우리는 사랑하는 순간을 기념하고 싶었다고 말한다. 그러나 도파민은 묻는다. '정말 그 순간이 중요해서였니? 아니면 누군가 그 순간을 봐주길 원해서였니?' 똑 부러지게 대답하기 어렵다. 아니라고 고개를 내젓고 말아버리기엔 너무 뜨끔하다.

이 흐름은 '과시형 행복 교육'이라는 형태로 아이 교육에까지 전이된다. 자녀의 의대 진학을 꿈꾸며 부모는 태연하게 말한다. "즐기는 게 최고야. 성적보다 중요한 건 과정이란다." 그래 놓고 성적이 나오면 캡처해 가족 단체 채팅방에 올리고, 상장을 받으면 냉큼 SNS에 공유하거나 메신저 프로필로 교체한다. 자랑하고 싶어 못 견디겠는 마음, 이해 못 할 것도 없다. 자랑? 해도 된다. 문제는 그 순간 아이는 '공부하는 주체'가 아니라 '부모의 성과를 인증하는 도구'로 전락한다는 점이다. 성적과 합격이라는 결과를 자랑하는 건 자유지만, 자랑을 위해 성과를 은근히 강요하는 모습에는 브레이크가 필요하다. 행복을 보여주려는 집착이 결국 아이에게서 행복을 느낄 기회를 빼앗을 수 있다는 사실을 부모라면 누구나 알고 있다. 아무도 말하지 않을 뿐.

유명 여행지에선 인증샷 하나 찍자는 말이 빠지지 않는다. 사진 한 장 찍자고 길게 늘어선 줄의 끄트머리에 서고, 눈앞의 풍경보다 포즈와 외모를 점검하기 바쁘다. 그러다 보니 정작 풍경을 바라보며 숨을 고르는 순간은 줄어들고, 누군가는 대체 언제 끝나는 거냐고 셔터 소리만 기다린다. 그런 가족의 모습에서 아이는 배운다. 행복은 드러내야 의미 있구나. 공부도, 여행도, 놀이도 결국 누군가에게 보여줄 수 있어야 비로소 가치가 생기는구나. 과정이 중요하다고 말하지만, 결국 중요한 건 결과라는 이중 메시지를 아이는 당연하게 받아들인다. 아이는 잘 사는 법보다 잘 보이는 법을 먼저 익히며 자란다.

어쩔 수 없이 아이는 자기감정보다 타인의 반응을 먼저 살핀다. '이건 올릴 만한가?'를 먼저 판단하고, 성취의 만족감보다 '엄마가 이건 자랑할까?'를 떠올린다. '기쁘다'는 말은 '기뻐 보인다'로 바뀌고, '즐거운 시간'은 '좋아요 수'로 환산된다. 보이는 행복에 익숙해질수록 스스로 느끼는 감정이 낯설어진다.

지난주 저녁, 고등학생인 둘째와 동네 공원에 갔다. 나는 달리자고 했고, 아이는 걷겠다고 버텼다. 상관없다. 몸 무거운 고등학생이 운동화를 신고 공원에 나간 것만으로도 성공이다. 마침 노을이 지고 있었다. 폭염으로 운동을 할 수 없었던 지난 몇 주 사이 노을은 물감을 한 통 더 풀어놓은 듯 선명해져 있었다. '와' 하는 탄성과 함께 우리는 동시에 스마트폰을 열어 각자의 노을을 담았고, 아이는 물었다.

"올릴까?"

"좋지."

운동을 마치고 돌아가는 길, 아이는 한 시간 전에 올린 노을 사진에 좋아요가 20개나 달렸다며 흡족했다. 오늘 운동하러 나오길 잘했다며 뿌듯해했다.

운동하러 나갔다가 노을이 예뻐서 사진 찍어 올린 게 뭐가 문제냐 생각할 수 있다. 우리는 노을을 보자마자 카메라에 담기 바빴고, 카메라에 담은 후엔 더 올려다보지 않았다. 운동에 몰두했냐 하면 딱히 그런 것도 아니었다. 그날 우리의 운동이 유독 만족스러웠던 이유는 목표했던 3km 걷기를 달성해서도, 오랜만에 함께하는 운동이어서도 아니었다. 운동하러 나간 덕분에 노을 사진을 찍을 수 있었고, 덕분에 아이는 근래 드물었던 20개의 좋아요를 획득했다. 노을을 본 순간보다 노을을 올린 순간이 더 오래 기억된다. 자연의 풍경이 주는 감탄보다 타인의 클릭이 주는 쾌감이 더 강하게 남는 시대, 가족의 단상이다.

달라지고 싶지만 두렵다. 손에 쥔 화면을 내려놓을 용기가 도저히 생기지 않는다. 저 고운 노을을 눈으로만 바라보면 뭔가 빠뜨린 것 같고, 웃음소리를 카메라에 담지 않으면 금세 아득히 먼 곳으로 사라질 것 같다. 기록이 없으면 존재도 없는 듯한 불안. 도파민이 다시 고개를 내민다. 더 예쁜 장면, 더 반짝이는 순간, 더 많은 좋아요. 그렇게 우리의 일상은 살아낸 경험보다 남겨진 증거를 우선순위로 삼는다. 멈추고 싶으면서도 놓을 수 없는 모순이야말로, 요즘 가족이 끌려가는 쳇바퀴다.

행복이란 무엇일까. 노을 앞에 함께 서 있던 순간이었을까, 휴대폰 알림을 확인하던 순간이었을까. 우리는 이미 답을 알고 있다. 기록하지 않아도, 보여주지 않아도, 곁에서 함께 나눈 눈빛과 웃음 속에 깃든 감정이 진짜 행복이었다. 도파민은 끊임없이 '더'를 속삭이지만 그 신호에 일일이 반응하지 않기로 결심한다. 그제야 비로소 평범한 일상이 특별한 풍경으로 바뀔 것이다.

휴식
: 비교 없는 쉼을
회복하는 방법

두 아들의 엄마인 나는 내가 아이들에게도 잘못된 쉼을 가르치고 있는 건 아닐까 반문하게 된다. 피드에 올릴 만한 활동, 추억이 될 만한 사진, 남길 만한 후기를 채우느라 진짜 쉴 틈은 줄어든다. 그래서 용기 내어 다시 연습해 보려 한다. 인증 없이도 괜찮은 하루, 계획 없이도 평안한 오후, 아무것도 하지 않고도 불안하지 않은 시간. 쉼이 누군가에게 보여주기 위함이 아니라, 나를 회복시키기 위한 과정이 되기를 바라며. 오늘부터 하나씩 시도해 볼 수 있는 작지만 현실적인 아이디어를 소개한다. 비교 없는 쉼이 진짜 가능할지도 모른다는 희망을 담아.

추억 안 남기기 챌린지, 기억에만 남기는 하루

우리는 '기억은 기록으로 남겨야 오래 간다'는 말을 자주 듣는다. 그래서 일상이든 여행이든 '어떻게 남길까'라는 질문이 먼저 떠오른다. 그래서 이번엔 거꾸로 해본다. 일부러 아무것도 남기지 않는 하루. 사진도 안 찍고, 글도 안 남기고, SNS에도 올리지 않고, 아무 흔적 없이 다녀오는 외출. 오직 그 순간의 냄새, 소리, 빛깔, 감정만 남겨보는 실험이다.

가족끼리 다녀온 가까운 공원, 카페, 바닷가, 동네 시장 등 장소는 중요하지 않다. 그저 "오늘은 무엇도 남기지 말자"고 약속하고 떠나면 된다. 순간순간 '이 장면 찍고 싶은데'라는 유혹이 찾아올 수 있다. '이건 올릴 만한데'라는 생각도 들 것이다. 그때 꾹 참고, 눈으로만 담아본다. 그렇게 남겨진 기억은 이상하게 더 깊이 남는다. 누군가에게 보여주기 위한 경험이 아니기 때문에 더 선명하게, 더 깊이 각인된다. 그 기억들은 사진보다 더 따뜻하게 새겨진다. 이건 기록이 아닌 감각의 일기다.

응용 아이가 있는 집이라면 미리 '미션'처럼 선포해 보는 것도 방법이다. "오늘은 아무것도 남기지 않는 날이야!" 선언해 두면 아이도 게임처럼 받아들인다. 외출 후에는 그날 가장 기억에 남는 장면을 한 사람씩 말로 나눈다. "엄마는 그때 바람이 너무 좋았어", "나는 아빠랑 같이 뛴 게 기억나" 등의 감상이 자연스럽게 흘러나온다.

휴가지에서 비어 있는 두 시간 확보하기

여행은 쉼을 위한 것인데, 정작 우리는 그 안에서도 분 단위로 일정을 짠다. 이번엔 계획을 지우는 계획을 포함해 보자. 휴가 중 최소 두 시간, 아무 것도 하지 않는 공백을 확보한다. '뭐 하지?' 하고 머뭇거리는 시간에 진짜 휴식이 시작된다.

두 시간 동안은 정해진 목적지도, 미션도 없다. 가족 각자가 하고 싶은 걸 해도 되고, 그냥 멍하니 앉아 있어도 된다. 처음엔 불안하다. '이렇게 시간을 낭비해도 되나?' 허무함을 견디고 나면 서서히 감각이 깨어난다. 바람 소리가 들리고, 옆 사람의 표정이 보이고, 갑자기 아무 말 없이 웃음이 나기도 한다. 목적 없는 시간에 피어나는 여유는 삶의 리허설과 같다. 여행 중 가장 멋진 장면은 아마 그 두 시간이 끝 무렵, 자연스레 다시 모였을 때 마주하게 될 서로의 얼굴일지도 모른다. 함께 쉰 기억은 어디를 갔는지보다 어떻게 쉬었는지를 오래 기억하게 만든다.

응용 가족끼리 두 시간 타이머를 맞추고 "지금부터는 각자 자유 시간!"이라고 선언해 보자. 아이는 물수제비 던지러 갈 수도 있고, 엄마는 그냥 누워 있을 수도 있고, 아빠는 숙소 앞을 느긋하게 걸을 수도 있다. 그 시간엔 아무도 서로를 부르지 않고, 뭔가를 하자고도 하지 않는다.

지도엔 없는 맛집, 추억엔 남는 식탁

여행 중 식사는 성공해야 하는 미션처럼 느껴진다. 유명 맛집은 이미 줄이 길고, SNS에는 "여긴 꼭 가야 해요"라는 글들이 넘쳐난다. 우리는 어느 순간부터 배고픔보다 검증을 우선하게 되었다. 그렇게 도착한 곳에서 사진을 찍고, 비슷한 후기를 남기고, 다음 장소로 급히 이동한다. 그것은 경험일까, 아니면 복사된 장면일까?

이번 여행에서는 거꾸로 해본다. 검색하지 않고, 줄도 없고, 이름도 처음 보는 동네 식당으로 들어간다. 가게 앞을 지나치다 "여기 어때?" 하고 자연스럽게 발길을 돌리는 것. 특별한 기대 없이 앉은 식탁 위에서 가족은 뜻밖의 선택을 마주한다. 메뉴판을 보며 "이건 뭐지?", "맛없으면 서로 바꿔 먹자" 하며 웃고, 평소 안 먹던 메뉴를 시키는 작은 모험을 한다. 누군가는 어색한 맛에 찡그리지만, 그 표정이 더 오래 기억에 남는다. 기대와 달라도 괜찮다. 때론 음식보다 그 순간의 공기, 말투, 웃음소리가 더 깊게 각인된다. 그 식당이 다시 찾을 곳이 아니어도, 그날의 식사는 다시 꺼내 볼 장면이 된다. 가족끼리 한 끼를 실패 없이 잘 먹었다는 안도보다, 우당탕탕 함께 먹은 경험이야말로 진짜 여행의 맛이다.

응용 아이에게 '오늘의 식당 큐레이터' 역할을 맡겨보자. "검색 금지, 네 감으로 골라보기!" 작은 책임감과 신기한 권한에 아이는 진지해지고 설렌다. 예상 밖의 조합도 실패가 아닌 이야깃거리가 된다.

숙소에서 보내는 오후, 여행지에 잠시 이사 오기

여행지에서는 자꾸 밖으로 나가게 된다. 여긴 낯선 곳이고, 지금이 아니면 다시 보기 힘들 테니 이 기회에 다 보고 경험해야 할 것 같다. 그래서 숙소는 잠만 자는 공간이 되기 일쑤다. 생각해 보면 쉼을 위해 떠난 여행에서 가장 '쉴 수 있는 장소'는 바로 그 숙소다. 그러니 하루쯤은 아예 숙소 안에서 보내보자. 나들이 대신 잠시 그곳에 사는 사람처럼 살아보자. 수건을 두른 채 느릿하게 돌아다니고, 침대에 엎드려 뒹굴뒹굴하며 만화책 한 권 펼치고, 아이는 냉장고에서 몰래 간식을 꺼내고, 엄마는 스마트폰을 저 멀리 놔두고 그냥 멍하게 앉아 있다. 누군가는 잠들고, 누군가는 커튼 사이로 들어오는 햇살만 바라본다. 누구도 "이따 어디 가?"를 묻지 않는다. 멈춤을 배우는 시간이다. 여행이 장소의 이동만이 아니라 감정의 온도를 바꾸는 일이라면, 따뜻한 변화는 아마 이 오후에 일어난다.

응용 숙소 도착 첫날이나 여행 마지막 날을 '숙소 정착일'로 정해보자. 누가 가장 잘 논 사람인지 뽑아보는 것도 좋다. 숙소라는 익숙하지 않은 공간에 익숙해질수록 그곳은 낯선 여행지가 아니라 함께 지낸 집처럼 친근한 시간으로 바뀐다.

우리는 여전히 함께할 수 있다

도파민의 자극에 빠져 허우적대는 사랑하는 남편과 두 아들에게 고마움을 전한다. 이들의 모습에서 영감을 얻어 원고를 채워가는 시간이 나에게는 고통스러웠지만, 동시에 큰 의미가 있었다. "이게 대체 뭐가 문제냐"고 당당히 말해준 덕분에 나는 우리 가족을 드러낼 수 있었고, 용기를 낼 수 있었다.

교육이 아니라 가족을 깊이 고민할 수 있도록 길을 열어주고, 흔들리지 않도록 세심히 이끌어주신 흐름출판과 편집자님께도 깊은 감사를 드린다. 이 책이 한 가정의 거울이자 수많은 가족의 풍경을 비추는 기록이 될 수 있었던 것은 그들의 묵묵한 동행 덕분이다.

무엇보다 끝까지 읽어주신 독자 여러분께 고마움을 전한다. 내가 교육서에서 '가족'이라는 새로운 분야에 도전할 수 있었던 건 그간 함께해 준 독자들 덕분이다. 이 책이 조금이라도 도움이 된다면 더 바랄 것이 없다. 여러분의 믿음과 응원이 있었기에 나는 끝까지 흔들리지 않고 쓸 수 있었다.

『도파민 가족』의 마지막 페이지에 다다른 지금 이 순간에도 도파민은 우리 곁에 있다. 나는 정답을 알려주려고 이 책을 쓴 것이 아니다. 가족의 일상 속에서 도파민이 어떤 얼굴로 나타나는지를 함께 바라보고 싶었다. 아이의 웃음 사이, 부모의 한숨 사이, 대화의 틈새에 숨은 작은 신호를 알아차리는 것, 변화는 그곳에서 시작된다. 책장을 덮으며 가족을 떠올렸다면 그것으로 충분하다. 서로 닮아가고 있는지, 아니면 멀어지고 있는지에 대한 답은 다를 수 있어도, 질문을 붙드는 순간부터 변화는 시작된다. 이 책은 각자가 자기만의 답을 찾아가도록 건네는 작은 불씨다.

이 책을 마무리하며 나는 다시 한 번 우리 가족을 떠올린다. 시작은 작은 불안과 의문이었지만, 그 질문을 붙들며 쓰다 보니 결국 가족이라는 가장 소중한 자리를 돌아보게 되었다. 부족하고 흔들리더라도 우리는 여전히 서로를 향해 나아갈 수 있다는 가능성을 확인한 시간이었다.

도파민은 계속 곁에 머물 것이다. 그러나 그것이 우리 삶을 지배하게 둘 것인지, 아니면 이해하고 다스리며 함께 살아갈 것인지는 각자의 선택에 달려 있다. 이 책이 당신의 가족에게 작은 이정표가 되어, 서로를 다시 바라보게 하는 계기가 되기를 바란다.

미주

1장 —

1   Zik, J. B., & Roberts, D. L. (2015). The many faces of oxytocin: Implications for psychiatry. Psychiatry Research.

2   Feldman, R. (2012). Oxytocin and social affiliation in humans. Hormones and Behavior, 16(3).

3   Olds, J., & Milner, P. (1954). Positive reinforcement produced by electrical stimulation of septal area and other regions of rat brain. Journal of Comparative and Physiological Psychology.

4   한국지능정보사회진흥원. (2024). 스마트폰 과의존 실태 조사.

5   한국언론진흥재단. (2023). 2023 어린이 미디어 이용 조사.

6   Uhls, Y. T., Michikyan, M., Morris, J., Garcia, D., Small, G. W., Zgourou, E., & Greenfield, P. M. (2014). Five days at outdoor education camp without screens improves preteen skills with nonverbal emotion cues. Computers in Human Behavior, 39.

7   정보통신정책연구원. (2024). 아동·청소년 미디어 이용행태와 미디어 이용 제한.

8   Dubé, S., Gesselman, A. N., Kaufman, E. M., Bennett-Brown, M., Ta-Johnson, V. P., & Garcia, J. R. (2024). Beyond words: Relationships between emoji use, attachment style, and emotional intelligence. PLOS ONE, 19(12).

2장 —

1   Bench, S. W., & Lench, H. C. (2019). Boredom as a seeking state: Boredom prompts the pursuit of novel (even negative) experiences. Emotion, 19(2).

2 Thorell, L. B., Burén, J., Ström Wiman, J., Sandberg, D., & Nutley, S. B. (2024). Longitudinal associations between digital media use and ADHD symptoms in children and adolescents: A systematic literature review. European Child & Adolescent Psychiatry, 33(8).

3 Charron, S., & Koechlin, E. (2010). Divided representation of concurrent goals in the human frontal lobes. Science.

4 김이영, 전지은, 박미란, & 어윤경. (2021). 중학생의 스마트폰 의존도와 그릿이 학업성취에 미치는 영향에서 학업열의의 매개효과. 학습자중심교과교육연구, 21(14).
하아영, & 조한익. (2023). 고등학생의 스마트폰 의존도, 우울 및 학업 무기력의 관계에서 주관적 학업성취도의 조절된 매개효과. 교육혁신연구, 33(2).

3장 —

1 Haupt, A. (2022). Why online shopping makes you so happy. TIME.

4장 —

1 Angela Haupt. (2022). Why Online Shopping Makes You So Happy.

5장 —

1 Haq, E.-U., Jangra, S., De, S., Sastry, N., & Tyson, G. (2025). Unpacking the layers: Exploring self-disclosure norms, engagement dynamics, and privacy implications. WWW'25: Companion Proceedings of the ACM on Web Conference 2025.

2 김선미, 김정민. (2020). 영유아 자녀를 둔 어머니의 SNS상의 사회비교가 양육불안에 미치는 영향: 배우자 및 사회적 지지의 조절효과. 가정과삶의질연구, 38(1).

3 Brickman, P., & Campbell, D. (1971). Hedonic relativism and planning the good society. In Adaptation-level theory: A symposium.

참고 문헌

논문 및 연구 자료 —

Uncapher, M. R., & Wagner, A. D. (2018). Minds and brains of media multitaskers: Current findings and future directions. Proceedings of the Proceedings of the National Academy of Sciences of the United States of America, 115(40).

Loh, K. K., & Kanai, R. (2014). Higher media multi-tasking activity is associated with smaller gray-matter density in the anterior cingulate cortex. PLOS ONE, 9(9).

Schultz, W. (2016). Dopamine reward prediction error coding. Dialogues in Clinical Neuroscience, 18(1).

실험 —

Simons, D. J., & Chabris, C. F. (1999). Gorillas in our midst: Sustained inattentional blindness for dynamic events. Perception 28(9).

도서 —

니콜라스 카. (2010). 『생각하지 않는 사람들』. 최지향 옮김. 청림출판.

수전 케인. (2012). 『콰이어트』. 김우열 옮김. 알에이치코리아.

대니얼 골먼. (2014). 『포커스』. 박세연 옮김. 리더스북.

칼 뉴포트. (2017). 『딥 워크』. 김태훈 옮김. 민음사.

앨릭스 코브. (2018). 『우울할 땐 뇌 과학』. 정지인 옮김. 심심.

하이디 그랜트 할버슨. (2018). 『Reinforcements』. HBR Press.

진 트웬지. (2018). 『#i세대』. 김현정 옮김. 매일경제신문사.

칼 뉴포트. (2019). 『디지털 미니멀리즘』. 김태훈 옮김. 세종서적.

금준경 글, 하루치 그림. (2019). 『유튜브 쫌 아는 10대』. 풀빛.

대니얼 J. 시겔. (2019). 『마인드풀 브레인』. 백양숙, 김지선 옮김. 메타포커스.

안데르스 한센. (2020). 『인스타 브레인』. 김아영 옮김. 동양북스.

앤 헬렌 피터슨. (2021). 『요즘 애들』. 박다솜 옮김. 알에이치코리아.

이동은. (2021). 『나는 게임한다 고로 존재한다』. 자음과 모음.

애나 렘키. (2022). 『도파민네이션』. 김두완 옮김. 흐름출판.

애니 머피 폴. (2022). 『익스텐드 마인드』. 이정미 옮김. 알에이치코리아.

윤세민 외 9인. (2023). 『미디어 문해력의 힘』. 유아이북스.

강병철. (2023). 『프리한 10대 미디어 프리』. 푸른들녘.

조윤정 외 4인. (2023). 『알다가도 모를 요즘 중학생』. 푸른길.

요한 하리. (2024). 『도둑맞은 집중력』. 김하현 옮김. 어크로스.

안철우. (2024). 『도파민 밸런스』. 부키.

조너선 하이트. (2024). 『불안 세대』. 이충호 옮김. 웅진지식하우스.

에이미 에드먼슨. (2024). 『옳은 실패』. 최윤영 옮김. 시공사.

도리스 메르틴. (2024). 『아비투스의 힘』. 이지윤 옮김. 더퀘스트.

정지우. (2024). 『돈 말고 무엇을 갖고 있는가』. 마름모.

매리언 울프. (2024). 『프루스트와 오징어』. 이희수 옮김. 어크로스.

서은국. (2024). 『행복의 기원』. 21세기북스.

최광현. (2024). 『가족을 다 안다는 착각』. 빌리버튼.

김아미. (2025). 『나는 왜 쇼츠를 멈추지 못할까』. 창비.

세릴 치글러. (2025). 『위험한 엄마』. 문가람 옮김. 글항아리.

롭 다이얼. (2025). 『행동은 불안을 이긴다』. 박영준 옮김. 서삼독.

김주환. (2025). 『그릿 GRIT』. 인플루엔셜.

다큐멘터리 —

Rachel Dretzin. (2010). 〈Digital Nation〉.

Paul Moreira, & Adèle Flaux. (2018). 〈Digital Addicts〉.

Pharrell Williams. (2018). 〈Brainchild〉.

Jeff Orlowski. (2020). 〈The Social Dilemma〉.

Jon Hyatt. (2020). 〈Screened Out〉.

Robert Muratore, Jamin Winans, & Kiowa K. Winans. (2020).
⟨Childhood 2.0⟩.
Brian Knappenberger. (2022). ⟨Web of Make Believe⟩.
Shalini Kantayya. (2022). ⟨TikTok, Boom⟩.

기사 —

한지혁. (2020). "참을성 유지에 관련된 뇌 영역 밝혀져". 『메디컬투데이』, 12월 7일.
　　https://mdtoday.co.kr/news/view/179520311647230
FasterCapital. (2024). "인내: 회복력 목표: 인내의 역할". FasterCapital.
　　https://fastercapital.com/ko/content/%EC%9D%B8%EB%82%B4--
　　%ED%9A%8C%EB%B3%B5%EB%A0%A5-%EB%AA%A9%ED%91
　　%9C--%EC%9D%B8%EB%82%B4%EC%9D%98-%EC%97%AD%E
　　D%95%A0.html

사이트 —

Science On: scienceon.kisti.re.kr
Brain Media: brainmedia.co.kr
Health Chosun: health.chosun.com
Health Life Herald: healthlifeherald.com

도파민 가족

초판 1쇄 인쇄 2025년 10월 16일
초판 1쇄 발행 2025년 11월 3일

지은이 이은경
펴낸이 유정연

이사 김귀분
책임편집 정유진 **기획편집** 신성식 조현주 유리슬아 황서연 **디자인** 안수진 기경란
마케팅 반지영 박중혁 하유정 **제작** 임정호 **경영지원** 박소영

펴낸곳 흐름출판(주) **출판등록** 제313-2003-199호(2003년 5월 28일)
주소 서울시 마포구 월드컵북로5길 48-9(서교동)
전화 (02)325-4944 **팩스** (02)325-4945 **이메일** book@hbooks.co.kr
홈페이지 http://www.hbooks.co.kr **블로그** blog.naver.com/nextwave7
출력·인쇄·제본 (주)삼광프린팅 **용지** 월드페이퍼(주) **후가공** (주)이지앤비(특허 제10-1081185호)

ISBN 978-89-6596-757-6 03180

현대 가족이 도파민에 의해 무너져가는 과정을 생생하게 보여준다.   _2comma

디지털 시대의 고립된 육아에서 훌륭한 나침반이 되어줄 책.   _nunumum

실제 가정에서 바로 실천할 수 있는 지혜를 담은 책이다. 읽고 나면 마음이 무거워지는 대신, "지금부터라도 달라질 수 있다"는 용기를 얻게 된다.   bingbong_1319

팬데믹 이후 누구나 느꼈을 것이다. 가족이 어딘가 이상하게 흘러가고 있다는 불안. 이유를 알지 못한 채 괜히 남편·아내·자녀에게 언성을 높이고, 사춘기, 갱년기 탓으로만 돌려왔다. 이 책은 그 틈을 집요하게 비춘다.   bookbooker

우리가 어디서부터 어긋났는지 진단하고, 다시 '함께하는 경험'을 회복할 방향을 제시한다.   chloe_withbooks

곧 초등학교에 입학하는 첫째와 미디어에 노출되기 시작한 둘째를 키우는 부모로서 이 책은 나에게 굉장히 현실적이고 때로는 절실하게 다가왔다.
    cocopark_gogogo

우리 가족이 도파민에 농락당하지 않고 가족 고유의 기능을 되찾아 서로 눈을 마주치고, 마음을 헤아리고, 사랑하고 위로하기를.   dominico_moon

처음부터 끝까지 밑줄을 그으며 읽었다. 다 그을 줄 알았으면 애초에 연필은 왜 쥐었느냐 말이다!   e.nudg.e

빠른 일상에 지쳐 가족의 온기를 잊은 이들에게, 줄어든 대화가 아쉽다고 느끼는 이들에게 작은 대화와 웃음에서 시작되는 회복의 길을 누구보다 선명하게 보여준다. 이 책을 통해 당신은 가족을 다시 바라보게 될 것이다.   geungjeongking

몇 장 읽기도 전에 발가벗겨진 기분이다. 우리 집 풍경이 고스란히 비쳤기 때문이다. 하지만 이 책은 독자를 죄책감에 가두지 않는다. 저자의 진솔한 기록은 많은 가정에 회복할 수 있는 길을 알려주고, 활력을 불어넣는다. **hayan**

알고리즘에 갇혀 각자의 화면 속으로 파고든 삶을 이제 다시 이어 보자. 그 시작을 이 책과 함께한다면, 더없이 든든할 것이다. **hyejin_bookangel**

어느 가족도 피할 수 없는 도파민의 유혹 앞에서 이 책은 우리가 어떻게 '시간'이라는 삶의 재료를 사용해야 하는지 말한다. **ihans_m**

초등교사로 일하며 학교 현장에서 우울증 등 여러 가지 이유로 불안한 아이들을 흔히 만났다. 여러 이유가 있겠지만 그중 가장 큰 이유는 가정의 불안정이었다. 이 책은 현재 가족의 모습을 바꾸고 싶은 사람이라면 특히나 읽고 실천할 수 있나. 나 역시 당장 오늘부터 시작하겠다. **jonghun_eagles**

'라떼' 세대는 AI 문명과 도파민 생성 콘텐츠에 익숙해진 알파 세대를 보며 한숨짓는다. 그런데 정작 우리 가정을 위협하는 것은 느림의 미학을 잃고 당장의 손쉬운 해결책을 찾는 도파민에 중독된 나 자신이었다. **js.story**

소통을 잃어가는 현시대의 문제점을 명쾌하게 짚는다. **julia**

아이들이 성인이 되어가는 과정에서 아이들의 세상에 눈높이를 맞추기가 어렵다는 생각을 많이 했다. 그런데 정작 주위를 둘러보지 못하고 인터넷 세상에 갇혀 사는 건 나였다. **koya_think_do**

누군가에게 보여주기 위함이 아니라 우리 가족의 행복을 쌓아가다 보면 알게 된다. 내 도파민은 쇼츠도, 알고리즘도 아닌 우리 가족이라는 것을. **kyeomi14**

반쯤 우스갯소리로 도파민 중독이라고 말하곤 했지만, 그 영향이 생각보다 넓고 가깝게 일상에 들러붙어 있음을 알게 되어 무서워졌다. **lime_basil7**

이 책을 읽으며 나처럼 편히 읽지 못하는 사람들이 많을 거라 생각한다. 부디 그런 이들이 많기를 바란다. 왜? 우리 모두 진정으로 행복해지기 위해서! **lye.82**

나는 취미로 피아노를 친다. 한 곡을 완전히 연주하기까지 예상보다 소요 시간이 길어지면 자연스레 짜증이 났다. 이 책을 읽으며 내가 '빠른 보상을 원했다'는 사실을 깨달았다. 그래서 달라져 보려 한다. 느림의 미학을 실천해 보려 한다. 결과에 닿는 속도에 맞추기보다 순간을 느끼기로. **manateeyeon111**

이 책을 읽고 난 뒤 어딘가 개운한 기분이 들었다. 회복의 가능성이 마음 깊이 남았기 때문이리라. **maste2rabbit**

도파민의 문제점만 마구 지적하는 책들은 이미 여러 번 읽었다. 덮고 나면 그걸로 끝이었다. 하지만 이 책은 아주 사소해 보이지만 그래서 도전해 볼 수 있는 회복 소스를 제공한다. **may_december_**

디지털 가족에서 완전히 벗어날 수는 없지만, 가족이 함께 만들어갈 새로운 행복을 꿈꾸며 오늘부터 '치킨이 오는 금요일'을 시작한다! **merrygold_books**

육아 코치를 하며 엄마들을 상담할 때면 특별한 말보다 같이 기다려주는 마음이 더 큰 힘이 된다는 사실을 깨닫는다. 이 책은 엄마의 마음이 무너지는 순간에도 다시 회복할 수 있다는 믿음을 심어준다. **mycolor_cpa**

헛웃음이 나는 점은 『도파민 가족』을 읽기 전까지만 해도 우리 가족의 문제라고 생각하지 못했다는 점이다. **re.rarara**

책을 읽다 문득 고개를 들어 거실을 둘러보았다. 제 각각의 세상에 빠져 있는 가족들이 보였다.   **roro.note**

관찰 다큐멘터리처럼 적나라하지만 도파민 중독의 쳇바퀴에서 내려오는 방법을 제안한다.   **seia_yang**

이 책을 다 읽고 나면 도파민 가족이 아니라 옥시토신 가족에 집중하게 될 것이다. 도파민이라는 녀석이 만든 '가족 없는 가족팀'을 벗어날 기회다!   **sioh.books**

미운 오리라고 가족을 내칠 수는 없다. 도파민이 일으키는 다양한 문제들의 속도를 늦추고 조절해 함께 살아가기 위한 방법을 모색해야 할 때다.   **universe_1106**

중독 사회를 꿰뚫는 날카로운 통찰. 뇌과학의 언어로 도파민을 설명하면서도 삶에 닿는 해법을 놓치지 않는다. 스마트폰, 가족관계, 중독 문제를 유기적으로 풀어낸 보기 드문 책이다.   **youngduck.ham**